스마트스토어, 오픈마켓, 전문몰까지
꼼꼼하게 계획해서 성공률을 높이는

성공하는
쇼핑몰
사업
계획서

성공하는 쇼핑몰 사업계획서

초판1쇄 발행 2022년 7월 20일

지은이 은종성
펴낸이 제이슨
펴낸곳 도서출판 책길

신고번호 제2018-000080호
신고년월일 2018년 3월 19일

주소 서울특별시 강남구 테헤란로2길 8, 4층(우.06232)
전화 070-8275-8245
팩스 0505-317-8245

이메일 contact@bizwebkorea.com
홈페이지 bizwebkorea.com / oneceo.co.kr / interviewer.co.kr
페이스북 facebook.com/bizwebkorea
인스타그램 instagram.com/bizwebkorea
블로그 blog.naver.com/bizwebkorea
유튜브 youtube.com/c/jongseongeun

ISBN 979-11-963976-8-5 (03320)

스마트스토어, 오픈마켓, 전문몰까지
꼼꼼하게 계획해서 성공률을 높이는

성공하는
쇼핑몰
사업
계획서

은종성 지음

책길

차례

오프라인을 뛰어넘은 온라인 유통

온라인 판매에 나서는 사람들이 큰 폭으로 증가하고 있다. 네이버 스마트스토어, 카페24, 아임웹, 블로그마켓처럼 손쉬운 상품 업로드와 주문 접수, 결제, 배송 등을 지원해주는 서비스가 많아졌기 때문이다.

상품을 택배로 보내는 방식이 아닌 서비스를 판매하는 사람들도 증가하고 있다. 크몽이나 숨고가 대표적이다. 크몽은 프리랜서 전문가를 찾아 연결해주는 서비스를 제공하며, 숨고는 인테리어, 이사, 각종 과외와 레슨, 컨설팅 영역까지 필요한 서비스를 연결해준다.

플랫폼들의 노력도 눈에 띈다. 네이버 스마트스토어의 경우 창업 초기에 발생하는 각종 비용부담을 줄여주기 위해 '스타트 제로 수수료 프로그램'을 운영하고 있다. 1년 미만인 신규 창업자들이 안정적으로 매출을 확보할 때까지 일정한도 내에서 결제수수료를 받지 않는다. 또한, 빅데이터 분석도구인 '비즈 어드바이저'를 제공해 사이트 내 고객의 행동 패턴이나 상품별 상세 조회수 및 결제와의 연동성 등 판매에 도움이 되는 다양한 정보를 제공한다.

이 같은 온라인 판매자 증가는 N잡과도 연관이 있다. 코로나 이전에는 '창업' 관점에서 온라인 쇼핑몰에 접근했다면, 코로나 이후에는 'N잡' 관점에서 접근하는 사람이 많다. 유튜브와 인스타그램 등을 들여다보면 '온라인 쇼핑몰 창업으로 월 1000만 원 벌기' 같은 대박 관점의 콘텐츠보다는 '부업으로 월 100만 원 벌기' 같은 N잡 관점의 콘텐츠가 증가했음을 확인할 수 있다. 창업은 모든 걸 걸어야 할 것 같은 부담이 들지만 N잡은 가볍게 시작해 볼 수 있기 때문 아닐까 싶다.

왜 이렇게 많은 사람이 온라인 판매에 나서는 걸까? 유튜브에서 인기가 많은 영상처럼 온라인 쇼핑몰은 정말 대박일까? 결론부터 말하면 온라인 판매는 누구나 시작할 수는 있지만, 누구나 성공할 수는 없는 영역이다. '되면 좋고, 안 되면 말고' 식의 마음가짐으로 접근해서는 안 된다. 철저한 준비와 노력이 필요하다.

온라인 쇼핑몰을 시작하는 사람들이 흔히 하는 이야기 중 하나가 '시장 성장률'이다. 실제 통계청이나 언론에서 발표하는 온라인 쇼핑몰 거래액은 매년 큰 폭으로 성장 중이다. 하지만 자세히 보면 시장 성장률에만 초점을 맞춘 채 내용은 꼼꼼하게 해석하지 않아 잘못된 정보를 주는 오류를 발견할 수 있다.

온라인 쇼핑몰 거래액은 매년 높은 수치로 성장 중이나 이용자의 성장성은 아주 제한적이다. 이는 온라인상에서 한두 번이라도 제품을 구매했던 사람들이 재구매한다는 이야기로, 신규 창업자보다는 기존 사업자의 외형 확대로 시장이 성장한다는 뜻이다.

온라인 쇼핑몰만 구축하면 기다렸다는 듯 구매자가 나타나 줄 것 같지만, 냉정하게 말하면 수백만 판매자에 하나가 더 추가되었을 뿐이다. 판매자는 답답한 마음에 키워드광고를 해도 대부분 비용만 지출되고 효과가 없다. 페이스북, 인스타그램, 유튜브 같은 소셜미디어도 상황은 별반 다르지 않다. 결국은 성공한 쇼핑몰 몇몇을 제외하고는 몇 년 안에 문을 닫는 게 현실이다.

온라인 쇼핑몰 창업의 냉정한 현실

온라인 쇼핑몰의 현실을 냉정하게 들여다보아야 한다. 온라인은 유통채널이 단순하고, 24시간 운영되며, 돈이 적게 든다 생각하기 쉬운데 실상은 그렇지 않다. 대부분은 도매업체에서 물건을 구입해 판매하는데, 동대문 등에서 직접 물건을 사입해 판매하는 사람도 있고, 위탁판매 서비스를 이용하는 사람들도 있다.

'드롭쉬핑(drop shipping)'이라 불리는 위탁판매는 사입비용과 재고 및 물류 부담 없이 온라인 창업이 가능하다. 물건을 사입하지 않은 상태에서 주문만 전달하면 상품 공급자인 제조공장과 도매

성공하는 쇼핑몰 사업계획서

상이 재고관리부터 배송까지 처리해주므로 경험이 없는 사람들도 온라인 창업에 쉽게 뛰어들게 한다. 그런데 판매자도 제품을 본 적이 없어 고객 응대에 한계가 있고, 재고수량도 확인이 잘 안 돼 부족하게 되면 배송 부분에서 고객들의 불만이 나오게 된다. 속도 부분에서는 조금씩 좋아지고 있으나 상품을 직접 매입해 운영하는 방식과 위탁판매 업체에서 제공하는 이미지로만 운영하는 방식은 분명 서비스의 질에 큰 차이가 있을 수밖에 없다.

그렇다고 해서 상품을 직접 매입해 운영하기는 쉽지 않다. 온라인 판매는 제조업체→도매상→소매상→구매자로 이어지는 형태로 오프라인과 큰 차이가 없다. 따라서 제조공장이나 원 도매상이 직접 온라인 쇼핑몰 시장에 뛰어들거나 다른 유통채널에 상품을 공급하면 상품의 충돌, 유통채널의 충돌이 일어난다. 이처럼 사입한 상품이 다른 판매처들과 동시에 소비자에게 노출된다면 선택 가능한 전략이 한정될 수밖에 없다.

온라인 쇼핑몰의 장점인 시간과 공간의 제약이 없다는 점도 다시 생각해볼 필요가 있다. 오프라인처럼 상권이 존재하지 않고 영업시간에 제한도 없는 게 사실이나 이는 다르게 말하면 운영자가 24시간 깨어 있어야 한다는 말이기도 하다. 물건을 구매하고 싶은 고객은 새벽 2시라도 궁금하면 물어보고 싶어 한다. 오프라인처럼 정해진 시간에만 영업할 수 없는 곳이 온라인이다.

'투자금이 적게 든다'는 말도 현실과는 거리가 있다. 인터넷 쇼핑몰을 창업하는 사람들 대부분은 투자할 자본이 많지 않은 게 사실이다. 게다가 낮은 진입장벽으로 인해 경쟁은 심한 데다 차별화시킬 만한 요소를 찾기도 어렵다. 네이버에 따로 쇼핑광고 등을 하지 않으면 고객을 만나기조차 어려우니 광고비는 예전에 비해 더 많이 들어가고, 비용 대비 효과는 갈수록 줄어든다.

온라인 쇼핑몰 창업자들이 쉽게 생각하는 것 중 하나가 재고 문제다. 예를 들어, 청바지를 판매하려면 다양한 색상과 사이즈를 구비해야 한다. 그런데 고객이 찾는 제품이 그중 일부에 한정되면 결국은 손해를 감수하고 남은 제품 처리를 위해 할인행사를 해야 한다. 앞에서는 좀 남은 것 같은데 뒤로는 밑지게 되는 셈이다.

네이버쇼핑에서 '여성 의류'를 검색하면 판매상품 수가 1천만 개가 넘는다. 그러면 여성 의류를 구매하는 소비자가 그만큼 늘어 났을까? 그렇지 않다. 그렇다고 오프라인 매장이 전부 온라인으로 바뀐 것도 아니다. 한마디로 하나의 시장을 두고 생존을 건 싸움을 벌이는 중이다. 음식점이나 도·소매점, 서비스업 등에 비하면 비용은 적게 들지만 경쟁은 그 어디보다도 치열한 곳이 온라인 쇼핑몰이다.

스킬보다는 본질에 집중해야

그렇다면 온라인 쇼핑몰은 하지 말아야 할까? 아니다. '가볍게 경험 삼아 하는 일이 아니라면 철저히 준비하자'는 얘기다.

소규모로 시작하는 대부분의 온라인 쇼핑몰은 아이템 선정에서부터 키워드광고, 인스타그램, 유튜브 등의 고객유입 활동, 쇼핑몰에 방문한 고객이 구매하게끔 만드는 구매전환 활동, 한 번 이상 구매한 고객을 관리하는 재구매 활동, 기타 로그분석과 수익분석, 세무 등을 모두 혼자서 처리해야 한다.

중요한 것은 사진촬영이나 포토샵, 쇼핑몰 구축 같은 스킬이 아니다. 사진촬영이 쇼핑몰 성공의 핵심이라면 사진작가는 모두 성공해야 하고, 쇼핑몰 제작이 중요하다면 프로그래머는 모두 성공해야 한다. 사진촬영, 포토샵 편집, HTML 같은 기능 부분의 스킬은 몇 번만 따라해 보면 누구나 할 수 있다. 전문 웹디자이너나 프로그래머가 목표가 아니라면 기능적인 스킬에 신경을 너무 많이 쓰지 않는 편이 효율적이다. 대표에게는 대표의 할 일이 있고, 사원에게는 사원의 일이 있다. 대표는 사업을 해야지 종업원이 되어서는 안 된다.

매일매일 온라인에서 살아온 시간들

나는 직접 온라인 쇼핑몰을 운영해 본 경험들에다 컨설팅을 통해 기업들의 온라인 판매에 관여한 일까지 포함하면 온라인 판매 경험의 종류가 수백 개에 이른다.

이런 경험들을 모아 2008년 길벗출판사에서 《인터넷 쇼핑몰 실무지침서》를 출간해 큰 호응을 얻었다. 이후 e비즈북스에서 《마케팅이 살아있는 쇼핑몰 사업계획서》를 출간했고 두 번의 개정판을 내놓았다. 이번 책은 e비즈북스에서 출간한 《쇼핑몰을 위한 인터넷 마케팅 & 사업계획서 만들기》의 개정판이다.

온라인 쇼핑몰의 범위가 워낙 광범위하다 보니 개정 과정에서 내용을 줄이기가 가장 어려웠다. 네이버 스마트스토어 하나만으로 한 권의 책이 나올 수 있고, 페이스북이나 인스타그램 광고집행 방법만으로도 한 권을 만들 수 있기 때문이다.

이 책은 온라인 쇼핑몰 사업계획서에 초점을 맞추었다. 물론, 사업계획서를 잘 작성한다고 사업에 성공하는 건 아니다. 사업계획서는 그야말로 계획서일 뿐 현실은 얼마든지 달라질 수 있다. 그럼에도 사업계획서를 작성해 보는 일은 의미가 크다.

준비되지 않은 사람들이 흔히 하는 이야기 중에 "열심히 하면 입소문이 날 것이다"라는 말이 있다. 전략이나 방법도 없이, 제대로 된 방향인지 확인하지도 않고 무조건 열심히 하겠다니 이 얼마나 무책임한 말인가!

태어나 처음으로 부산에서 서울로 가려는 사람이 있다. 서울은 어떻게 가야 할까? 자신의 상황과 목적에 따라 비행기, KTX, 기차, 버스, 승용차, 자전거, 도보 등 다양한 방법을 고려해야 한다. 그렇다면 '서울'을 온라인 쇼핑몰을 창업해 내가 달성하려는 목표라 치고, '부산'을 현재 나의 상황이라고 가정해보자. 목표 지점인 서울에 가장 빨리 가려면 어떤 수단이 좋을까? 당연히 비행기를 타거나 KTX를 타는 것이다. 하지만 그러려면 비행기나 KTX를 탈 돈이 필요하다. 대부분의 온라인 쇼핑몰 창업자는 가진 돈이 충분치 않으므로 비행기나 KTX가 아닌 다른 수단을 이용할 수밖에 없다. 바로 여기서부터 문제가 발생한다.

다른 관점에서 생각해보자. 처음 가는 길이라면 지도, 인터넷 검색, 주변 사람들의 조언 등을 통해 자기 나름대로 계획을 수립할 것이다. 무작정 밖으로 나가 서울이 어느 방향인지 알지도 못하는 상태에서 막무가내로 출발하는 사람은 없다.

그러면 온라인 쇼핑몰 창업자는 어떨까? 사업계획이나 마케팅 계획도 제대로 세우지 않은 채 유튜브에서 관련 영상 몇 개 보고 시작하는 사람이 실제로 많다. 사진 촬영, 포토샵, 키워드광고 등 몇 가지 스킬만 습득하고는 겁도 없이 사업에 뛰어든다. 구체적인 전략이라고는 아무것도 없이…….

그래서 나온 이 책에는 온라인 쇼핑몰 창업의 구체적인 사례를 최대한 많이 실었다. 온라인 쇼핑몰을 구상 중이거나 준비 중인 분들, 앞으로 도전하려는 예비창업자들에게 도움이 되기를 바란다.

은종성

1장

아이템 선정의 기술

01 내게 맞는 베스트 아이템을 찾아라!

　온라인 쇼핑몰 창업에서 가장 고민되는 부분 중 하나가 아이템 선정이다. 대박 아이템을 찾으려 수많은 예비창업자가 동대문 일대 시장을 배회하고, 일본과 중국의 보따리 무역선에 몸을 싣는다. 예전과 달라진 점이라면 발품이 아닌 손품을 많이 판다는 정도다. 영업시간에 맞춰 동대문을 방문하지 않고도 '신상마켓 (sinsangmarket.kr)'에서 패션분야 아이템을 소싱하고, '도매꾹'에서 운영하는 '도매매(domemedb.domeggook.com)'에서 다양한 소매 상품을 소싱한다. 해외 상품이라면 보따리 무역선에 몸을 싣지 않아도 알리바바에서 운영하는 '1688(1688.com)'에서 중국산 상품을 B2B로 소싱해 올 수 있다.

　이처럼 온라인 쇼핑몰의 시작은 아이템 선정부터라 해도 과언이 아니다. 아이템 선정은 단순히 판매상품을 결정하는 일이 아니라 유통, 판매, 소비 과정 전부를 고려해야 하므로 결정이 쉽지 않다. 또 수요 대비 공급이 넘쳐나는 데다 네이버쇼핑 등의 가격비교 사이트를 통해 가격이 이미 노출되어 있어 대박 아이템을 찾기는 하늘의 별 따기다.

사람은 시간이 흐르면 피로감을 느끼고 지친다는 점 또한 문제다. 돈 되는 아이템이라면 무엇이라도 좋을 것 같지만 오래되면 지치게 마련이다. 대박 아이템 찾기도 중요하나 그보다 먼저 고민해야 할 게 창업자의 적성과 관심이다. 그걸 알아야 그나마 덜 지친다.

아주 흔한 사례 중 하나를 보자. 한 업종에서 10년 이상 근무한 사람이 뭔가 새로운 일을 해보고 싶어 지금까지 해온 일과는 전혀 다른 분야의 아이템을 찾아 나섰다. 온갖 노력을 기울여 새로운 아이템을 발견하고 온라인 쇼핑몰 진입을 위해 조사해 봤더니 해당 분야에서 10년 이상의 경험을 가진 사람들이 포진하고 있었다. 그는 성공할 수 있을까? 이런 사람들이 생각보다 많다. 자신의 적성과 경험보다 그저 대박 아이템 찾기에 혈안이 된 사람들. 10년 이상의 경험이 그렇게 무시해도 좋을 만큼 가벼운 것일까?

온라인 쇼핑몰 아이템은 체계적 탐색과 우연한 발견의 두 가지로 나뉜다. 체계적 탐색이란 소비자 분석, 기존 제품과 서비스 분석, 기술변화와 트렌드 분석 등을 통해 체계적으로 조사해 찾는 걸 말한다. 반면, 우연한 발견은 과거의 경험과 지식, 외부에서 얻은 정보, 취미활동 등을 통해 예기치 않게 아이디어를 얻는 것이다. 둘 중 어떤 경우든 아이템을 선정할 때는 자신의 경험, 성격, 자금 규모, 전문성, 내·외부 환경 등이 충분히 고려되어야 한다.

아이템 선택에서 고려해야 할 것들

아이템을 선정하려면 내부역량 점검과 함께 외부적인 사항도 확인해야 한다. 잠재고객은 어느 정도인지, 위험부담(리스크)은 적은지, 경쟁 쇼핑몰과 차별점이 있는지, 법적으로 문제는 없는지, 공급은 원활한지 등이 충분히 검토되어야 한다. 정답은 없다. 대박 아이템도 존재하지 않는다. 현실적으로 모든 조건을 충족하는 아이템을 찾기란 불가능하다는 뜻이다. 하지만 일반적으로 온라인 쇼핑몰 창업자들이 놓치기 쉬운 사항들은 있다.

첫 번째는 쇼핑몰 운영자도 재미를 느끼는 아이템이 중요한데 이를 간과하는 경향이 있다는 점이다. 온라인 쇼핑몰이 자리를 잡기까지는 2~3년 혹은 그 이상이 걸릴지도 모른다. 쇼핑몰 운영자가 먼저 재미를 느끼는 아이템이어야 고객도 재미를 느끼고 공감한다.

두 번째는 아이템의 주요 판매대상을 알아야 한다. 모두에게 팔 수 있다는 말은 아무에게도 팔지 못한다는 말과 같다. 모든 사람에게 판매 가능하다는 욕심에 길고 상세한 설명을 늘어놓으면 아무도 설득 못하는 일이 발생하게 된다. 온라인 쇼핑몰에서 구매전환율을 높이는 가장 좋은 방법은 '우리는 당신을 위해서 존재합니다'처럼 명확하게 접근하는 것이다.

　세 번째는 경쟁쇼핑몰이나 대체상품은 얼마나 되는지를 파악해야 한다. 간혹 보면 "경쟁자가 존재하지 않는다"고 말하는 예비창업자들이 있다. 과연 그럴까? 같은 업종, 같은 시장 내에서만 경쟁자를 찾았기 때문에 못 찾은 건 아닐까? 아이템을 분석할 때 주의해야 할 점 중 하나는 같은 시장 내의 경쟁자와 함께 고객 공유가 가능한 대체시장도 검토되어야 한다는 점이다. 나이키가 경쟁자를 게임회사로 선정했던 일을 상기해 보자. 사람들이 게임에 열중하느라 운동화를 새로 사지 않는다면 게임회사는 분명 대체시장 관점에서 경쟁자로 보아야 한다.

　네 번째는 소비자의 관심을 이끌 수 있는가 하는 점이다. 온라인 쇼핑몰을 운영하면서 소비자를 변화시키거나 유행으로 만들려는 것은 달걀로 바위를 깨려는 행위와 같다. 소비자가 특정 제품과 서비스를 구매하면서 중요하게 생각하는 요인을 찾아내 그것을 제공하는 게 훨씬 쉽다. 소비자 입장에서 생각하고 분석하려는 의지와 능력이 필요하다.

　다섯 번째는 수익성이 높은 상품이어야 한다. 그런데 의외로 수익성을 꼼꼼히 따져가며 접근하는 사람이 많지 않다. 예를 들어, 5천 원에 구매한 물건은 얼마에 판매하는 게 적당할까? 판매가격을 산정하려면 경쟁쇼핑몰의 판매가격 검토는 물론, 일정 마진도 고려해야 한다. 그렇다면 제품 구매가격 외에 원가에 반영되어야 하는 사항들은 무엇이 있을까? 일단 부가세(10%)와 소득세

(2~3%), 카드결제수수료(3.5%) 등이다. 이외에도 택배비, 포장에 필요한 박스 및 부자재비, 필연적으로 발생하는 재고비, 쇼핑몰 운영에 들어가는 운영비와 인건비도 있다. 과연 5천 원에 구매한 물건을 얼마에 판매해야 할까?

여섯 번째는 상품공급의 안정성 확보다. 종합쇼핑몰을 만들 게 아니라면 적정량의 제품을 갖춰놓고 '전문몰' 형태로 운영하는 게 효과적이다. 많지 않은 자본과 인력으로 출발하는 쇼핑몰에서 너무 많은 제품을 취급하면 사진촬영, 상세설명 작성, 광고 진행 등의 일들이 필연적으로 계속 발생한다. 이와 함께 재고비용이 꾸준히 상승해 원활한 자금흐름을 방해한다. 온라인 쇼핑몰에서 판매하는 제품의 공급 문제는 재고비용과 깊은 연관성을 가진다. 쿠팡과 마켓컬리 등에서 새벽배송과 당일배송을 경험해 본 고객들은 쇼핑몰의 사정을 이해하며 기다려주지 않는다. 재고 없이 B2B 방식으로만 운영한다면 배송에 대한 고객 불만이 높아질 수 있으므로 적정 재고 확보가 필요해진다.

일곱 번째는 지속성이다. 모든 차별화는 나중에는 같아지게 되어 있다. 이제는 검색 몇 번이면 공급처를 손쉽게 찾아내는 게 일도 아니어서 처음의 차별성은 지속되지 못한다. 따라서 경쟁자가 유사 상품을 출시하거나 낮은 가격으로 공략해 와도 이겨낼 수 있을 만큼의 내부역량이 필요하다. 아이템은 중요한 요인이지만 사업을 성공으로 이끌려면 내부역량이 복합적으로 뒷받침되어야 가능하다.

아이템 선정 체크리스트

항목	비고
창업자가 재미를 느낄 수 있는 아이템인가?	성격, 능력, 관심분야, 마인드 등
상품의 공급은 쉬운가?	지리적, 안정적, 가격경쟁력 등
창업자가 잘 아는 제품인가?	전문성, 주변 네트워크(인맥) 등
아이템은 세분화된 것인가?	틈새시장이 사업 초기에는 유리함
경쟁이 치열한 아이템은 아닌가?	경쟁이 치열하면 이익이 적음
재구매가 가능한 아이템인가?	재구매가 낮으면 신규고객 유입에 지속적인 비용 발생
제품 배송 시 파손 등의 위험부담은 없는가?	유리제품은 파손이 발생해 비용 상승 요인
반품 확률은 어떠한가?	정확한 정보 전달이 어려운 상품은 반품률이 높음
가격경쟁력을 가지고 있는가?	경쟁자의 저가 전략에 대응할 수 있는지 여부
유사 경쟁업체와 차별화가 가능한가?	제품, 가격, 유통, 커뮤니케이션 측면에서의 차별화
대기업이 단기간 내에 진입할 가능성은?	단기간 내 대기업이 진입하면 가격경쟁이 심해질 수 있음
유행과 관련된 제품인가?	단기적인 유행 상품은 투자비용 회수가 어려울 수 있음
계절에 따라 수요가 달라지는가?	계절성 상품은 재구매로 이어지기가 어려움
법적인 문제는 없는가?	주세법, 청소년보호법, 저작권 등의 법적 이슈
시장에서의 유통가격과 인지도는?	인지도가 낮은 상품은 마케팅 활동의 비용이 높음
수익성은 어느 정도인 제품인가?	원가, 판매관리비, 광고비, 재고비, 인건비, 결제수수료, 세금 등

02 시장의 흐름을 파악하라!

시대를 관통하는 트렌드는 있지만 이른바 대박 업종이나 아이템은 존재하지 않는다. 그것은 비슷한 역량과 자원을 가지고 시작했음에도 전혀 다른 성과를 내는 것으로도 알 수 있다. 따라서 유망 아이템은 자신의 상황에 맞게 참고용으로만 사용하는 게 좋다. 아이템 선정을 위한 시장조사 5단계는 다음과 같다.

1단계는 손품과 발품을 파는 일이다. 오프라인 창업 시 유동인구, 동선, 수요 등의 파악을 위해 직접 시장조사를 나가듯 온라인에서도 직접 물건을 사고파는 마켓을 둘러보아야 한다.

시장흐름 파악을 위해서는 도매시장(동대문, 남대문 등), 대형 할인마트, 백화점 같은 오프라인과 함께 홈쇼핑에서 판매되는 제품들도 점검해 보는 게 좋다. 이를 바탕으로 네이버, 아이템스카우트(www.itemscout.io), 썸트렌드(www.some.co.kr), 통계청 자료 등을

단계별 시장조사 방법

단계	조사내용	세부내용
1단계	시장흐름 파악	• 오프라인 : 도매시장, 유통기업, 홈쇼핑 등 • 온라인 : 네이버트렌드, 구글트렌드, 네이버쇼핑, 썸트렌드, 통계청 등
2단계	상품특성 파악	• 상품의 수명(라이프 사이클) • 계절성 • 유통 특성
3단계	소비자 조사	• 누가(목표고객) • 무엇을(구매대상) • 왜(구매동기) • 어디서(유통경로) • 언제(구매시기) • 어떻게(구매조건)
4단계	경쟁자 조사	• 온라인 판매자 조사(네이버쇼핑 등) • 오프라인 판매자 조사(검색 등 활용) • 아이템 스카우트
5단계	수요 예측	• 검색량 건수, 평균 구매전환율 등

활용하면 대략적인 시장흐름 파악이 가능하다.

네이버를 활용한 시장조사

네이버쇼핑에서는 '쇼핑BEST'라는 카테고리에서 현재 많이 판매되는 상품을 보여준다. 카테고리별로 많이 본 상품, 많이 구매한 상품, 인기 브랜드, 트렌드 키워드로 세분화해서 정보를 제공하므로 아이템 선정 시 범위를 축소하는 데 효과적이다. 물론, 제시되는 정보를 어떻게 해석할지는 창업자의 몫이다. 카테고리별로 잘 팔리는 상품의 공통점이 무엇인지, 사람들이 왜 이런 키워드로 검색하는지, 어떤 소비자들이 주로 구매하는지 등을 분석해야 한다.

네이버는 데이터랩이라는 서비스도 제공하고 있다. 데이터랩 메인페이지에서 매일매일의 검색어 순위를 보기 쉽게 한눈에 볼수 있도록 해주며 연령별, 기간별, 성별 등 조건 검색도 가능해 검색자가 원하는 데이터를 더 상세하게 찾을 수 있다. 지역통계, 카드소비 통계 같은 업종별 추이를 파악하기 쉽게 그래프 등으로 보여주는 것도 장점이다. 쇼핑인사이트에서는 카테고리별로 검색량이 많은 인기 검색어도 제공하고 있다.

아이템스카우트를 활용한 시장조사

아이템스카우트는 네이버쇼핑, 쿠팡, 옥션, 지마켓, 11번가 등에서 판매되는 상품군별 검색량과 판매량, 경쟁하는 상품의 수, 광고수, 최신 트렌드 등의 데이터를 가공해서 알려준다. 예를 들어, 아이템스카우트 '키워드 분석' 카테고리에서 '홍삼'과 '정관장'을 검색해 보면 '정관장' 검색량이 '홍삼'보다 몇 배 많음을 알 수 있다. 반면, 경쟁강도는 검색량이 많은 '정관장'이 낮게 나타난다. 홍삼을 판매하는 사람들은 '홍삼'이 대표 키워드라고 생각할지 모르나 홍삼의 대표 키워드는 '정관장'이다. 이처럼 카테고리보다 브랜드가 강한 상품군이라면 브랜드 상품을 판매해야 승산이 있다.

썸트렌드를 활용한 시장조사

인스타그램에서 '다이어트'와 관련해 가장 많이 언급되는 해시태그는 무엇일까? 바로 '#운동'이다. '#다이어트'와 '#운동'을 연관지어보면 사람들은 다이어트를 위해 과거처럼 굶는 방식을 선호하지 않는다는 사실을 예측할 수 있다. 꾸준하게 운동하면서 '건강하게 맛있게' 먹는 형태로 균형 잡힌 삶을 꿈꾼다는 뜻이다.

이처럼 사람들이 SNS에서 남긴 흔적을 분석해 주는 서비스가 썸트렌드다. 관심 있는 키워드를 검색하면 일별, 주별, 월별 언급량이 그래프로 나타나고, 해당 키워드의 연관어 변화 추세도 볼 수 있다. 예를 들면, '감성어 변화' 카테고리에서는 검색한 사람들이 드러낸 감정적인 키워드를 보여주는데, '다이어트'를 검색하면 긍정 69.5%, 부정 27.3%, 중립 3.2%라는 통계수치가 나온다. 또 다이어트는 스트레스일 것 같지만 '스트레스', '고민', '힘들다', '실패하다' 같은 부정적 키워드보다는 '좋다', '건강하다', '성공하다', '도움 되다', '칼로리 낮다' 같은 긍정 키워드가 많음을 알 수 있다. 이런 감정적 키워드를 순위별로 모아 제공하므로 소비자들이 무엇을 원하는지 파악하는 데 도움이 된다.

썸트렌드에서는 비교분석 기능도 제공된다. 아이스크림 브랜드 연관 순위를 분석하면 베스킨라빈스, 하겐다즈가 부동의 1, 2위

자리를 고수하는 가운데 편의점에서 판매하는 비비빅, 메로나 등의 연관어 순위가 매년 상승하는 게 보인다. 게다가 비비빅과 메로나의 공통 연관어가 '편의점'과 '신상'인 점에서 두 제품의 순위 상승은 코로나로 인한 '슬세권' 트렌드와 맞물린 결과라고 보는 게 타당하다. 집과 가까운 곳에서 쉽게 구할 수 있어 상대적 접근성이 좋고, 꾸준히 다양한 신제품을 출시한다는 것은 두 제품의 공통점이기 때문이다.

03 | 소비 트렌드를 파악하라!

시장조사의 2단계는 상품의 특성 파악이다. 하나의 제품에는 다양한 특성이 있는데, 그것의 라이프 사이클(life cycle) 및 시대성, 계절성 등을 확인하는 단계다.

제품은 라이프 사이클에 따라 각각 도입기, 성장기, 성숙기, 쇠

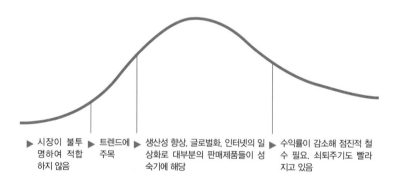

▶ 시장이 불투명하여 적합하지 않음 ▶ 트렌드에 주목 ▶ 생산성 향상, 글로벌화, 인터넷의 일상화로 대부분의 판매제품들이 성숙기에 해당 ▶ 수익률이 감소해 점진적 철수 필요. 쇠퇴주기도 빨라지고 있음

제품의 라이프 사이클과 대응방안

성공하는 쇼핑몰 사업계획서

퇴기 중 어느 한 시기에 있으며, 계절에 영향을 받기도 하고, 유행에 따라 판매 여부가 결정되기도 한다. 따라서 판매하려는 제품에 어떤 특성이 있는지 다양한 각도에서 점검해야 한다.

문화적 코드로서의 트렌드

트렌드는 사람들의 보편적인 생각이자 행동으로 욕구에서 비롯되므로 현실과 일상의 수많은 단서에서 변화 예측이 가능하다. 새로운 트렌드를 알기보다 그 트렌드가 어떤 이유에서 만들어졌는지, 어떻게 진화해 가는지, 무엇에 영향을 미치는지, 어떤 비즈니스 기회를 만들어낼지 아는 게 더 중요하다.

온라인 쇼핑몰을 둘러싼 문화적 트렌드로 모바일, 연결성, 가치 소비, 1인 가구 등을 들 수 있다. 전국 어디에서나 손쉽게 스마트폰으로 정보를 검색하고 연결이 가능한 시대가 되면서 사람들은 이제 서로 만나 대화하지 않고 주로 스마트폰과 대화한다. 인스타그램, 페이스북, 유튜브를 통해 자신의 이야기를 생산해서 공유하며, 이를 확인한 친구들은 '좋아요'와 '공유하기'를 눌러 공감을 표시하는 한편 정보를 확산시킨다.

연결성은 사람과 사람 사이로만 국한되지 않는다. 오프라인 매장은 네이버 검색으로 연결되며, 스마트폰과 손목시계 같은 기계끼리도 연결되는데, 오프라인과 온라인의 연결을 O2O(Offline to Online), 기계와 기계의 연결을 IoT(Internet of Things)라고 부른다.

가치소비는 풍요로움을 경험한 MZ세대 및 소득수준의 증가와 연관성이 높다. 잘 먹고 잘살게 되면서 남들과 같지 않은 다름을 선호하는 것이다. 너무 빠르게 변화하는 시대와 소비문화에 대한 반발로 개성을 소비하는 사람들도 증가하고 있다. '빈티지'와 '앤티크'가 그 예로, 오래되고 낡은 것에 사람들이 관심을 가지는 이유는 금방 출시된 새것과는 비교할 수 없는 고유의 가치가 담겼기 때문이다. 이처럼 개성을 존중하고 추구하는 사람들이 늘어나면서 획일화된 제품 속에서 자신을 드러내고 차별화하는 이들이 주목을 받고 있다.

#명상, #요가, #힐링 등의 키워드도 가치소비와 관계가 깊다. 바쁜 일상과 치열한 경쟁에서 오는 스트레스와 상처를 치유하고 싶은데, 무조건 참지 않는다면 가끔 떠나는 짧은 휴가로는 해소가 안 된다. 개인뿐 아니라 사회 전체가 그렇다. 그럴 때 가장 필요한 게 자신의 이야기를 들어줄 사람과 자신의 상처에 공감해 줄 콘텐츠다. 힐링이 교육, 콘텐츠, 음료, 취업, 금융, IT에 이르기까지 모든 영역에서 전방위 마케팅 코드로 쓰이는 이유가 그 때문이다.

비혼, 경기불황, 개인주의 확산 등으로 늘어나는 1인 가구 또한 소비패턴 전체에 큰 영향을 미치고 있다. 다가오는 2030년에는 남성의 30%, 여성의 20%가 평생 한 번도 결혼하지 않고 살아간다고 한다. 이렇게 혼자 자신만의 라이프 스타일을 추구하며 사는 이들을 겨냥한 프리미엄 제품들의 증가는 당연하다.

국내 백화점의 큰손은 밀레니얼 세대다. 그중에서도 '내일도 중

성공하는 쇼핑몰 사업계획서

요하지만 오늘도 중요하다'는 마인드로 무장한 30대는 다소 특이한 소비형태를 보인다. 피규어를 수집하거나 장난감을 갖고 놀기도 하며, 일상의 탈출구로 야구, 농구 같은 스포츠 동호회 활동에 열성적이다. 답답한 도심을 떠나 캠핑을 즐기는가 하면, 성장기에 들었던 1990년대 음악에 빠져들기도 한다.

1인 가구가 늘어나면서 개와 고양이 등 또 하나의 가족인 반려동물 시장의 성장세도 무섭다. 처음에는 '강아지'라고 했다가 '애완동물', 지금은 '우리 집 막내'라고 부른다. 가족처럼 사랑하고 아낌없이 돈을 쓴다. 사료와 병원 등 관련 시장이 엄청나게 커지면서 점점 고급화되는 경향을 보이는 것도 특징 중 하나다. 청담동에 있는 한 애견센터 건강검진권은 최고 100만 원, 호텔 스위트룸 하루 숙박비는 20만 원에 달할 정도다.

공유경제, 소비의 이중성, 소비의 양극화도 주목해야 한다. 정수기, 자동차에 이어 사용하지 않는 방이나 입지 않는 옷을 빌려주며 경제적 이익을 얻는다. 이제는 잘 빌리는 게 소비의 미덕이 되었다. 과거처럼 소유가 아닌 공유를 통해 어떻게 더 잘 쓸까를 고민한다. 팔기만이 능사가 아니라 빌려주기도 중요한 비즈니스 모델인 것이다.

공유를 통한 이 같은 알뜰 소비와 함께 명품 소비도 증가하고 있다. 풍족해서 명품을 사는 게 아니라 하나를 사더라도 제대로 사겠다는 의지의 표현으로, 남에게 보여주는 과시가 아니라 '소중한 나'를 위한 소비형태다.

소비가 양극화되면서 가장 비싸거나 싼 제품의 판매량이 늘고 있다. 과거에는 싼 제품이 가장 많이 팔리고, 중간 제품은 중간 정도, 가장 비싼 제품은 가장 덜 팔리는 '피라미드형'이 일반적이었다. 그런데 가치소비의 영향으로 사람들이 가격과 가치 중 확실한 이점이 있는 쪽으로 움직이면서 가장 싸거나 가장 비싼 제품이 잘 팔리는 '모래시계형'으로 소비형태가 바뀌고 있다.

물건을 사고파는 유통분야 트렌드

제조기술의 발달, 생산의 자동화, 글로벌 소싱 등으로 공급량이 큰 폭으로 증가했다. 이제는 사려는 사람보다 판매하려는 사람이 더 많은 세상이다. 백화점, 대형마트, 편의점, 온라인 쇼핑몰 등이 시공간을 뛰어넘는 경쟁을 펼친다.

대형마트는 오랫동안 '유통산업발전법'이 발목을 잡았다. 쿠팡과 마켓컬리가 새벽배송으로 대형마트 고객을 흡수해 가는 중에도 두 손을 놓고 있을 수밖에 없었다. 유통산업발전법으로 영업 시간과 의무휴일제 등을 강제하는 데다 동반성장에 대한 사회적 요구 또한 높았기 때문이다. 하지만 대형마트는 결코 쉽게 무너지지 않았고, 오프라인 매장과 온라인을 연계하는 옴니채널(Omni Channel) 전략을 강화하면서 경쟁력을 회복하는 중이다. 전국적으로 구축해 놓은 오프라인 유통망은 온라인이 쉽게 따라잡을 수 있는 게 아니다. 스마트폰을 통해 오프라인과 온라인이 실시간으로 연결되는 지금은 오프라인을 보유한 쪽이 되레 유리해졌다. 신세계가 옥션과 지마켓을 인수한 것도 이와 무관하지 않다.

백화점의 경우에는 매장에서는 구경만 하고 온라인으로 구매하는 쇼루밍족 증가와 더불어 아웃렛, 홈쇼핑, 온라인 쇼핑몰, 해외직구 등으로 고객들이 분산되어 혼란이 가중되고 있다. 성장은커녕 정체 중이지만 백화점 역시 쉽게 무너질 리는 없다. 온라인이 아무리 대세라 해도 사람들은 온라인이 아닌 오프라인에서 살아가기 때문이다. 가족, 친구, 연인과 함께 쇼핑하고 시간을 보낼 만한 장소로 백화점 만한 곳도 없어 여전히 막강한 경쟁력을 가진다.

현대백화점의 '더현대 서울'은 이러한 지점을 정확히 공략했다. 자연 채광과 이색 매장 확대 등 기존 백화점 공식을 탈피하는 파격적인 공간 구성으로 20, 30대 젊은 고객들을 대거 유입시키면서 백화점이 나아가야 할 방향성을 보여주었다.

다음은 편의점이다. 코로나 시대에 배달과 온라인 쇼핑몰이 해결하지 못하는 부분들을 편의점이 소화하면서 유통채널에서 편의점의 위상이 달라졌다. 집 부근에 슬리퍼를 끌고 다니며 이용할 만한 거리에 위치했다는 건 편의점의 최대 강점이다. 게다가 눈부신 기획력으로 컬래버레이션 상품인 곰표 밀맥주 같은 다양한 재미 요소를 제공하면서 눈에 띄게 성장했다. 편의점 매출의 증가는 코로나로 인한 일시적인 현상이 아니다. 코로나 이전부터 주 52시간 근무제, 유연근무 확대, 회식문화 축소 등의 외부 환경 변화로 증가 중이었다.

사람들이 편의점에 갈 수밖에 없는 유력한 이유 중 하나는 경쟁력 있는 상품이다. 편의점은 1인 가구에 꼭 필요한 상품구성, 코로나로 인해 고객 선호도가 높아진 가정간편식(HMR), 패스트푸드, 살균한 알루미늄 봉지에 포장된 레토르트(Retort), 커피, 제과 등 다양한 상품과 함께 컬래버레이션 상품을 꾸준히 출시하면서 좋은 반응을 얻고 있다. 또 젊은층이 많이 이용하는 편의점이라는 공간과 재미와 경험을 중시하는 그들의 소비성향이 잘 맞아떨어진 결과이기도 하다.

그럼에도 코로나19로 인해 가장 크게 성장한 곳은 단연코 온라인 쇼핑몰이다. 오프라인의 많은 부분이 온라인으로 바뀌어 가는 세상이다. 높은 품질, 빠른 배송, 저렴한 가격이라는 무기를 앞세워 쿠팡과 네이버 스마트스토어가 큰 폭으로 성장했고, '신선식품 새벽배송'이라는 카테고리를 개척하면서 비교적 고가의 식품도 온라인으로 판매될 수 있다는 사실을 마켓컬리가 보여줬다. 그러자 오프라인 중심이던 백화점과 대형마트도 새벽배송에 뛰어들었다.

밸류체인(Value Chain) 상에서 온라인의 유통파워가 커지면서 고민이 커지는 곳이 바로 제조업체다. 쿠팡과 네이버 같은 온라인 유통업체의 파워가 커지면 요구하는 수수료가 높아지는 한편 가격 인하의 압박이 지속되기 때문이다. 소비자들의 온라인 구매 비중이 증가하면서 온라인 비중을 높일 수밖에 없는데, 온라인 유통

플랫폼은 계속 가격 인하를 요구하면서도 수수료는 높여 가니 제조업체는 결국 수익성이 악화될 수밖에 없다.

그래서인지 유통분야에서 나타나는 새로운 흐름 중 하나가 바로 플랫폼의 힘에서 벗어나려는 기업들의 노력이다. 네이버, 쿠팡, 신세계라는 거대한 흐름 속에서 나름의 성과를 만들어가고 있는 정관장(정몰), CJ, 동원, 대상, 풀무원 등이 대표적이다. 이들 기업의 특징은 자사몰의 포지션을 명확히 한 후 네이버와 쿠팡 등의 의존도를 줄이면서 소비자와 직접 거래하는 비중을 높여 가고 있다는 점이다. 그리고 이를 제조업체와 소비자 간 직접 거래라고 해서 Direct to Consumer, 즉 D2C라고 부른다.

기업들이 D2C 판매방식을 도입하는 이유는 소비자 구매 특성 데이터를 확보해 브랜드 관리와 고객경험 개선에 활용하기 위함이다. 데이터가 확보되면 과거 도매상과 소매상을 거쳐 제품이나 서비스를 공급하던 방식과 달리 공급망 전체를 아우르는 고객경험과 다양한 마케팅 활동이 가능하다. 직접 판매하면 유통마진을 줄일 수 있어 더 저렴한 판매도 가능해진다. 물론, D2C 방식으로 소비자에게 직접 판매하려면 최적화된 물류시스템은 기본이고 페이스북, 인스타그램, 유튜브 등 다양한 채널을 활용할 수 있어야 하므로 더 큰 내부역량이 필요하다.

예를 들어, 비용을 줄이기 위해 유통기한을 늘리는 방식이 제조관점의 접근이라면, 신선한 식품을 빨리 받아볼 수 있도록 하는 방식은 유통관점의 접근이다. 소비자들은 유통기한이 늘어난 제품을 선호할까, 신선식품 빨리 받기를 선호할까? 제조관점에서 유통기한이 늘어난 식품을 만들 수는 있겠지만 이는 소비자들이 원하는 지점이 아니다. 결국, 신선한 식품을 빠르게 배송해야 하는데, 그러려면 고객서비스와 물류 역량이 필요하다. 겉으로 보이는 것은 대충 흉내 낼 수 있으나 고객서비스와 물류 시스템은 흉내의 영역이 아니다. 실제로 보여줘야 하는 지점이다. 고객서비스 체계가 갖추어져 있어야 브랜드 인지도를 높여 갈 수 있다. 물류 또한 쿠팡과 마켓컬리까지는 아니어도 전국 익일 배송이 가능한 수준까지는 갖춰야 한다.

먹고사는 외식업종 트렌드

혼자서 음식 먹는 사람을 보는 일은 이미 낯설지 않다. 동네나 거리의 커피숍만 봐도 창가에 혼자 앉아 커피를 마실 수 있게 좌석을 배치한다. 혼자 사는 나홀로족을 위해 팩으로 포장된 채소와 손질된 마늘, 소량으로 포장된 과일을 판매하기도 하고, 손쉽게 먹을 수 있는 간편조리식품도 엄청 늘어나고 있다. 남의 시선을 의식하지 않으면서 음식을 먹을 수 있는 1인 식당, 퇴근 후 혼자서 간편하게 먹을 수 있는 심야식당까지 외식업종은 1~2인 가구를 적극적으로 공략 중이다.

한편, 패스트푸드 같은 간편식 시장과 함께 슬로푸드(slow food)와 관련된 건강식단도 꾸준히 사랑받고 있다. 지구환경과 건강에 관심 많은 이들이 늘면서 사람들은 원산지 표시에 더욱 관심을 기울일 뿐만 아니라 나트륨과 지방 함량 등에 촉각을 곤두세운다. 잘 먹고 잘사는 게 중요한 시대에는 양보다는 질을 중시하는 게 당연하다.

장기적인 경제불황으로 인해 초소형 음식점이나 서민형 음식점, 복고형 음식점들도 증가하고 있다. 코로나19 등으로 세계 경제가 긴 불황의 터널에서 빠져나오지 못하면서 가벼워진 지갑이 '불황형 소비'로 이어져 싸고 배불리 먹을 수 있는 서민형 외식업종의 한 축을 이끌어가는 현상이 나타난 것이다.

생활의 편안함을 주는 서비스업종의 변화

올라가는 물가만큼 월급이 오르지 않으면서 '가성비'에 대한 수요는 꾸준히 증가할 것이다. 하지만 다른 한편으로 보면 풍족함의 시대이기도 하다. 불과 50여 년 전에 대한민국은 세계에서 가장 가난한 나라였으나 이제는 선진국으로 분류된다. 1970년대 254달러에 불과했던 국민소득(GDP)이 4만 달러를 향하고 있다. 여전히 어렵고 힘든 사람들이 있음에도 대한민국은 잘 먹고 잘사는 나라가 되었다. 이처럼 소득수준이 증가하면서 삶의 질 향상, 고급화, 감성소비 등에 비례해 세계적으로 급격히 성장하고 있는 분야가 뷰티와 건강 관련 서비스업종이다. 고령화와 함께 외모를 중시하는 사회 분위기로 인해 젊고 아름답게 사는 삶을 추구하는 안티

에이징(anti-aging)이 새로운 산업 트렌드로 자리잡았다.

또 맞벌이 부부의 증가와 1인 세대를 위한 맞춤형 집수리 및 집안일 서비스도 증가하고 있다. 이른바 '슈퍼맨 아빠' 콘셉트의 이 같은 생활서비스업은 각종 대행 서비스 형태로 확장해 가면서 아주 적은 금액으로 각종 서류를 대행하는 일부터 패스트푸드 대행서비스까지 모든 것을 대신해 준다.

등산로나 산길, 초원 등을 빠르게 걷거나 뛰는 트레일 러닝(trail running), 스트레칭과 댄스를 혼합해 짧은 시간에 큰 운동효과를 내는 스포츠댄스, 바쁜 현대 여성들이 30분이라는 짧은 시간에 저렴한 비용으로 운동할 수 있도록 고안된 피트니스까지, 건강과 취미를 동시에 추구하는 레저스포츠는 여전히 강세를 띨 것으로 예측된다.

펜션 등의 시설서비스업은 숙박사업의 개념을 뛰어넘는 목적지향의 '휴(休)비즈니스 콘셉트'로 발전될 전망이다. 단순히 놀고 먹고 가는 공간에서 편하게 쉬었다 가는 공간으로 바뀌어 가는 게 그 증거인데, 지자체에서 운영하는 편백숲 숙박시설은 '방 구하기가 하늘의 별따기'일 만큼 휴(休)비즈니스는 성업 중이다.

04 | 소비자는 무엇을 원할까?

시장조사의 3단계는 소비자조사다. 소비자조사는 누가(목표고객), 무엇을(구매대상), 왜(구매동기), 어디서(유통경로), 언제(구매시기), 어떻게(구매조건) 구매하는지 '육하원칙'에 맞게 확인이 가능해야 한다.

소비자조사를 구체적으로 진행해 보는 방법 중 하나가 페르소나(Persona)를 그려보는 것이다. 고객을 추상적이 아닌 구체적인 설득 대상으로 정의하는 일로, 페르소나는 겉으로 드러난 외적 성격을 말하는 심리학 용어다. 사람들은 모두 여러 개의 페르소나를 갖고 살아가는데, 겉으로 드러난 페르소나를 통해 타인으로부터 받는 평가나 대우가 달라지기도 한다. 그래서 '인격의 가면'이라고도 불린다. 그리고 목표고객을 하나 이상의 페르소나를 가진 이로 바라보면 고객 설득과 콘텐츠 만드는 일에 도움이 된다.

페르소나 프로세스는 고객의 상황 및 요구사항 분석부터 시작한다. 그러려면 관계된 사람들이 모여 브레인스토밍을 진행해야 한다. 예를 들면, '이런 사람이 이런 제품을 사용할 것'이라는 생각을 포스트잇에 적어 서로 의견을 주고받는데, 효과적인 진행을 위해 이름, 성별, 나이, 직업 등 기본적인 정보를 정해 놓으면 페르소나에 대한 이해가 쉬워진다.

페르소나는 평균적으로 20~30명의 사용자를 대상으로 개별 리서치를 한 후 4~6가지를 작성하는 게 좋다. 단 하나로 결정하려 하기보다는 여러 가지 가능성을 열어두고 접근해야 하며, 이후 하나하나를 놓고 정보탐색행동(Behavior), 문제점(Problem), 원하는 것(Needs)을 구체화해 나간다.

옆의 페르소나는 오프라인에서 사진관을 운영 중인 사업자가 고객을 구체화해 본 내용으로 첫돌을 앞둔 딸이 있는 7년차 직장인 겸 주부다. 고객을 막연하게 '30대 여성'으로 접근하기보다 '35세 김소영 씨, 여성, 맞벌이, 첫돌을 맞는 딸의 사진을 찍기 위해 사진관을 찾고 있음'같이 페르소나를 구체화시켰다.

이렇게 페르소나를 소개했다면 검증을 해야 한다. 이때까지의 페르소나는 가설일 뿐이므로 '서울에 사는 35세 김소영 씨'를 찾아서 인터뷰를 진행한다. 주변 사람들을 통해 만나도 되고 페이스북, 인스타그램, 블로그 등에서 찾아보는 방법도 있다. 적합한 절차를 밟아 연락해 취지를 설명하고 인터뷰에 필요한 비용 등을 지급하면 의외로 많은 사람이 참여한다. 고객 만나기는 생각보다 어

성공하는 쇼핑몰 사업계획서

페르소나 작성 사례

김소영(35세, 여성), 거주지역 : 서울, 담당업무 : 마케팅, 소득 : 4,500만 원

Profile	☑ 홍보 업무를 수행 중인 7년차 직장인
	☑ 3년 전 결혼한 후 첫돌을 맞는 딸이 있음
	☑ 남편이 육아휴직을 통해 딸을 돌보고 있어요
	☑ 가정에도 충실하지만 자신의 전문성도 꾸준히 높여 나가기를 원해요
Behavior	☑ 인스타그램을 많이 사용해요
	☑ 필요한 정보는 블로그와 카페를 이용해요
	☑ 페이스북은 주로 업무용으로 사용해요
	☑ 네이버를 통해 사진관 위치 등을 확인합니다
	☑ 주변 친구들에게 육아정보를 묻곤 해요
	☑ 온라인 검색을 잘한다고 생각해요
Problem	☑ 첫돌을 맞은 딸의 사진을 남기고 싶어요
	☑ 아이가 편하게 촬영할 수 있는 분위기가 중요해요
	☑ 사진작가의 콘셉트와 프로필을 확인해 보고 싶어요
	☑ 꼭 필요한 것들 중심으로 서비스가 제공되길 원해요
	☑ 다양한 콘셉트가 있는 실내 촬영장을 원해요
Needs	☑ 실력 있는 사진작가에게 맡기고 싶어요
	☑ 가격이 터무니없이 비싸지 않으면 좋겠어요
	☑ 우리가 원하는 것에 꼼꼼히 귀기울여 줬으면 좋겠어요
	☑ 평범한 것보다는 아이와 함께 재미있게 촬영하고 싶어요
	☑ 주중에는 시간이 없어서 주말에 촬영하고 싶어요.

렵지 않다.

이때 중요한 것은 페르소나 고객의 표현되지 않은 니즈를 찾아 내려면 어떤 질문을 어떻게 해야 하는가다. 대표적으로 잘못된 질문은 정답이 정해진 질문이다. "다이어트에 관심 있으세요?"라는 질문에 대한 답변은 "그렇다"가 될 수밖에 없다. 정답이 뻔히 나와 있는 질문이기 때문이다. "이런 제품이 나오면 사용하겠습니까?"라는 질문도 마찬가지다. 대부분 긍정적으로 답변한다. 인간은 사회적 동물 아니던가! 처음 보는 사람에게 좋지 않은 대답을 할 이유가 없다. "이 상품의 가격은 얼마면 적당할까요?" 같은 질문도 올바르지 않다. 지금 당장 구매할 게 아니기도 하고, 너무 싸게 책정하면 미안하기도 하며 혹은 돈이 없다고 생각할지도 모른다는 추측으로 가격을 높이게 된다. 이처럼 특정 의도가 반영된 질문은 의미 있는 답변을 듣기 어렵다.

사람들은 자기와 크게 상관없는 질문에는 적당히 대답하는 경향이 있다. 사고 싶지 않거나 살 수 없는 때에도 긍정적인 대답을 하고, 맛이 없어도 미안한 마음에 맛있다고 대답한다. 정확하지 않은 데이터에서는 그 어떤 해답도 찾을 수 없다. 쓰레기 같은 정보는 아무리 열심히 분석해도 쓰레기일 뿐이다.

페르소나가 도출되면 이를 바탕으로 다음의 질문을 하면서 소비자를 구체화한다. 사업계획서 작성 시 다양한 관점 반영은 권장할 일이나 너무 많은 시간을 투입하는 건 바람직하지 않다. 온라인 쇼핑몰 사업에서 실제로 성공에 이르는 게 중요하지 사업계획

성공하는 쇼핑몰 사업계획서

서 작성 자체가 엄청나게 중요한 건 아니기 때문이다.

소비자조사의 주요 내용

누가 (Who)	누구에게 판매할 것인가?	내 제품(서비스)을 판매할 목표고객(시장)이 누구인지 확인해 보는 것. 모두에게 판매할 수 있다는 말은 아무에게도 판매할 수 없다는 것과 같은 의미
무엇을 (What)	무엇을 구매하는가?	선호하는 브랜드 및 회사, 평균 구매가격 등은 어떻게 되는지 확인해 보는 것
왜 (Why)	왜 구매하는가?	소비자가 왜 내 제품과 서비스를 구매하는지 공급자 관점이 아닌 소비자 관점에서 고객가치를 확인해 보는 단계로 내가 가진 역량도 함께 점검되어야 함
어디서 (Where)	제품의 유통경로는 어떠한가?	판매하고자 하는 제품이 오프라인, 할인점, 홈쇼핑, 온라인 등에서 어떤 유통경로로 판매되고 있는지 그리고 그 선상에서 나의 경쟁력을 확인해 보는 것
언제 (When)	언제 구입할 것인가?	자주 구매가 발생하는 일상용품인지, 특별한 날 구매하는 제품인지, 소비자가 언제 어떤 때 구입하는지 등
어떻게 (How)	구매조건은 무엇인가?	할인, 포인트, 사은품 제공, 할부, 1+1 등 제품을 구매할 때 구매조건은 어떻게 되는지 점검해 보는 것

시장세분화와 목표고객 선정

목표고객 선정은 내 제품을 판매할 시장과 고객을 정의하는 일이다. 목표고객 선정까지는 많은 어려움이 있으나 이 과정을 거치면 고객을 보다 정확히 파악하고 이해할 수 있다. 그렇게 목표고객이 명확하게 선정되면 추후 온라인 쇼핑몰 마케팅을 진행할 때

시간과 비용이 절감된다.

목표고객 선정을 위해서는 우선 내 제품이 필요하거나 관심을 보일 만한 집단을 세분화해야 한다. 시장세분화란 전체 시장 중에서 상품에 대한 욕구가 비슷한 사람들을 부분시장으로 나누는 일이다. 시장세분화와 목표고객 선정이라는 개념은 몇십 년 전부터 나온 이야기이므로 특별히 새로울 건 없다. 그럼에도 시장세분화와 목표고객의 중요성을 계속 말하는 이유는 이를 통해 사람, 시간, 돈 등의 효율적 활용이 가능하기 때문이다.

시장세분화는 일반적으로 지역별, 성별, 나이별, 생활수준별, 가족구성원 수별, 생활양식별 등을 기준으로 삼는다. 하지만 시장세분화에 정해진 해답은 없다.

건강기능식품을 온라인에 판매하려는 예비창업자를 예로 들어보자. 건강기능식품은 인구의 고령화, GDP 성장, 의료비 자기부담 증가에 따른 셀프케어(Self Care) 의식의 증가 등으로 앞으로도 계속 성장이 예상된다. 그렇다고 해서 홍삼, 비타민, 유산균(프로바이오틱스 등), 콜라겐 등 모든 건강기능제품을 판매하려고 욕심을 내는 것은 바람직하지 않다. 온라인 쇼핑몰 창업도 오프라인처럼 시간과 자본에 한계가 있기 때문이다. '쇼핑몰에 올려놓으면 판매되지 않을까?'라고 생각할지도 모르지만, 듣도 보도 못한 쇼핑몰에서 그 많은 종류를 믿고 구매할 고객은 많지 않다. 그러므로 모든 시장을 공략하기보다는 하나의 세분화된 시장에 시간과 자본을 집중하는 게 효과적이다.

시장세분화를 위한 기본분석의 예(건강기능식품)

구분	건강기능식품		
	홍삼	비타민	유산균
세분시장 설명	건강에 대한 투자	균형 잡힌 생활 유지	면역력과 소화기능에 대한 관심 증가
고객 특성	건강을 생각하는 중장년층, 소득수준 중상위층	건강하고 균형 잡힌 생활에 대한 관심이 많음	프로바이오틱스 등을 유산균으로 인식, 장내 소화건강에 관심이 높음
고객 수	260만 명(40~60세 중 20%, 통계청)	140만 명(국내 인구의 3%, 〈보건신문〉)	300만 명(장 건강에 관심이 높은 20~40대 여성)
고객이 제품을 택하는 이유	면역력 증진, 피로 회복, 당뇨 등 치료	활기찬 일상, 질병 예방, 건강 밸런스 유지	장 건강, 면역력 증진, 배변활동 촉진
제품 이용 방법	부모님 선물용, 당뇨 등 질병 예방용, 면역력 증진, 피로 회복, 건강증진용	매일 1회 섭취, 균형 잡힌 생활 유지	건강 유산균, 다이어트 유산균 등 세분화되어 기능성 중심으로 구매

　시장 및 고객에 대한 상세하고 충분한 분석에 유의해 건강기능 식품으로 시장을 세분화해 보면 위와 같다.

　이처럼 시장세분화는 복잡한 문제들이 산재해 명확한 카테고리를 선정하기가 쉽지 않다. 소비자들은 보통 특정제품을 반복해 구매하기보다는 상황에 따라 유동적인 경우가 많다. 그럼에도 시장세분화를 하지 않고 모든 제품을 취급하게 되면 다수의 소비자에게 노출은 가능해도 설득하기는 어렵다. 시장세분화에는 현실적으로 여러 가지 어려움이 따르겠지만 그 노력은 장기적으로 수익성 향상이라는 값진 열매를 안겨줄 것이다.

시장세분화를 통해 구체적인 상황이 잡히면 우선 각 시장별로

시장매력도, 경쟁역량 분석의 예

기준	홍삼	비타민	유산균
시장매력도 (시장 규모, 성장성, 경쟁 강도 등)	• 홍삼 제품은 소비자들이 가장 선호하는 건강기능식품 • 소수의 대기업과 다수의 영세기업이 병존하는 이중구조	• 치료보다는 예방목적으로 구매하는 경향 • 건강 유지, 질병 예방, 노화방지 등을 위해 꾸준히 복용하는 사람들로 시장규모 일정함	• 유산균의 특별한 기능이 널리 알려지면서 유산균 제품 시장이 크게 성장 중 • 프로바이오틱스 제품 중 종근당의 락토핏은 꾸준히 절찬리에 판매되고 있음
경쟁역량 (자사 적합성, 상품화 가능시기, 자원 투입 능력)	• 정관장, 농협 등 대기업 제품군이 시장의 대부분을 선점하고 있음 • 홍삼 시장에 진입하기 위해서는 초기에 많은 광고비가 필요함	• 남성과 여성, 연령대, 구매목적(감기예방 등)에 따른 다양한 상품 • 뉴트리라이프, 비타민하우스 등 국내외의 많은 제품이 출시	• 유산균 시장이 커지면서 관련 산업도 세분화되고 있음 • 기업들도 트렌드에 맞춰 새 제품을 선보이며 시장 선점에 나서고 있음
총평가	• 소비자 인식수준이 가장 높은 제품군이지만 경쟁이 치열함 • 대기업 브랜드 제품만 전문적으로 취급하거나 비브랜드 제품으로 저가시장을 공략하는 것이 효과적	• 특정 브랜드(회사)를 먼저 결정한 후 오픈마켓 등을 통해 저렴한 가격에 구매하거나 인지도가 높은 약국 관련 전문 쇼핑몰에서 구매하는 경향이 높음 • 약사 등 전문가가 추천하는 상품 증가	• 건강기능식품 시장에 진출한 기업들이 프로바이오틱스 시장을 공략하기 위해 신제품과 신규 브랜드 론칭 등에 주력 • 제약회사 등 유산균 제조기술과 시설을 갖춘 기업 중심으로 시장이 형성됨

경쟁역량과 매력도를 평가한 후 온라인 쇼핑몰 창업자의 자원, 제품, 시장, 경쟁의 특성을 고려해 목표고객을 선정한다. 시장세분화에 활용되었던 홍삼, 비타민, 유산균(프로바이오틱스)을 예로 들면 왼쪽과 같다.

05 | 누구와 경쟁할 것인가?

시장조사의 4단계는 경쟁자조사로, 경쟁상대는 온라인과 오프라인을 모두 포함한다. 온라인상의 경쟁상대는 네이버, 구글, 아이템스카우트 등을 활용해 찾아볼 수 있지만, 오프라인의 경쟁상대는 직접 발품을 팔아야만 한다. 같은 제품이라도 온라인과 오프라인상의 느낌이 다를 수 있으므로 꼼꼼히 살펴보는 게 매우 중요하다.

온라인은 네이버, 쿠팡, 신세계(옥션/지마켓)의 3강 체제지만 나이키나 칸투칸처럼 자사몰 중심으로 판매하는 곳들도 증가하고 있어 전체적인 관점에서 경쟁자를 분석해야 한다.

네이버 스마트스토어는 기본 수수료 3.74%에 검색을 통해 구매가 일어날 경우 연동 수수료 2%가 추가되어 5.74%의 수수료가 발생한다. 이는 평균 10% 안팎인 다른 오픈마켓 수수료보다는 저럼해 보이나 그 안에서 경쟁이 심해지다 보니 네이버쇼핑에 광고를 집행할 수밖에 없다. 여기에 구매적립금과 N페이 적립, 라이브쇼핑 중 1% 연동 수수료까지 감안하면 전체 수수료는 10%를 훌쩍 넘어선다.

쿠팡도 오픈마켓 판매는 10% 정도의 수수료를 받지만 로켓배송으로 상품을 판매할 때는 20% 이상의 수수료를 받는데, 최근에는 30% 수준으로 높아지고 있다. 로켓배송으로 판매하면 판매는 증가할 수 있으나 수수료가 부담되고, 오픈마켓 방식으로 판매하자니 상위에 노출되지 않아 판매가 잘 안 되는 딜레마에 빠지게 된다. 게다가 로켓배송 상품은 오픈마켓 방식과 병행한 판매가 불가능하므로 기업으로서는 고민이 될 수밖에 없다.

쿠팡과 티몬, 옥션, 지마켓, 11번가 같은 온라인 유통업체들은 타 사이트에서 판매되는 최저가를 자동으로 알아내는 시스템을 확보해 제조업체들에게 끊임없이 가격인하를 요구한다. 제조업체로서는 온라인 성장에 편승해 거대한 온라인 유통업체에 종속될지, 아니면 주도적으로 성장을 추구해야 할지 선택의 기로에 서 있다 해도 과언이 아니다.

경쟁 쇼핑몰(판매자) 분석 양식

지표	세부 지표	조사 내용
일반 현황	쇼핑몰명/주소	
	제품 수	
	가격정책	
	운영전략	
	배송비	
핵심 역량	콘텐츠 제공력	
	고객유입력	
	구매전환력	
	재구매력	
특징	장점	
	단점	
	특이사항	
종합의견		
콘텐츠 제공력	판매제품(서비스)에 대한 안내를 소비자가 이해하기 쉽게 설명할 수 있을 정도로 사진, 이미지, 동영상, 검색엔진최적화 등이 활용됨	
고객 유입력	• 네이버와 구글 등에서 검색을 통한 유입(검색엔진최적화) • 네이버, 구글, 다음(카카오) 등의 검색포털 광고를 통한 유입 • 페이스북, 인스타그램, 유튜브 등의 콘텐츠를 통한 유입 • 인플루언서, 오프라인 매체 등 외부 유입	
구매 전환력	• 상품의 특징(차별성) 제시를 통한 상세설명 구성 정도 • 상품의 스토리, 판매자의 전문성 등 신뢰성 정도 • 구매후기 등의 사회적 증거, 게시판의 질문과 답변 등 • 이벤트, 가격할인, 묶음상품 등 구매 혜택 제공 • 고객의 편의성을 고려한 레이아웃, 적절한 컬러 사용 정도	
재구매력	• 지속적인 콘텐츠 제공 여부, 이벤트 진행 여부 • 구매 포인트 적립, 재구매, 추천 등 발생 시 보상시스템 여부 • 기타 고객관리 활동 여부	

06 | 얼마나 판매될까, 수요예측

시장조사의 5단계는 수요예측이다. 수요예측은 시장조사 등 각종 예측조사 결과를 종합해 결정되지만 처음 시작하는 온라인 쇼핑몰 창업자가 볼 때는 구체적인 실행방법이 잘 잡히지 않는다. 활용 가능한 가장 간단한 수요예측 방법은 검색엔진에서 특정 키워드 조회 수를 확인해보는 일이다. 물론, 쇼핑몰의 성장잠재력, 독창성, 확장성 등까지 다양하게 고려되어야 하나 현실적으로 모든 정보를 습득하기가 쉽지 않으므로 키워드 조회를 통한 수요예측을 기본으로 해야 한다. 이를 뒷받침할 수 있는 통계자료 및 연구보고서를 참조한다면 비교적 정확한 예측이 가능하다. 구체적으로는 네이버 검색광고 영역의 광고관리 시스템에 들어가 해당 키워드의 조회 수를 확인하고, 창업하고자 하는 아이템의 제품, 브랜드, 유행/스타일, 니즈(Needs), 시즌성 키워드를 다양하게 찾아본 후 조회 수 대비 예상 클릭률, 예상 구매율로 계산하면 된다.

고객이 제품을 사려 할 때 검색하는 키워드는 매우 다양하다. 하나의 제품을 사기 위해 검색창에 제품명, 브랜드, 사용 상황, 니즈, 유행 등에 따라 여러 형태로 검색한다. 스마트폰에 관심 있는 소비자라면 '스마트폰'으로 검색하기도 하지만 '아이폰', '갤럭시S'라는 브랜드로 검색하기도 한다. 청바지에 관심 있는 사람은 '조인성 스타일'로 검색하기도 하고, 화장품에 관심 있는 사람은 '깨끗한 피부'라고 검색하기도 한다. 온라인 쇼핑몰을 운영해보면 검색엔진을 통한 고객유입 비율 중 네이버가 압도적으로 많음을 확인할 수 있다.

소비자 키워드조사를 바탕으로 한 수요예측 방법은 옆의 표와 같다. 예를 들어, '나이키 운동화'를 판매한다고 가정했을 때 '나이키 운동화', '운동화', '나이키 신발' 등의 연관 키워드와 월간 검색 수, 평균 클릭률을 네이버광고 시스템에서 확인할 수 있다. 여기에 구매전환율과 판매단가를 계산해보면 대략적인 수요와 매출액이 나온다. 온라인 쇼핑몰을 방문한 고객이 쇼핑몰에서 실제 구매로 연결되는 구입률은 아이템과 쇼핑몰 운영자에 따라 차이는 있으나 평균적으로 방문자 대비 1% 미만이다. 100명의 방문자 중 1명이 구매한다는 얘기다. 예상구입 수에 1인당 판매단가(한 명이 온라인 쇼핑몰에서 평균적으로 구매하는 금액으로 제품에 따라 다름)를 곱하면 키워드당 발생하는 월별 매출액 산정도 가능하다.

검색엔진에서 클릭률은 검색어보다는 운영방식에 따라 달라

성공하는 쇼핑몰 사업계획서

키워드와 검색량을 바탕으로 한 수요예측 방법

연관 키워드	월간 검색 수 (PC+모바일)	월평균 클릭률 (PC+모바일 평균치)	판매단가(원)
나이키운동화	524,500	1.10%	120,000
운동화	218,500	0.64%	100,000
나이키신발	144,100	0.67%	150,000
나이키러닝화	66,220	0.52%	120,000
스니커즈	124,000	0.45%	120,000
남성운동화	21,910	0.79%	100,000
신발브랜드	13,030	1.02%	100,000
발편한운동화	30,350	1.57%	100,000
남자스니커즈	37,300	0.64%	120,000

진다. 소비자는 상단에 노출된다고 해서 광고를 클릭하지 않는다. 실제 키워드광고를 해보면 네이버의 경우 2~3% 정도의 클릭률이 평균적인 수치다. 비용을 들이지 않고 홍보할 수 있는 인스타그램, 페이스북, 유튜브, 블로그 등의 클릭률은 키워드광고보다 높기는 하나 정보탐색일 때가 많아 구매로 연결되는 비율은 낮다. 또 이들 콘텐츠의 노출은 검색포털에 영향을 받기 때문에 수요예측 수치로 사용하기에는 어려움이 있다.

2장

내·외부 환경을
분석하라!

01 | 한 치 앞도
내다볼 수 없는 시대

인터넷과 정보기술의 발전이 사람들의 일상생활을 변화시키고 있다. 고객들의 니즈도 빠르게 변화하면서 장수하는 상품을 찾기 어려울 만큼 제품의 라이프 사이클 또한 짧아져만 간다. 제품과 서비스가 융합되면서 기술은 더욱 복잡해지고, 산업 간 장벽이 무너지면서 기업 간의 경쟁은 더욱 치열해졌다.

인터넷의 발전은 일상생활을 더욱 편리하게 만들었고, 많은 사람이 적은 비용으로 온라인상에서 제품을 판매할 수 있게 했다. 반면, 진입장벽이 낮다는 이점은 유통시장의 경쟁을 더욱 치열하게 만든 요인이기도 하다.

이제는 한 치 앞조차 내다볼 수 없는 무한경쟁 시대가 되었다. 급변하는 환경에 적절하게 대응하지 못하는 온라인 쇼핑몰은 누구라도 시장에서 살아남기 어렵다. 영원할 것 같던 옥션과 지마켓을 신세계가 인수했고, 11번가는 아마존과 손을 잡으면서 해외직구 시장을 공략하고 있다. 유통의 최강자였던 대형마트는 오프라인 매장과 온라인을 연결하는 형태로 온라인 사업을 강화해 간다. 규모가 크지 않은 온라인 쇼핑몰일수록 이런 일은 더욱 빈번하게 일어난다.

특히, 1등만을 위한 비즈니스인 온라인에서 '카테고리 1위'는 굉장히 상징적이다. 지역과 상권이 다른 오프라인에서는 수많은 업체가 공존하며 살아갈 수 있으나 상권이 따로 존재하지 않는 온라인에서는 대부분의 혜택을 1등이 누린다. 업계 1위라는 영광과 함께 수익 대부분을 독차지하게 된다는 말이다.

이 같은 온라인 쇼핑몰이 관심을 가져야 할 환경적 요인에는 외부환경과 내부환경이 있는데, 이 요인들은 모두 쇼핑몰의 규모에 상관없이 영향을 미친다.

외부환경은 자기 의지나 선택과는 상관없이 형성된다. 인구통계학적, 경제적, 자연적, 기술적, 정치적, 문화적 요인 등이 그것으로 온라인 쇼핑몰 운영자에게 성장의 기회가 되기도 하고 위협의 요인이 되기도 한다. 예전처럼 한 가지 아이템으로 몇 년씩 호황을 누리던 시대는 끝났다. 외부환경이 자신의 쇼핑몰에 어떤 변화를 가져다주는지, 변화가 가져다주는 기회와 위협요인은 무엇인지 식별해서 적절하게 대처해야 한다. 사람이 사회를 떠나서 살수 없는 것처럼 온라인 쇼핑몰도 외부환경을 무시하고는 살아남을 수 없다.

내부환경 분석은 쇼핑몰의 강점은 무엇인지, 약점은 무엇인지, 이 강점과 약점은 여타 쇼핑몰과 어떤 차이가 있는지 등 알고 싶은 특정 쇼핑몰에 대해 다른 쇼핑몰과 비교할 수 있는 관점을 제공한다. 또 특정 쇼핑몰이 가진 자원과 능력이 경쟁우위의 원천이 될 수 있는지 판단하고, 경쟁우위의 원천들을 이용한 전략수립을 가능하게 한다.

온라인 쇼핑몰 외부환경 분석

온라인 쇼핑몰 예비창업자 및 운영자가 자신의 내·외부 환경을 분석하는 지표로는 산업거시환경, 경쟁환경, 시장세분화, 제품 및 서비스, 매출 및 이윤잠재성 항목을 들 수 있다.

각각의 항목을 10개의 세부항목으로 구성해 맞다고 생각하면 높은 점수를 주고, 맞지 않다고 생각하면 낮은 점수를 준다. 다음의 표 대로라면 10개의 세부지표를 모두 더했을 때 각각의 대분류 지표 점수는 총 50점이 나오는데, 이 항목들의 평가점수 합계를 거미줄 차트에 표시해 도식화하면 내·외부 환경적 요인 중 부족한 부분을 시각적으로 한눈에 볼 수 있다. 그리고 예를 들어 매출 및 이윤잠재성 항목의 점수가 낮게 나왔다면 이를 보완할 방안을 찾아야 한다.

온라인 쇼핑몰 외부환경분석 도식화

항목	세부항목	아니오↔예
산업 거시 환경	정치 환경이 미치는 영향 정도는 유리하다	① ② ③ ④ ⑤
	제도(규제)적 환경이 미치는 영향 정도는 유리하다	① ② ③ ④ ⑤
	전통 또는 관습 등의 사회적 제도나 태도가 미치는 영향 정도는 유리하다	① ② ③ ④ ⑤
	기술적(기술 수명주기) 환경이 미치는 영향 정도는 유리하다	① ② ③ ④ ⑤
	인구통계적(저출생 등) 환경이 미치는 영향 정도는 유리하다	① ② ③ ④ ⑤
	소비성향의 변화(가치소비 등)가 미치는 영향 정도는 유리하다	① ② ③ ④ ⑤
	수출입, 환율 등이 미치는 영향 정도는 유리하다	① ② ③ ④ ⑤
	ESG(환경, 사회, 기업지배구조)가 미치는 영향 정도는 유리하다	① ② ③ ④ ⑤
	소비자들의 일반적인 가치관이 미치는 영향 정도는 유리하다	① ② ③ ④ ⑤
	이해관계자 집단의 압력이 미치는 영향 정도는 유리하다	① ② ③ ④ ⑤
경쟁 환경	업계의 경쟁상황은 유리하다	① ② ③ ④ ⑤
	경쟁자의 경쟁강도를 식별, 대처가 가능하다	① ② ③ ④ ⑤
	잠재 경쟁시장 신규진입자에 대응할 수 있다	① ② ③ ④ ⑤
	잠재적 신규진입자를 식별하고 대처할 수 있다	① ② ③ ④ ⑤
	소비자가 제품(서비스) 선택 시 대체제와 차별화된 점을 가지고 있다	① ② ③ ④ ⑤
	대체제를 식별하고 대처할 수 있다	① ② ③ ④ ⑤
	판매제품(서비스)을 공급해주는 업체와 협상할 수 있는 장점이 있다	① ② ③ ④ ⑤
	공급자의 협상력을 식별하고 대처할 수 있다	① ② ③ ④ ⑤
	소비자들에게 제품(서비스) 판매 시 제시할 수 있는 장점이 있다	① ② ③ ④ ⑤
	소비자와의 협상력을 식별하고 대처할 수 있다	① ② ③ ④ ⑤
시장 세분화	연령에 따른 목표시장이 선정되어 있다	① ② ③ ④ ⑤
	성별에 따른 목표시장이 선정되어 있다	① ② ③ ④ ⑤
	가족의 라이프 사이클(결혼, 자녀, 맞벌이 등)별 세분화가 되어 있다	① ② ③ ④ ⑤
	소득에 따른 목표시장이 선정되어 있다	① ② ③ ④ ⑤

성공하는 쇼핑몰 사업계획서

시장 세분화	지역(도시 규모, 인구 밀집 정도 등)에 따른 목표시장이 선정되어 있다	① ② ③ ④ ⑤
	개인 라이프 사이클(개성, 성격 등)에 따른 목표시장이 선정되어 있다	① ② ③ ④ ⑤
	직업(전문직, 사무직, 학생 등)에 따른 목표시장이 선정되어 있다	① ② ③ ④ ⑤
	사용 상황(규칙적, 특별한 경우 등)에 따른 목표시장이 선정되어 있다	① ② ③ ④ ⑤
	혜택(품질, 서비스, 경제성, 속도 등)에 따른 목표시장이 선정되어 있다	① ② ③ ④ ⑤
	사용자 유형(신규, 재구매 등)에 따른 목표시장이 선정되어 있다	① ② ③ ④ ⑤
제품 및 서비스	제품(서비스)의 판매추이는 양호하다	① ② ③ ④ ⑤
	고객들이 제품(서비스)을 받아들일 준비가 되어 있다	① ② ③ ④ ⑤
	제품 및 서비스를 경쟁자가 단기간 내에 모방하기 어렵다	① ② ③ ④ ⑤
	제품(서비스)의 수명주기(생명주기)는 유리하다	① ② ③ ④ ⑤
	제품(서비스)이 소비자에게 인지될 수 있는 차별점을 가지고 있다	① ② ③ ④ ⑤
	제품(서비스)이 저가의 위협에 대처할 수 있다	① ② ③ ④ ⑤
	제품(서비스)이 안정적인 수익률을 가져다줄 수 있다	① ② ③ ④ ⑤
	현재의 제품(서비스)을 유사한 분야로 확장 가능하다	① ② ③ ④ ⑤
	제품의 안정적인 공급(가격, 물량 등)이 가능하다	① ② ③ ④ ⑤
	여러 개의 제품(서비스)에서 수익을 올릴 수 있다	① ② ③ ④ ⑤
매출과 이윤 잠재성	제품 수명주기(성장, 성숙, 사양)는 유리하다	① ② ③ ④ ⑤
	미래성, 확장성, 독창성 측면에서의 수요가 유리하다	① ② ③ ④ ⑤
	규모의 경제 실현이 가능한 시장규모를 가졌다	① ② ③ ④ ⑤
	상품(서비스)의 차별화 요인은 충분하다	① ② ③ ④ ⑤
	시대와 계절적인 요인에 변동 없이 판매될 수 있다	① ② ③ ④ ⑤
	잠재적 진입자와 경쟁할 수 있는 장점을 가졌다	① ② ③ ④ ⑤
	대체품과 경쟁할 수 있는 장점을 가졌다	① ② ③ ④ ⑤
	경쟁시장 내에서 경쟁할 수 있는 장점을 가졌다	① ② ③ ④ ⑤
	가격 외에 수익률을 높일 수 있는 장점을 가졌다	① ② ③ ④ ⑤
	투자수익률(ROI)은 충분하다	① ② ③ ④ ⑤

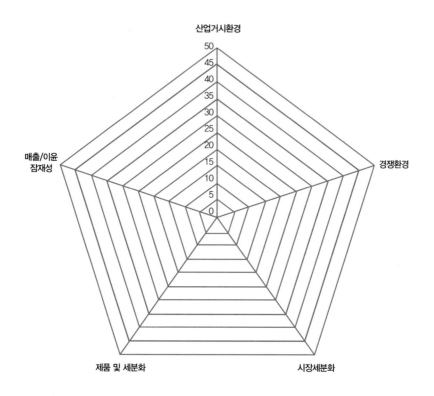

산업거시환경
50
45
40
35
30
25
20
15
10
5
0

매출/이윤
잠재성

경쟁환경

제품 및 세분화

시장세분화

온라인 쇼핑몰 내부역량 분석

온라인 쇼핑몰을 둘러싼 내 · 외부 환경분석을 했다면 이후에는 내부역량을 점검해야 한다. 외부환경이 아무리 좋더라도 내부역량이 갖춰져 있지 않으면 아무런 소용이 없기 때문이다.

온라인 쇼핑몰의 내부역량 요인으로는 경영자 특성, 콘텐츠 제공력, 고객유입력, 구매전환력, 재구매력의 다섯 가지 지표가 있다. 다섯 가지 모두 중요하지만, 가장 중요한 것은 경영자 특성이다. 온라인 쇼핑몰이 대부분 소규모 형태로 운영되는 점을 감안할 때 경영자의 능력이 쇼핑몰의 성패를 결정짓기 때문이다.

콘텐츠 제공력은 고객을 설득하기 위해 제품 이외의 부가적인 정보를 고객관점에서 제공할 수 있는지를 말하며, 고객유입력은 운영하는 쇼핑몰에 고객을 유입시킬 수 있는 역량을 의미한다. 구매전환력은 쇼핑몰에 방문한 고객이 제품을 구매하도록 이끄는 역량을 뜻하며, 재구매력은 한 번 이상 구매한 고객이 재구매할

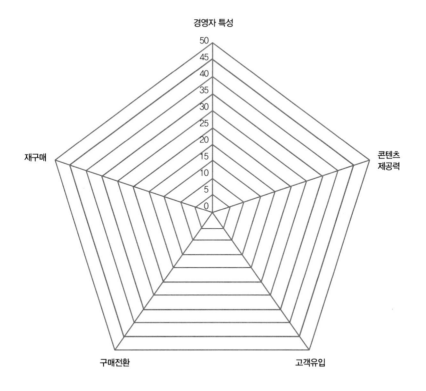

온라인 쇼핑몰 내부역량분석 도식화

항목	세부항목	아니오←→예
경영자 특성	기업가 정신은 충분하다	① ② ③ ④ ⑤
	창업자의 건강 상태는 양호하다	① ② ③ ④ ⑤
	업종 또는 아이템 취급 경력은 충분하다	① ② ③ ④ ⑤
	목표고객이 누구인지 명확하게 설명할 수 있다	① ② ③ ④ ⑤
	시장의 경쟁상황, 잠재적 진입자, 대체제를 설명할 수 있다	① ② ③ ④ ⑤
	고객유입과 고객관리에 대한 구체적인 방법을 알고 있다	① ② ③ ④ ⑤
	데이터에 의한 통계적 의사결정을 할 수 있다	① ② ③ ④ ⑤
	사업운영에 필요한 기초적인 지식(업무지식, 경영지식 등)이 있다	① ② ③ ④ ⑤
	주변에서 도움 줄 사람(가족, 조언자 등)이 충분하다	① ② ③ ④ ⑤
	재무적인 관점에서 손익을 계산해 낼 수 있다	① ② ③ ④ ⑤
콘텐츠 제공력	판매상품에 대해 소비자가 이해하기 쉽도록 설명할 수 있다	① ② ③ ④ ⑤
	디지털기기 활용이 익숙하다	① ② ③ ④ ⑤
	사진촬영 방법을 습득하고 있거나 도와줄 사람이 있다	① ② ③ ④ ⑤
	포토샵, 동영상 편집 등의 그래픽 프로그램을 활용할 수 있다	① ② ③ ④ ⑤
	시각적인 타이포그래피 효과를 구현할 수 있다	① ② ③ ④ ⑤
	소비자를 설득할 수 있는 글쓰기 능력이 있다	① ② ③ ④ ⑤
	HTML 및 웹편집기를 활용할 수 있다	① ② ③ ④ ⑤
	블로그, 페이스북 페이지, 인스타그램 등의 활용이 익숙하다	① ② ③ ④ ⑤
	동영상을 활용해 상품의 정보를 제공할 수 있다	① ② ③ ④ ⑤
	고객의 수요(요구)에 꾸준히 대응하고 있다	① ② ③ ④ ⑤
고객 유입	검색엔진최적화(SEO)를 이해하고 있다	① ② ③ ④ ⑤
	키워드별(대표 키워드, 세부 키워드 등) 공략방법을 알고 있다	① ② ③ ④ ⑤
	검색광고(네이버, 구글 등) 특성을 이해하고 있다	① ② ③ ④ ⑤
	계획구매와 충동구매의 특성을 구분할 수 있다	① ② ③ ④ ⑤

성공하는 쇼핑몰 사업계획서

고객 유입	페이스북(인스타그램) 비즈니스 관리자를 활용할 수 있다	① ② ③ ④ ⑤
	퍼널(funnel) 단계로 고객을 유입시킬 수 있다	① ② ③ ④ ⑤
	고객을 설득할 수 있는 광고 소재를 제작할 수 있다	① ② ③ ④ ⑤
	블로그, 페이스북, 인스타그램 등 매체별 콘텐츠 퍼블리싱을 할 수 있다	① ② ③ ④ ⑤
	경쟁기업의 광고와 콘텐츠를 꾸준히 모니터링하고 있다	① ② ③ ④ ⑤
	소비자 관점에서 생각하고 있다	① ② ③ ④ ⑤
구매 전환	고객들이 필요로 하는 서비스에 대해 알고 있다	① ② ③ ④ ⑤
	경쟁상품의 강점과 약점에 대해 알고 있다	① ② ③ ④ ⑤
	우리 것의 강점을 소비자 언어로 설명할 수 있다	① ② ③ ④ ⑤
	상세설명의 전체적인 느낌, 상세설명에 통일성이 있다	① ② ③ ④ ⑤
	소비자들의 구매후기 등을 상세설명에 꾸준히 업데이트하고 있다	① ② ③ ④ ⑤
	가격 이외에 고객을 설득할 수 있는 요소가 있다	① ② ③ ④ ⑤
	소비자에게 어필할 수 있는 명확한 제품 콘셉트를 가지고 있다	① ② ③ ④ ⑤
	사이트(쇼핑몰 등)에서 회원가입과 결제 등이 손쉽게 이루어지고 있다	① ② ③ ④ ⑤
	고객응대(이메일, 카카오톡, 전화 등) 채널을 효과적으로 운영하고 있다	① ② ③ ④ ⑤
	1회성 판매보다는 중장기적 브랜딩 관점에서 접근하고 있다	① ② ③ ④ ⑤
매출과 이윤 잠재성	회원들에게 이메일링 등을 통해 지속적으로 콘텐츠를 제공할 수 있다	① ② ③ ④ ⑤
	회원들을 대상으로 하는 이벤트를 지속적으로 진행하고 있다	① ② ③ ④ ⑤
	구매가 많은 시기, 시즌별 구매가 많은 품목 등을 알고 있다	① ② ③ ④ ⑤
	구매에 따른 포인트 적립 등 회원만을 위한 제도를 수행하고 있다	① ② ③ ④ ⑤
	제품 포장과 배송 때 차별화된 경험을 제공하고 있다	① ② ③ ④ ⑤
	생일, 기념일 등에 고객에게 축하 메시지를 전달하고 있다	① ② ③ ④ ⑤
	재구매, 추천 등이 발생할 때 보상시스템이 구축되어 있다	① ② ③ ④ ⑤
	로그분석을 통한 고객분석 등을 진행하고 있다	① ② ③ ④ ⑤
	고객관리에 대한 절차와 방법이 실행되고 있다	① ② ③ ④ ⑤
	성과에 따른 보상체계가 수립되어 있다	① ② ③ ④ ⑤

수 있도록 하는 고객관리 부분이다.

경영자 특성, 콘텐츠 제공력, 고객유입, 구매전환, 재구매 항목의 평가점수 합계를 위의 거미줄 차트에 표시한다. 도식화를 해보면 내부역량 중 부족한 부분이 시각적으로 표시될 수 있다. 그리고 예를 들어, 구매전환 항목의 점수가 낮게 나왔다면 이를 보완할 방안을 찾아봐야 한다.

실제 온라인 쇼핑몰 운영을 위해서는 정치적·법적 환경, 경제적 환경, 사회문화적 환경, 기술적 환경 등을 세부적으로 분석해보는 게 필요하다. 외부환경분석에서 중요한 점은 우리의 기회요인과 위협요인이 무엇인지를 식별하는 일이다. 다음은 해외직구 사업을 준비 중인 온라인 쇼핑몰이 실제 진행했던 외부환경분석 사례다.

성공하는 쇼핑몰 사업계획서

외부환경분석 사례(해외직구)

환경요인	분석내용	기회요인	위협요인
정치적 법적 환경	• 자국산업보호(영국 EU 탈퇴) • 일본 엔화 환율 강세 정책 • 통관품목 제재 강화 • 해외직구 증가 정책 • FTA 체결 등으로 해외직구 장벽이 낮아짐 • 코리아 블랙프라이데이 등 국내 세일행사 증가	• 해외직구에 대한 정보가 다양해 이에 대한 수요 증가 • 일본, 유럽, 미국 등 환율이 상대적으로 변화해 직접적인 매출하락으로 이어지지는 않음	• 해외직구에 대한 정보가 다양해 가격에 대한 민감도 상승 • 자국산업보호, 환율 정책 등 해외직구의 정치적 환경에 의한 민감도 상승
경제적 환경	• 수출하는 제품에 대해서는 혜택을 부여(일본)하고, 수입품목에 대해서는 제재 강화 • 전세계적으로 경제적 환경의 불확실성이 증가함 • 가격 대비 품질을 선호하는 가성비 중시 현상 증가	• 경제적 불확실성이 커지면서 가격 대비 품질을 따지는 가성비 소비 • 명품보다 실용성을 따지는 소비 증가	• 가격 대비 품질 성능이 높은 해외직구 증가(드론 등) • 아마존과 이베이 등 해외사이트 직배송 체계 강화
사회 문화적 환경	• 자기만족과 개인을 중시하는 마니아층 증가 • 남들에게 보여주고자 하는 과시용 상품의 증가(일본 상품의 경우 40%가 사전예약 구매) • 1인 가정의 증가로 1인을 대상으로 한 다양한 비즈니스 및 아이템 성장	• 기본 베스트셀러 상품보다는 개인에 맞춘 롱테일 상품의 선호도 지속적인 증가 • 손쉽게 정보를 찾는 소비자들의 증가	• 해외직구 증가와 함께 불만도 증가하고 있음 • 국내에서 1인 가구 마니아층 등 다양한 고객집단을 대상으로 하는 프로모션 증가
기술적 환경	• 오프라인과 온라인이 연결되는 O2O 서비스 증가 • 스마트폰을 중심으로 한 간편결제 선호 증가 • 상품을 그대로 앱에 올려서 판매할 수 있는 환경 제공	기술적 환경으로 전세계 상품을 손쉽게 구매하고 결제할 수 있게 되면서 해외직구 증가	일관성 있는 기술환경을 제공하지 못하면 소비자의 선택을 받지 못함

산업환경분석 사례(해외직구)

환경요인	분석내용	기회요인	위협요인
산업동향 트렌드	• 국내에서 제한된 상품군을 다양하게 소비할 수 있는 제품 선택의 다양성과 함께 경쟁력 있는 가격이 장점으로 부각되면서 소비자의 관심을 끌고 있음 • 배송이나 통관 등을 대행해주는 구매/배송대행 산업이 동반성장하면서 다양한 형태의 해외직구 시장이 형성됨 • 소비자의 국가 간 장벽이 완화되는 추세임	• 결제 편리성과 소셜 미디어를 통한 노출 증가로 해외직구 전체 규모 증가 • 주변에서 해외직구를 이용하는 사람이 증가하면서 전체 이용자 증가	• 정보의 쉬운 취득, 결제의 편리성 증가, 언어장벽 감소로 구매대행은 감소 • 대형 사업자 중심으로 해외직구 시장이 재편 중
시장규모 및 성장성	• 온라인을 통한 해외직구(직접구매) 시장이 매년 급성장 중 • 국내 거래 가격에 비해 저렴할 뿐 아니라 해외 쇼핑몰들의 결제 절차가 간소화되면서 직구가 빠르게 증가하고 있음	• 해외직구를 통한 구매장벽이 낮아지면서 전체 참가자와 품목, 국가 등이 다양화됨 • 베스트셀러 상품 외에 특화된 상품의 판매도 증가	• 결제시스템 등의 인프라 확대 개선 • 대기업, 대자본 중심으로 시장이 성장하고 있음
산업의 구조적 매력도	모바일(스마트폰) 기반의 온라인 쇼핑이 확대되고, 정보의 비대칭이 해소되면서 할인국가, 할인율, 가격정보, 제품정보 등에 기반한 해외직구가 형성되고 있음	해외직구 이용자들의 불편을 해소하기 위해 절차가 간소화되고, 유통기업의 이용 편리성을 도모하기 위한 노력 지속 중	해외직구에 대한 서비스가 균일해지면서 전체 산업구조상 구매자의 협상력이 가장 높아짐
산업 수명주기	모바일을 통한 유통채널 확장 등 정보통신기술이 발달하고, 금융과 첨단기술의 융합(fin tech)이 확대되면서 해외직구가 손쉬워짐	해외직구가 소비에서 차지하는 비중이 빠르게 상승하면서 소비회복을 견인하는 역할. 수명주기는 성장기에 있음	• 미국 해외직구는 성숙기 • 환율하락 폭이 큰 유럽과 일본은 성장기 • 국내 기업들의 할인 행사 증가
유통채널 및 원가구조	몰테일, 아이포터, 뉴욕걸즈, 위즈위드, 위메프 등이 경쟁 중인 가운데, 아마존(미국)이 11번가와 손을 잡고 경쟁력 강화	해외직구의 경우 시스템이 익숙한 것을 선호해 이탈률이 낮음(재이용 비율 높음)	해외직구 제품의 품질과 서비스가 비슷해 이벤트 등에 의해 이탈률이 높음

02 | 산업의 전체구조 바라보기

온라인 쇼핑몰에서 영향을 많이 받는 또 하나의 축이 바로 경쟁자다. 내가 아무리 좋은 제품을 판매해도 경쟁자를 뛰어넘지 못하면 소비자들의 선택을 받을 수 없다. 어떤 제품을 자신만이 제공 가능하다며 경쟁자가 아예 없다고 단언하는 사람도 더러 있으나

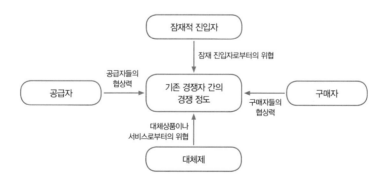

산업환경에 영향을 미치는 다섯 가지 요인(5 Forces Model)

그것은 시장과 고객을 제대로 이해하지 못한 데서 나오는 말이다. 경쟁자의 범위를 같은 시장 내에서만 찾으면서 소비자 입장에서의 대체재를 경쟁자로 인식하지 못하는 것이다.

온라인 쇼핑몰들의 수익성은 해당 쇼핑몰이 속한 산업 간의 경쟁강도, 즉 산업 내 경쟁의 정도, 신규진입 위협, 공급자의 교섭력, 구매자의 교섭력, 상품이나 서비스의 대체 위협도에 따라 달라진다. '5 Forces Model'을 활용하면 온라인 쇼핑몰 산업구조를 변화시키는 요인과 그 산업에 속한 자신의 강점과 약점을 파악하고 경쟁적 입장을 이해할 수 있다.

같은 카테고리에서 사업을 운영하는 업체는 '산업 내 경쟁자'로 분류된다. 예를 들면, 해외직구 사업은 몰테일, 아이포터, 오마이집 등이 경쟁자로 분류될 수 있다. 산업 내 경쟁자 평가지표는 산업성장, 제품 차이, 브랜드 인지도, 전환비용, 경쟁사의 다양성, 고정비용 등이 있다. 산업 내 경쟁관계에서 해당 카테고리에 강력한 경쟁자가 있을 경우 비매력적인 시장으로 분류된다. 이 시장에서는 가격과 광고 전쟁이 심하게 전개되어 예상되는 비용 손실이 크기 때문이다.

잠재적 진입자는 향후 해당 시장에 진입할 수 있는 기업을 말한다. 해외직구 사업의 경우 백화점 등이 현재 오프라인 중심에 온라인을 강화한다고 가정하면 잠재적 진입자가 된다. 기존 산업 내 경쟁업체들은 신규진입자들이 쉽게 들어오지 못하도록 높은 진입장벽을 치려고 할 것이고, 새롭게 시장에 진입하려는 업체들은 진입

성공하는 쇼핑몰 사업계획서

장벽을 뛰어넘어 진입하려 할 것이다. 잠재적 진입자는 기존 업체가 얼마나 높은 진입장벽을 가졌는지에 따라, 산업 내 경쟁자는 신규진입자가 얼마나 많은가에 따라 경쟁상태가 결정된다. 잠재적 진입자의 위협도는 규모의 경제, 제품 차별화, 브랜드 인지도, 전환비용, 유통채널, 비용우위, 정부 정책 등에 따라 다르다.

대체재는 현재 방식을 대체하는 것을 말한다. 나이키가 경쟁자를 게임회사로 선정한 것은 대체재 관점에서 시장을 바라본 것이다. 기존 관점에서는 리복, 아디다스 등이 경쟁자로 분류되겠지만 대체재 관점에서는 게임회사도 나이키의 경쟁자가 될 수 있다. 사람들이 게임만 하느라 운동화를 신지 않는다면 게임회사는 분명한 나이키의 경쟁자다. 이렇듯 대체재는 현재의 상품보다도 가격 대비 성능이 훨씬 높은 상품이 나오는 경우 위협의 정도가 크다.

공급자는 현재의 시장에 제품과 서비스를 내놓는 사업자다. 제품을 공급해주는 업체가 적거나 공급업체의 품질이 경쟁사 제품에 비해 월등히 뛰어난 경우, 해당 제품을 대체할 수 있는 것이 별로 없는 경우, 소비자가 특정 브랜드 및 회사를 선호하는 경우, 공급자에게 구매하는 수량이 적은 경우는 공급자가 높은 협상조건을 가진다. 이럴 때는 장기계약이나 1회 구매수량을 높이는 전략을 취하는 게 좋다.

구매자는 소비자를 말한다. 해당 제품이 차별화되지 못하고 다른 곳에서도 같은 제품을 판매하고 있다면 소비자의 힘이 더 커지게 된다. 이를 소비자의 교섭력이 높다고 표현한다. 이처럼 소비자의 힘이 자신의 속한 업계의 힘보다 센 경우는 비매력적인 시장이라고 볼 수 있다.

구매자의 협상력이 높은 대표적인 경우는 공동구매를 들 수 있다. 1회 총 구매금액을 높여 판매자에게 큰 할인율을 요청하는 것으로, 판매자는 상품가격을 낮춘 대신 대량판매로 이익을 보는 방식이다. 이는 이익률을 낮게 정하는 대신 상품의 회전율을 높임에 따라 이익을 높이는 방법으로 대형할인점 등에서 많이 활용한다.

다음은 해외직구 사업을 '5 Forces Model'로 분석해 본 표다.

해외직구는 저렴한 가격, Amazon · Ebay · Drugstore · iHerb 등 초국적 쇼핑몰의 확대, 구글을 비롯한 주요 포털의 번역 서비스 제공이나 해외사업자의 한국어 지원에 따른 언어장벽 완화, 정부의 물가안정 정책, FTA 확대 등으로 앞으로도 지속적인 증가가 예상된다. 다만, 전체적인 성장보다는 대형기업 중심으로 성장하리라는 예상이 지배적이다.

온라인 커뮤니티의 활성화, 전문 배송대행업체의 등장과 함께 정부의 전자상거래 활성화 정책이 뒷받침되면서 소비자가 직접 해외직구에 나서는 추세가 늘고 있다. 배송업체, 배대지(배송대행지) 등 업체별 전문화가 진행되고 있으므로 제한된 수수료 내에서 운영효율성과 원가를 낮추는 노력이 중요함을 알 수 있다.

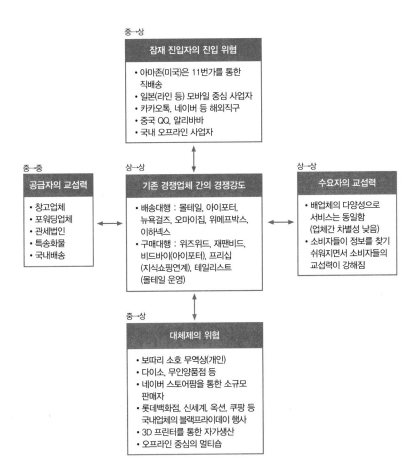

중→상

잠재 진입자의 진입 위협

- 아마존(미국)은 11번가를 통한 직배송
- 일본(라인 등) 모바일 중심 사업자
- 카카오톡, 네이버 등 해외직구
- 중국 QQ, 알리바바
- 국내 오프라인 사업자

중→중

공급자의 교섭력

- 창고업체
- 포워딩업체
- 관세법인
- 특송화물
- 국내배송

상→상

기존 경쟁업체 간의 경쟁강도

- 배송대행 : 몰테일, 아이포터, 뉴욕걸즈, 오마이집, 위메프박스, 이하넥스
- 구매대행 : 위즈위드, 재팬비드, 비드바이(아이포터), 프리십 (지식쇼핑연계), 테일리스트 (몰테일 운영)

상→상

수요자의 교섭력

- 배체체의 다양성으로 서비스는 동일함 (업체간 차별성 낮음)
- 소비자들이 정보를 찾기 쉬워지면서 소비자들의 교섭력이 강해짐

중→상

대체제의 위협

- 보따리 소호 무역상(개인)
- 다이소, 무인양품점 등
- 네이버 스토어팜을 통한 소규모 판매자
- 롯데백화점, 신세계, 옥션, 쿠팡 등 국내업체의 블랙프라이데이 행사
- 3D 프린터를 통한 자가생산
- 오프라인 중심의 멀티숍

'해외직구 사업의 5 Forces' 분석

03 | 경쟁쇼핑몰 분석

　오픈마켓, 종합쇼핑몰, 전문쇼핑몰 등에서 유사한 제품을 판매 중인 경쟁쇼핑몰의 분석은 '아이템 선정기술'에서 활용했던 방식을 이용한다. 아이템 선정에서 수행했던 경쟁자 조사는 예비조사 성격이 강하며, 산업환경분석 후 실시하는 경쟁자 조사는 사업전략을 도출하기 위한 본 조사의 성격을 가진다.

　경쟁자 분석은 온라인·오프라인을 모두 포함한다. 온라인상의 경쟁상대는 네이버, 구글 등의 검색엔진을 활용해 찾아볼 수 있다. 오프라인은 온라인 검색을 기초로 직접 발품을 팔아야 한다. 같은 제품이라도 온라인과 오프라인상의 느낌이 다를 수 있으므로 꼼꼼히 살펴보는 것이 중요하다.

　다음은 해외직구 사업의 경쟁자를 분석해 본 표다.

　경쟁쇼핑몰을 분석할 때 콘텐츠, 커뮤니케이션, 커머스, 디자

경쟁자 분석의 예(해외직구)

구분		특징	강점	약점
해당시장 내 경쟁자	몰테일	• 배송대행업체로 소비자 신뢰도가 높음 • 자가창고를 보유하고 있으며, 자체적으로 쇼핑몰 구축 운영	국내반입 절차완료→항공운송→세관통관→국내배송으로 이어지는 원스톱서비스 제공	전화응대 등 고객 CS에 대한 소비자 불만이 많음
	아이포터	iMBC에서 운영 중인 해외직구 업체로 마케팅에 강점이 있음	• 자가창고 보유 • 구매대행 함께 운영 • 고정 물량 확보	광고비 지출 비중이 높아 매출액 대비 수익은 낮은 상태
유사시장 경쟁자	개인 블로그	개인이 직구 관련 정보를 제공하면서 '공동구매' 형태로 블로그에서 구매대행, 배송대행을 진행	파워블로거 및 이웃친구 수에 따라 고정적으로 공동구매 진행이 가능	네이버 집중도가 높아 네이버의 정책에 따라 노출 및 판매량 등락이 큼
	개인 카페	일정 관심사가 비슷한 사람들에게 관련 정보를 제공하면서 공동구매 형태로 상품 판매	일정 수준의 회원 수를 보유한 카페의 경우 별도의 마케팅 비용 없이 유지 가능	페이스북, 밴드 등 유사 친목 서비스가 증가하면서 회원 수 정체 중
	해외 거주자	현지(미국, 일본 등) 트렌드나 할인정보에 대한 빠른 정보 습득이 가능	가장 빠른 정보와 가장 저렴한 가격에 상품 제공 가능함	• 마케팅에 한계가 있음 • 책임보상 및 배송비 비쌈(개인 의뢰, EMS 등)

인, UI/UX, 운영 및 관리의 세부항목 전체를 꼼꼼하게 점검할 필요까지는 없다. 큰 카테고리 안에 어떤 항목들이 있는지 유념하고 대략적으로 경쟁쇼핑몰을 살펴보면 된다. 여기에 분석자의 개인 의견을 포함하여 '경쟁쇼핑몰 분석 Work Sheet'를 작성해보면 경

2장 내·외부 환경을 분석하라!

경쟁쇼핑몰 분석(Work Sheet)

쇼핑몰 명(이름) : 쇼핑몰 도메인 :		
쇼핑몰 이미지 (메인페이지, 상세설명 등)	주요 고객층	
	판매제품 수	
	가격정책	
	콘텐츠 제공 수준	
	게시판 등 커뮤니케이션 정도	
	상세설명의 특징	
	UI/UX	
	운영 및 관리 역량	
	기타	
종합의견		

성공하는 쇼핑몰 사업계획서

쟁쇼핑몰의 현황을 한눈에 알 수 있다.

스마트스토어를 중심으로 한 오픈마켓이라면 아이템스카우트에서 경쟁상품 분석이 가능하다. 아이템스카우트에서 '무릎보호대'라는 키워드를 입력하면 스마트스토어, 네이버쇼핑, 쿠팡, 알리바바1688, 등에 등록된 상품들의 정보가 확인된다. 키워드와 관련한 상품이 어떤 카테고리에 분포되어 있는지, 키워드에 등록된 상품의 수와 월별 검색건수, 기기별 검색비율 정보 등을 제공하며, 링크를 통해 해당 사이트에 바로 방문할 수도 있다. 네이버페이를 지원하는 스토어를 중심으로 평균가격, 판매량 같은 매출정보 관련 키워드의 상품수와 검색수 등의 정보도 확인할 수 있다. 또 지표 섹션에서는 키워드와 관련한 경쟁강도, 광고 클릭률, 콘텐츠 지표 등의 정보도 알려준다.

아래는 아이템스카우트에서 '블루베리' 키워드로 경쟁상품을 분석해본 내용이다. '블루베리'의 경우 웰루츠의 '웰루츠 A등급

아이템 스카우트를 활용한 경쟁상품 분석

상품명	카테고리	판매처 (쇼핑몰 명)	판매가 (원)	판매량 (7일, 개)	예상매출 (7일, 원)	리뷰	평점
웰루츠 A등급 냉동 블루베리 1kg	블루베리	웰루츠	7,500	434	3,260,000	16546	4.7

냉동 블루베리 1kg' 상품이 가장 많은 판매량을 보인다. 이를 참고해 기본적인 경쟁자를 분석해보자.

우리의 강점은 무엇인가, 내부역량 분석

온라인 쇼핑몰 전략을 수립하고 이를 실행하려면 내부역량분석이 필요하다. 내부환경분석이 바로 기업이 보유한 내부역량을 분석하는 일이다. 내부환경을 분석하는 이유는 핵심역량을 개발하고 제한적인 자원을 효율적으로 사용하기 위함으로, 다양한 경쟁기업과의 비교분석을 통해 우리 기업이 가지고 있는 상대적인 강점과 약점을 파악하는 것이다.

내부역량분석은 앞서 체크리스트 형태로 분석해본 경영자 특성, 콘텐츠 제공력, 고객유입력, 구매전환력, 재구매력과 함께 온라인 쇼핑몰 운영과정에서 확보되어야 할 역량을 추가해 분석해볼 필요가 있다. 수치상으로 표현되는 정량적 분석 외에 우리의 역량을 정성적 요인으로도 바라볼 필요가 있기 때문이다. 다음은 해외직구사업을 운영 중인 기업의 내부역량 분석 사례다. 참고해 내부역량을 분석해보자.

내부역량분석의 예(해외직구)

항목	특징	강점	약점
서비스의 강점, 차별성	• 하루 구매 건수 및 문의 건수가 많지 않아 1 : 1 로 고객 문의사항을 응대 중 • 내부인력의 경우 일본에 강점 있음	CS의 빠른 대응, 큐레이션된 콘텐츠제공 가능, 문제점에 대한 빠른 개선	차별화된 서비스, 현지 운영창고의 부재, 환불 지연 건 발생
사업자 마인드 및 비전	• 서비스를 론칭한 초기멤버의 이탈로 사이트 정체성이 명확히 확립되어 있지 못함 • 내부적으로 해외직구 사업의 지속성에 대한 비전이 제시되지 못함	• 플랫폼 제공 후 2차 수익(판매)를 낼 수 있음 • 다양한 온·오프라인 사업으로의 진출 가능 (회원 수 바탕)	• 물류비용을 낮추는 데 한계가 있음 • 내부 커뮤니케이션으로 사업이 확장되지 못함
기술력	• 내부적으로 사이트를 개선하거나, 신규 서비스를 제공할 인력이 없음 • 소비자들의 개선요청 사항, 내부적으로 새로운 테스트 시도가 필요할 때 외부 기업에 의존해서 진행해야 함	내부역량을 마케팅에 집중함으로써 선택과 집중을 통한 업무의 효율성을 달성할 수 있음	• 프로그램 오류 발생 시 개발자의 부재로 지연 발생 • 커스터마이징의 한계 • 업체와의 동기화 중 문제 발생 가능
홍보 및 마케팅력	• 키워드광고에 월 300만 원 정도 지출 • 블로그, 페이스북 페이지, 인스타그램 등 소셜 미디어 채널 운영 중	블로그와 페이스북 페이지 등 내부적으로 다양한 온라인 마케팅 활동을 진행 중	• 이벤트, 프로모션 취약 • 전문 마케팅 인력 부족 • 지출비용 대비 마케팅 성과는 낮은 상태

3장

우리의 전략은 무엇인가?

시장세분화와 목표고객 선정

시장이 세분화되는 가장 큰 이유는 삶의 질이 윤택해진 데 있다. 소득수준이 높아지고 먹고살 만해지면서 이제는 상품 하나를 소비해도 내가 좋아하는 것, 나와 맞는 것을 선택한다. 기업의 입장에서 보면 과거처럼 하나의 상품을 많은 사람에게 동시에 어필할 수 있었던 좋은 시대는 끝나가고 있음을 의미한다. 반면, 새로운 상품으로 시장을 공략하고 싶은 기업에게는 멋진 기회요인이 되기도 한다. 아직까지 채워지지 않은 소비자의 니즈는 무궁무진하므로 어느 기업이든 시장의 흐름을 잘 읽기만 하면 얼마든지 새로운 시장을 개척할 수 있다.

시장세분화 방법을 알려면 그 전에 시장세분화 전략을 먼저 알아야 한다. 시장세분화 전략은 현재 브랜드 사용자를 활용하는 전략, 경쟁사의 고객을 활용하는 전략, 비사용자를 활용하는 전략,

새로운 가치를 창출하는 전략으로 나누어 접근할 수 있다.

첫 번째는 현재 브랜드 사용자를 활용하는 전략이다. 애플이 아이팟에서 아이폰으로, 아이패드로, 애플워치로 계속 확장하듯 기존 고객을 장기간 유지시키는 방법이다. 고객유지율을 5% 늘릴 경우 기업의 수익이 100%까지 증가한다. 기존 제품 사용자들은 그만큼 자신이 사용하는 제품을 신뢰하며, 이는 재구매로 연결된다는 얘기다. 사람들은 이처럼 대부분 지금까지의 경험에 기초해 의사결정을 한다. 소비자에게 긍정적인 브랜드 경험을 제공하는 회사라면 현재 브랜드를 적극적으로 활용해 더 많은 소비를 유도하는 게 좋은데, 출발점은 현재 자사의 제품을 사용하는 고객들의 만족도 조사다.

두 번째는 경쟁사의 고객을 활용하는 전략으로 통신산업 같은 성숙기 시장에서 많이 사용된다. TV 광고를 보면 KT는 SKT를 공격하고, SKT는 KT를 공격해 서로의 고객을 빼앗으려 한다. 이 전략의 성공 여부는 경쟁사 제품보다 우리 제품이 우월하다는 사실을 인식시키는 소비자 설득에 달려 있다. 그런데 실은 모든 제품과 서비스가 상향평준화되면서 소비자를 설득시키기가 어려워졌다. 그럼에도 우리 제품의 장점을 알리면서 소비자들을 설득하지 못하면 오히려 경쟁사로부터 더 큰 공격을 받게 된다. 이 같은 경쟁사의 공격에 의한 시장점유율 감소는 큰 타격이 될 때가 많다.

세 번째는 비사용자를 활용하는 전략이다. 이는 김위찬 교수의

성공하는 쇼핑몰 사업계획서

《블루오션 전략》에서 제시하는 개념과 같다. '태양의 서커스'는 평소 서커스에 전혀 관심 없던 일반 성인을 고객으로 전환시켰다. 고강도로 훈련시킨 동물과 단원들이 보여주는 기묘한 재주 중심의 서커스에서 사람의 몸짓으로 표현하는 예술로 승화시켜 새로운 고객층을 만들어냈다. 이 전략은 시장이 이미 포화상태거나 강력한 경쟁자가 시장을 지키고 있을 때 효과적이다. 물론, 해당 제품을 사용하지 않는 사람들을 대상으로 마케팅 기회를 가지려는 노력도 필요하다. 고려해 볼 만한 비사용자 집단은 해당 제품군 시장에 처음 들어오는 사람들로, 이때의 마케팅 목적은 고객을 새로 끌어오는 일이다.

네 번째는 어떠한 고객 기반도 없고 새롭거나 뚜렷하게 내세울 만한 것도 없는 경우 과감하게 새로운 가치를 창출하는 전략이다. 대표적인 예로 스타벅스를 들 수 있다. 스타벅스는 커피보다는 공간을 판매했다. 집과 사무실 외에 편하게 머물 수 있는 제3의 공간이 되고자 한 것이다. 카페 등 많은 커피 전문점 브랜드들이 원두의 종류와 로스팅 방식 등 커피 맛 차별화에 초점을 맞춘 것과는 큰 차이가 있다. 스타벅스는 단순히 커피를 마시러 온 고객들이 아니라 독특한 분위기 속의 대화와 휴식에 기대감을 품은 사람들을 표적으로 삼았다. 스타벅스는 커피를 마시는 새로운 공간에 대한 사람들의 기대와 내면적인 동기가 관철된, 그래서 자신도 모르는 새 만족감이 채워진 독특한 예가 되지 않을까? 그곳에는 지금도 사람들의 발길이 끊이지 않는다.

시장세분화 전략 실행방법

　시장세분화 전략을 실행하기 위해서는 제품 사용 관련 요인들을 알아야 하는데, 이를 '시장세분화 기준변수'라고 한다. 그중 인구통계학적 변수로는 연령, 성별, 지역, 가족 구성단위, 가족 생활주기, 개인 또는 가족 소득, 직업, 학력 등이 있으며, 그 제품군 그리고 브랜드를 누가 사용하는지 찾아내 어떤 매체에 제품을 유통시킬지, 어디에 광고해야 하는지를 알려준다. 심리적 변수로는 사회계층, 라이프 스타일, 개성 등이 있다. 구매행동 변수로는 사용기회, 사용경험, 사용량, 브랜드 충성도 등이 있으며, 제품의 사용상황에 따른 변수와 심리적 효익 등 추구하는 가치에 의한 변수도 있다.

　시장세분화 방법론에서 유의할 것은 각각의 세분시장은 측정 가능하고 접근 가능해야 한다는 점이다. 또한, 의미 있는 시장규모와 차별적 반응의 요건을 갖추어야 한다. 시장을 세분화하다 보면 다양한 기회가 눈에 보인다. 하지만 기업은 가용할 수 있는 자원, 즉 시간과 돈의 제한으로 인해 모든 시장을 공략할 수 없다. 선택과 집중은 비즈니스의 기본이다. 물론, 시장기회를 무시하는 것은 어렵고도 고통스러운 일이다. 다양한 가능성을 남겨 놓으면 성공확률도 높아질 뿐만 아니라 최선의 선택이 잘못될 경우를 감안한 차선의 선택도 필요하기 때문이다. 그럼에도 집중을 방해하는 어리석은 집착은 성공 가능성을 낮춘다. 고통스러워도 단 하나의 시장만을 선택한 후 다른 유혹은 외면하는 절제력이 필요하다.

선택과 집중으로 포지션을 명확히 해야 이를 통해 안정적인 현금 흐름이 창출된다. 규모가 작더라도 하나의 시장에서 지배력을 확보하면 인접 시장 공략도 가능해진다.

시장세분화를 위한 질문들

1. 목표고객의 지불 능력은 충분한가?

2. 목표고객이 판매조직에 쉽게 접근할 방법이 있는가?

3. 목표고객이 구매할 수밖에 없는 이유는 무엇인가?

4. 협력업체와 함께 완제품을 당장 출시하는 것이 가능한가?

5. 난공불락의 경쟁자가 버티고 있는가?

6. 세분시장의 성공을 발판으로 다른 시장으로 진출할 수 있는가?

7. 가치관, 열정, 목표에 부합하는 시장인가?

위의 일곱 가지 질문을 적용해 답하다 보면 목표시장을 선정할 수 있다. 목표시장 선정에서 유의할 점은 너무 큰 시장 공략은 어려우므로 피해야 한다는 것이다. 큰 시장을 보면 여지없이 대기업과 글로벌 기업이 들어와 있다. 수영을 처음 배우는 사람이 박태환과 시합을 한다면 좋은 경험은 될 수 있을지 몰라도 금세 질 수밖에 없다. 비교도 안 되는 실력의 보유자 말고 나보다 조금 더 뛰어난 사람과 시합해야 경쟁심도 자신감도 생긴다.

일단 시장에 진입하면 더욱 다양한 세부시장이 눈에 보인다. 너무 작은 시장이 아닌지 미리 걱정할 필요는 없다. 주어진 시간 동안 주어진 자원을 최적으로 사용하려면 시장을 좁힐수록 유리하다.

그렇다면 얼마나 좁혀야 충분한 걸까? 다음의 세 가지 조건을 충족시킬 때까지다.

첫째, 시장 내의 고객은 모두 유사한 제품을 구매한다.

둘째, 고객에 대한 영업주기가 유사하고 제품에 대한 기대 가치도 비슷하다. 따라서 한 고객에게 적용한 마케팅 전략을 다른 고객에게도 적용해야 추가적인 비용이나 노력 없이 큰 효과를 거둘 수 있다.

셋째, 고객 사이에는 '입소문'이라는 강력한 구매 준거가 존재한다. 고객은 같은 협회의 소속원이거나 가까이에서 활동하는 경우가 많다. 따라서 잠재시장이 고객 간 소통이 잘 이뤄지지 않는 곳이라면 고객을 유인하기가 매우 어렵다.

온라인 쇼핑몰은 늘 사람, 시간, 돈 등 자원의 한계를 안고 있다. 나중에는 연관산업으로 확장 가능하므로 초기에는 하나의 시장을 선택하는 것이 좋다.

다음의 해외직구 사업자가 시장세분화에 사용했던 방법을 살펴보자. 해외직구 쇼핑몰의 수익창출 방식은 배송대행 수수료와 구매대행 수수료가 일반적이다. 배송대행 수수료에는 배대지 제공, 구입물품 검수 및 반품, 'DOOR TO DOOR' 배송서비스 등이 있다. 구매대행 수수료에는 구매정보 확인, 결제 대행, 반품 및 구

해외직구 쇼핑몰의 시장세분화 변수

서비스 속성기준	해외직구 지역 기준	소비자 행위 기준	판매품목 기준
• 구매대행(링크) • 구매대행(사입) • 배송대행 • 쇼핑몰(상품설명 제공 방식) • 판매대행(부산 창고 활용) • 신규 플랫폼	• 일본 • 미국 • 영국 • 프랑스 • 독일 • 중국	• 구매 빈도 • 구매 규모 • 충성도 • 제품에 대한 성향 • 제품 인지도 • 제품 이해도	• 생활잡화 • 장난감 • 패션의류 • 전자제품 • 자동차용품 • 식품/의약 • 애완용품 • 스포츠/레저 • 트렌드 상품

매 내역 변경, 배송 단계까지의 진행 서비스 등이 있다.

㈜우리온라인몰(가상의 기업명)은 제공 가능한 서비스 속성으로 구매대행(링크), 구매대행(사입), 배송대행, 쇼핑몰(상품설명 제공방식), 판매대행(부산 창고 활용) 등이 있었다. 또 외부업체를 통해 배송대행지, 창고서비스, 배송 등을 이용 중이었으며, 서비스 방식의 차별점은 제한적이었다. 그렇게 해서 성장성, 고객충성도, 수요자 협상력, 경쟁강도, 위협 정도, 대체 정도, 실행 가능성 등을 종합적으로 고려할 때 배송대행 사업의 매력도가 높은 것으로 나타났다. 평가점수는 외부환경과 경쟁환경을 고려하면서 내부적인 토론방식으로 평가했으며, 점수(5점 만점)가 높을수록 ㈜우리온라인몰에 유리하고, 점수가 낮으면 불리하다.

이러한 방식으로 해외직구 지역 기준, 소비자 행위 기준, 판매

서비스 속성 기준에서 매력도 분석의 예

서비스 속성기준	시장성/ 성장성	고객 충성도	수요자 협상력	경쟁 강도	위협 정도	대체 정도	실행 가능성
구매대행(링크)	3	3	3	3	3	3	5
구매대행(사입)	4	3	3	3	3	3	4
배송대행	5	4	3	3	3	4	5
판매대행	4	4	4	3	3	3	2
신규 플랫폼 구축	4	4	4	3	3	3	2

품목 기준을 평가했다. 지역 기준으로는 일본지역의 매력도가 높게 나왔고, 품목 기준으로는 생활잡화와 장난감의 매력도가 높게 나왔다.

앞서도 말했듯 시장세분화에서 고려되어야 할 것 중 하나가 내부역량이다. 보기에 그럴듯한 정도가 아니라 실제 실행을 위해서는 내부역량이 뒷받침되어야 한다. 소비자들은 해외직구 이용 시 트렌디함, 브랜드, 가격, 품질, A/S, 배송, 정보 등을 중요하게 생각했다. ㈜우리온라인몰은 다양한 국가의 다양한 상품을 취급했으나 어느 분야에서도 전문성을 만들어가지 못하고 있었다. 따라서 내부역량을 고려해 일본지역의 생활잡화와 장난감시장 중심으로 목표시장을 한정 지었다.

우리가 일상생활에서 사용하는 대부분의 제품과 서비스는 이미 존재해 왔던 것들이다. 효율을 높이고, 디자인을 개선하고, 서

해외직구 시 고객 고려요인과 내부역량 수준

고객 고려요인	㈜우리온라인몰 내부역량
트렌디함	일본지역에 대한 정보 수준이 높음
브랜드(명품 등)	해외 정보 탐색력 보유
언론에 노출되는 상품	모니터링 역량 보유
가격(최저가 검색)	배송대행 방식으로 가격결정력 있음
상품의 품질	배송대행, 구매대행 방식으로 품질이 동일함
애프터 서비스	고객응대, 교환, 환불 A/S 수준 높음
배송(안전성, 신속성)	배대지, 창고지는 외부에 위탁해 운영함
정보제공	다양한 정보가 제공되고 있지 못함

비스를 계속 추가하더라도 새로운 것이라고 보기는 어렵다. 결국, 하나의 제품과 서비스는 시간이 흐름에 따라 상향평준화 될 수밖에 없다.

IT, 패션, 식품 등 모든 산업에서 상향평준화 현상을 확인할 수 있다. 노스페이스 겨울 패딩은 할인해도 가격이 수십만 원대지만 디자인이나 보온력이 타 제품 대비 탁월하다고 보기는 어렵다. 스타벅스의 6,000원짜리 커피나 빽다방의 1,500원짜리 커피나 맛의 차이는 사실 크지 않다. 경쟁의 역설은 기업의 브랜드가 진화를 거듭할수록 제품 간 차이를 인식하기 힘들어진다는 것이다. 물론 찾아낼 수는 있겠지만 고객이 실제 느끼는 차이는 그리 크지 않다.

어떻게 생존할 것인가?

산업의 성숙화, 경쟁범위의 확대, 글로벌화, 짧아지는 제품수명주기(PLC) 등의 환경에서 기업이 살아남으려면 차별화가 필요하다. 차별화에 대해서는 다양한 방법론이 제시되지만, 가장 기본이 되는 건 '선택과 집중'이다.

기업이 가용할 수 있는 자원(시간·돈·인력 등)에는 한계가 있으므로 모든 시장을 공략할 수는 없다. 전략의 효율성 관점이나 고객 메시지의 명확성 관점에서 선택과 집중은 기본 중 기본이다. 선택과 집중의 중요성을 이해하면 차별화에 대한 답도 찾을 수 있다. 여러 대안 중에서 기업이 내부적으로 가진 역량과 직간접적 경쟁상황 그리고 소비자의 인식을 고려해 나가다 보면 차별화에 대한 답이 나온다.

선택과 집중은 '강점 강화'와 연관성이 깊다. 우리가 가장 잘할 수 있고, 경쟁자는 그만큼 잘할 수 없는 하나의 영역에 집중하는 행위이기 때문이다. 맛집이라고 소문난 곳은 대개 자신 있는 메뉴 한 가지에 집중한다. 반면, 매출이 신통치 않은 곳은 메뉴만 수십 가지에 이르는 경우가 많다. 온라인 쇼핑몰도 다르지 않다. 한 가지에 집중할 때 성공확률도 높아지고 소비자들의 신뢰도 얻을 수 있다.

경쟁의 측면에서 보면 경쟁전략의 가장 중요한 명제인 자신의 장점을 강화하고 단점을 최소화해야 한다는 게 바로 '선택과 집중의 법칙'이다. 문영미 교수의 《디퍼런트》와 김위찬 교수의 《블루 오션 전략》에서 다루는 가장 중요한 부분 중 하나가 '강점에 집중 하는 것'이다. 경쟁자가 놓치고 있는 점이나 지금까지 소비자들에 게 충족되지 않은 니즈를 찾아 나 혹은 우리의 강점과 접목하는 일이다.

그러나 '강점에 집중'하려면 한 가지 전제가 필요하다. 이른바 '최소량의 법칙'이다. 구매에 결정적인 영향을 미치는 '품질'에서 최소량이 충족되지 않으면 소비자들의 선택을 받을 수 없다. 매출 을 높이기 위해 페이스북, 인스타그램, 유튜브 등에 광고하고, 디 자인을 개선하고, A/S망을 확대해도 품질이 뒷받침되지 않으면 아무 소용이 없다. 물통에 구멍이 나 있으면 물통을 가득 채울 수 없다. 구멍을 먼저 메워야 한다. 강점을 강화하기 위해 꼭 필요한 사항을 희생시켜서는 안 된다는 뜻이다.

구매결정 요인 중 하나가 희생되면 제품의 수준은 그 부족한 부 분에 의해 결정된다. 최소량이 충족되어야 제품의 강점과 차별성 을 제시할 수 있다. 따라서 구매의 필요조건인 최소량의 수위를 골고루 맞추되, 구매의 충분조건인 무엇을 강화해야 할지를 고민 하는 게 '강점 집중'의 기본개념이다.

02 | 차별화를 통한 포지셔닝

놀라운 성공을 거둔 기업과 개인들은 자신만의 차별화된 제품이나 서비스가 있다. '무신사' 하면 운동화가 먼저 떠오르고, '아이디어스'는 핸드메이드가, '오늘의집'은 인테리어 제품이 자동으로 떠오른다. 기업가든 예술가든 개인적으로 성공한 사람들을 보면 자신이 잘하는 한두 가지에서 인정받고 유명해졌지 모든 것을 잘해서 성공한 게 아니다.

개인이든 기업이든 자신의 강점을 통해 남다른 성과를 이룬 사례는 찾아보면 수도 없이 많다. 기술 혁신, 환경 변화 등 외부적인 요인으로 인해 경쟁력은 늘 변하지만, 진취적인 기업과 개인은 이를 너무 잘 아는 나머지 '우리가 가진 단 하나는 무엇인가?'에 대한 질문을 멈추지 않는다.

대표적인 기업으로 애플이 있다. 애플은 기존의 경영 이론만으로는 설명할 수 없는 부분이 너무 많다. 경영전략의 세계 최고 권위자인 마이클 포터 교수는 "본원적 경쟁전략에서 집중화는 병행 가능하나 차별화와 원가우위는 동시에 추구할 수 없다"고 했다. 차별화는 필수적으로 더 많은 자원을 투입해야 하므로 원가우위에 설 수 없다는 뜻이다.

그러나 애플은 맥북, 아이팟, 아이폰, 아이패드 등 몇 가지 제품에 집중화하면서 차별화와 원가우위를 동시에 달성하고 있다. 애플은 아이팟에서 아이폰으로, 아이폰에서 아이패드로 시장을 확장하면서도 기존 제품군의 수익을 갉아먹지 않는 거의 유일한 사례 중 하나라 할 수 있다. 아이폰이 출시되면서 아이팟은 판매되지 않을 것이라고 예상했지만 아이팟은 꾸준히 판매되고 있고, 아이패드 역시 아이폰의 수요를 갉아먹지 않았다.

대부분 기업에서 기존의 제품은 새로운 제품 출시와 동시에 세일 상품으로 전락하고 말지만, 애플만은 여전히 대부분의 라인업에서 기존 제품도 프리미엄 상품군을 형성하고 있다. 소비자들의 애플 제품에 대한 신뢰와 사랑은 변함이 없다.

애플처럼 성공한 기업과 달리 고전을 면치 못하고 있는 기업들을 보면 '모두가 내 고객'이라는 함정에 빠져 있음을 알 수 있다. 아니면 처음부터 자신에게 딱 맞는 정확한 시장을 못 찾았을 수도 있고, 생존을 위해 이것저것 닥치는 대로 하다 보니 결과가 좋지 못했을 수도 있다.

예를 들면, 농담같이 말하지만 실제로 "중국 사람들에게 이쑤시개 1개씩만 팔아도 13억 개를 판다"는 논리로 비즈니스에 접근하는 기업들이 적지 않다. 소비자가 자사의 상품을 사리라고 가정하는 명확한 이유와 시장점유율이 증가하리라고 낙관하는 데는 아무런 논리가 없다. 시장점유율 확대는 상대적으로 모든 면에서 여유 있는 대기업이 추구 가능한 목표로, 소비자들의 눈앞에 다양하고 매력적인 상품들을 내보이면 선택을 받기도 어렵지 않다. 하지만 지금 당신의 위치는 어떠한가? '모두가 내 고객'이라는 낙관적인 생각은 착각일 뿐이다.

전략적인 포지셔닝 방법론

일반 성인이 하루에 접하는 광고 메시지는 몇 개나 될까? 아침에 눈을 뜨고 스마트폰을 켜면 쏟아지는 광고들, 출근길에 만나는 간판과 현수막에서부터, 온갖 미디어와 인터넷 등으로 광고성 메시지는 넘쳐난다.

문제는 대부분의 메시지가 비슷하다는 데 있다. 기업들은 나름대로 자신만의 전략을 가지고 제품을 광고하지만, 소비자는 별로 차별성을 느끼지 못한다. 기업과 소비자가 생각하는 커뮤니케이션이 너무 다르기 때문이다. 기업은 좋은 제품을 만들어 광고, 홍보, 판촉활동을 펼치면 많이 팔릴 것이라 기대하지만, 소비자들은 의외로 완강한 구석이 있다. 기존의 사고방식을 쉽게 바꾸려 하지 않는다. 따라서 소비자를 설득하려면 그들의 기대와 관점으로 모든 것을 바꾸어야 한다.

디지털 기술의 발달과 소셜미디어의 확대로 더욱 새로운 커뮤니케이션이 요구되는 한편 기술이 발전하는 만큼 불확실한 미래는 더 커질 게 분명하다. 게다가 예나 지금이나 절대 잊지 말아야 할 존재가 있으니 바로 소비자다. 소비자는 설득을 넘어서 언제까지나 함께해야 하는 대상이다.

커뮤니케이션과 브랜딩 그리고 포지셔닝은 연관선상에 있다. 포지셔닝은 브랜드마다 사야 할 이유를 하나하나 반복해 주입시키면서 만들어지고, 그 과정은 커뮤니케이션을 통해 진행된다. 소비자를 중심으로 한 포지셔닝, 브랜드 관리, 커뮤니케이션은 명심해야 할 중요한 활동이다. 그러므로 기업의 관리와 통제보다는 소비자의 협조를 바탕으로 능동적으로 이루어져야 한다.

인터넷과 소셜미디어가 일반화되면서 기업은 커뮤니케이션 부분에서 예전의 영향력을 발휘하지 못한다. 포지셔닝과 브랜드 관리를 위한 커뮤니케이션이 과잉 현상을 보이는 와중에도 제대로 된 커뮤니케이션이 이루어지지 않는다. 아이러니가 아닐 수 없다. 이 같은 커뮤니케이션 과잉사회에서 또 다른 광고나 새로운 커뮤니케이션 수단을 이야기하는 건 별로 효과적이지 않으며, 현실과는 관계없는 기업의 자기중심적 주장에 불과해 보인다.

고객이 소셜미디어를 하지 않는다면 기업도 거기에 관심을 가질 필요가 없다. 모바일 마케팅이 큰 흐름이기는 하나 모든 기업에 적용되는 건 아니다. 거칠고 험난한 커뮤니케이션 과정에서 기업이 살아남는 유일한 방법은 세분화된 시장에서 목표고객에게 집중하는 일이다. 명확한 '포지셔닝'이 그래서 필요하다.

포지셔닝 맵 도출을 위한 전략 캔버스

기업이나 제품의 객관적 특성과는 상관없이 고객이 어떻게 생각하느냐에 따라 결정되는 포지셔닝의 출발점은 기업이나 제품이 아닌 소비자의 인식에서 시작해야 한다. 제품의 강점 부각에 모든 노력을 쏟아붓는 게 아니라 잠재고객의 인식에 변화를 주는 게 중요하다는 말이다.

고객은 다른 제품보다 좋은 제품이라는 사실만으로는 잘 설득되지 않는다. 기업이 아닌 소비자의 인식 속에서 포지셔닝 위치를 정해야 하는데, 그러려면 먼저 목표고객에 대한 프로파일 조사가 필요하다. 성별, 연령, 직위, 수입, 학력, 경력, 여가활동, 선호하는 매체, 성격, 상황, 구매의사 결정기준 등이 그것이다.

고객 프로파일 조사과정에서 제품과 서비스 구매 시 가장 중요한 고려(선택) 요인을 찾는다. 소비자 자신도 무엇을 원하는지 모르기도 하고, 남들의 시선을 의식해 솔직하게 말하지 않을 때도 많으므로 이 과정에는 조사자의 통찰력이 필요하다. 그리고 중요한 요인은 다시 상, 중, 하로 분류한다. 어떤 사람은 디자인을 가장 중요하게 생각할 수 있고, 어떤 사람은 가격이 더 중요할 수도 있다. 온라인 쇼핑몰은 고객이 가장 중요하게 생각하는 그 요인의 기대치를 일정 수준 이상 달성해야 경쟁력에서 밀리지 않는다.

그다음에는 고객의 기대를 만족시킬 수 있는 상품인지 아닌지 경쟁자와 비교해 평가한다. 경쟁자는 산업 내 경쟁자를 포함해 대체재 관점까지 고려되어야 한다. 산업 내 경쟁자는 쉽게 찾아낼 수 있으나 대체재는 식별이 쉽지 않다. 어떤 산업의 파괴는 산업 내 경쟁자가 아닌 대체재에 의해 일어날 때가 많으므로 면밀한 점검이 필요하다.

다음 ㈜우리온라인몰의 전략 캔버스 사례를 살펴보자. 소비자

㈜우리온라인몰 전략 캔버스

구매 고려요인	고객의 중요도 고려수준	서비스 수준
안정성(분실/파손) (환불/반품으로 대응)	중	
신속성(배송기간) (제시한 기간에 배송)	고 (제품에 따라)	
가격(민감함) (배송비, 보험, 보관, 도착시 사진촬영)	고	
사이트 신뢰도(입소문, 평가, 인지도, 규모, 후기)	고	
서비스 응대(콜센터, 전화응대, 셀러에 직접 연결됨, 3자 통화)	중	
정보 습득 용이(할인정보, 사이트 제공 콘텐츠)	중	
제품의 전문화(일본 중심)	중	
A/S	저	

★㈜우리온라인몰, ■몰○○, ●아이○○

Low　　Medium　　High

들은 해외직구를 할 때 안정성, 신속성, 가격, 사이트 신뢰도, 서비스 응대, 정보제공, 전문성 등을 가장 중요하게 생각한다. 그중에서도 신속성, 가격, 사이트 신뢰도가 더 중요하고 해외직구인 만큼 A/S의 중요도는 조금 낮다.

고객들이 중요하게 생각하는 요인을 찾았다면 다음으로 ㈜우리 온라인몰과 경쟁기업의 서비스 수준을 체크해 봐야 한다. 이 과정에서 경쟁사 대비 우리 기업의 경쟁력을 중점적으로 파악해야 한다. 만일 소비자가 중요하게 생각하는 요인 중 우리 제품의 경쟁력이 떨어지는 요인이 있다면 관점을 바꿔 접근하는 게 좋다. 제품 구입과정에서 소비자들이 특별히 문제 삼지 않았던 부분을 연결시켜 보는 것이다. hy(한국야쿠르트)가 '하루야채'를 "일일 야채 권장량 350g"에 포지셔닝하면서 야채음료 선택의 새로운 기준을 제시해 큰 성과를 거둔 것처럼 말이다.

'포지셔닝 맵' 그리기

온라인 쇼핑몰의 '포지셔닝 맵'을 작성하는 방법은 다음과 같다. 1) X축과 Y축을 이등분한다. 2) X축에는 전략 캔버스에서 고객이 중요하게 생각하는 것 중 자사의 강점을 첫 번째 우선순위로 기입한다. 3) X축의 0에 가까운 왼쪽에 부정적 상태를 적는다. 예를 들어, 상품의 전문성이 낮으면 '낮음'으로 표기한다. 4) X축의 오른쪽 끝에 우선순위의 긍정적 상태를 적는다. 예를 들어, 상품의 전문성이 높으면 '높음'으로 표기한다. 5) Y축에 두 번째 우선순위를 적는다. 0에 가까운 아래쪽에 부정적 상태를, 위쪽에 긍정적 상태를 적는다. 6) 우리 기업과 경쟁자(현재와 미래 모두)의 위치를 표시한다.

포지셔닝 결과 기업은 차트에서 오른쪽 최상단에 위치해야 한다. 만약 온라인 쇼핑몰의 포지셔닝이 오른쪽 끝이 아니라면 제품을 재평가하거나 가치제안 방법을 다시 고민해야 한다.

㈜우리온라인몰의 포지셔닝 위치는 일본 중심의 해외직구 시장을 바탕으로 '일본 해외직구 전문성'을 X축에, '일본 직구 콘텐츠'를 Y축에 위치시켰다. 우측 상단에 ㈜우리온라인몰이 나타나 일본 직구 관련해서는 최고의 전문성을 가졌음이 확인된다.

포지셔닝은 사람들의 마음속에 우리 기업이나 제품의 위치를 잡

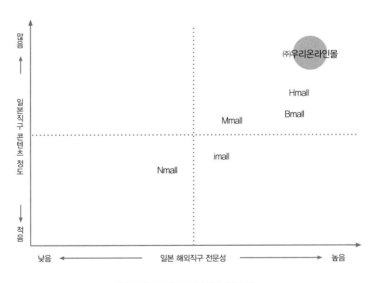

㈜우리온라인몰 포지셔닝 맵

아주는 행위다. 카카오톡은 가까운 사람들과 대화할 때 사용하고, 페이스북은 잘 알지 못하는 사람들과도 일상을 공유하는 곳이다. '밴드'는 모임의 용도로 사용하고, 유튜브로는 동영상을 공유한다. 카카오톡, 페이스북, 밴드, 유튜브 등을 통상적으로 소셜미디어라고 부르지만, 각각은 성격과 위치가 모두 다르다.

이처럼 포지셔닝은 소비자들의 니즈에 기업이 어느 정도의 범위를 맞추어 편익을 제공하느냐에 따라 구체적으로 잡기도 하고 일반적으로 잡기도 한다. 밴드처럼 모임용 서비스로 포지셔닝을 하면 효과는 크겠지만 고객의 범위가 축소될 우려가 있다. 반면, 밴드가 모임 용도 외에 친구, 직장동료, 가족을 모두 아우르는 서비스가 된다면 고객의 범위는 커지겠지만 사람들은 언제 어떻게 이용해야 할지 헷갈려 혼란에 빠질지도 모른다. 그러므로 제품의 편익과 소비자의 욕구가 연관되도록 포지셔닝 전략을 세워야 한다.

경쟁적 포지셔닝 전략은 경쟁제품의 포지션을 바탕으로 포지셔닝하는 전략을 말한다. 이미 소비자의 마음에 자리잡고 있는 제품을 이용하는 방법인데, 그러면 소비자들은 두 제품의 포지션을 연관지어 인식하게 된다. 예를 들면, 삼성전자는 스마트워치를 스마트폰의 연장선상인 모바일 기기로 포지셔닝하고 있다.

우리가 여기서 알아야 할 것은 포지셔닝은 실제적인 성능이 아니라 사람들 인식의 영역에 자리잡은 상대적 개념이라는 점이다. 한 연구에 따르면 학생들에게 다른 학생들과 어울리는 자신의 능력을 평가하라고 했더니 60% 이상이 자신을 상위 10%에 든다고 생각한다는 결과가 나왔다. 미국 대학교수의 94%는 자신이 다른 교수들보다 더 잘 가르치고 있다고 생각하고, 남성들은 대부분 자신이 미남이라고 생각한다고 한다. 직장생활에서도 대부분이 자신은 주어진 업무를 잘하고 있다고 평가하는데, '평균 이상'이라는 생각은 정확히는 '평균 수준' 정도로 보는 게 맞다.

포지셔닝은 이처럼 소비자의 머릿속에서 만들어지므로 기업의 의도가 정확히 전달되어야 할 뿐만 아니라 소비자들이 공감하고 이를 받아들일 수 있는 커뮤니케이션이 중요하다. 또한, 기업과 제품의 포지셔닝이 연관성을 가져야 한다. 환경을 생각한다는 광고를 진행하면서 환경을 파괴하는 1회용품 제품을 양산한다면 소비자들은 혼란을 느끼고 그 기업과 제품을 불신하게 된다.

03 | 우리의 전략은 무엇인가?

'SWOT 분석'은 나를 중심으로 내부적인 강점과 약점 및 외부적인 기회와 위협요인을 찾아 각각의 상관관계를 도식화함으로써 그에 따른 대응 전략을 수립하는 방법이다. '전략수립' 방법론으

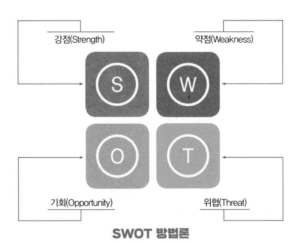

SWOT 방법론

로 오랫동안 사용되던 것으로 어떻게 보면 식상하다고 느낄지도 모르지만, 온라인 쇼핑몰을 둘러싼 환경을 하나의 표에 넣고 통합적인 전략을 수립하는 데는 여전히 유효하다.

SWOT 분석은 앞서 진행한 거시환경, 산업환경, 경쟁환경, 내부환경 분석과 연장선상에 있다. 거시환경과 산업환경에서 기회와 위협요인을 식별했고, 경쟁환경과 내부환경에서 강점과 약점을 식별했다. 분석을 충실히 실행했다면 SWOT를 식별하기는 그리 어렵지 않다.

'SWOT 분석'을 활용하면 장점을 최대한 살려 새로운 사업기회를 포착하고 약점은 최소화하면서 기회와 위협요인에 대처하는 전략적 분석이 가능해진다. 즉, 경쟁자와 비교해 소비자에게 인식되는 강점·약점 요인을 도출해 강점은 살리고 약점은 보완하며,

SWOT 작성 절차

순서	작성 절차	주요 내용
1	강점·약점·기회·위협요인 식별	강점과 약점은 내부환경과 경쟁환경 분석에서 찾고, 기회와 위협은 거시환경과 산업환경에서 식별함
2	어떻게 할 것인가? 전략 도출	강점과 기회를 활용할 방안, 약점과 위협을 보완할 방안을 도출
3	전략 검증	마케팅 믹스 요인(제품·가격·유통·촉진), 제품-시장 매트릭스, Old-New 관점 등으로 대안 검증
4	우선순위 결정	검증을 마친 전략 중 무엇을 먼저 실행할지 우선순위 결정
5	전략 실행	우선순위별로 어떻게 실행할지를 구체화해 실행으로 연결함

외부환경에서 오는 기회와 위협에 전략적으로 대처할 수 있는데, 이 분석은 사업 규모와 상관없이 누구나 쉽게 활용이 가능하다.

강점, 약점, 기회, 위협 요인 도출

강점과 약점은 내부환경적 요인으로 온라인 쇼핑몰에서 컨트롤 가능한 반면, 기회와 위협은 외부환경적 요인으로 인위적인 컨트롤이 어려운 측면이 있다.

이 같은 강점과 약점, 기회와 위협요인을 작성할 때는 애매모호한 표현 말고 구체적으로 작성해야 한다. SWOT 요인 도출은 내 사업을 그럴듯하게 표현하기 위한 게 아니다. 구체적인 표현이 구체적인 전략을 만들어낸다.

구체적인 표현과 함께 강점과 약점, 기회와 위협 양쪽에 다 포

강점과 약점, 기회와 위협의 주요 요인

강점과 약점(내부환경) 주요 요인	기회와 위협(외부환경) 주요 요인
• 사업주 의지	• 시장흐름
• 제품에 대한 지식	• 고객의 변화
• 가격경쟁력 확보 정도	• 주요 경쟁자 움직임
• 유통채널 단순화 정도	• 사회적 현상
• 마케팅 실행 경험 여부	• 정부정책 및 법적규제
• 마케팅 예산 정도	• 대체품의 위협 정도
• 구매자들의 평판	• 신규 진입자의 위협 정도
• 내부역량 정도(사람, 예산 등)	• 소비자 라이프 스타일
• 조직구성원 사기	• 인구통계학적 변화 요인

함되는 요인이라면 무게감이 큰 쪽에 넣는다. 또 강점과 기회, 약점과 위협이 혼동될 때는 컨트롤 가능한 요인이면 내부적 요인이므로 강점과 약점에, 컨트롤 안 되는 요인이면 외부적 사항이므로 기회와 위협에 적는다.

SWOT 분석을 '제품'으로 진행하면 마케팅 전략이 되며, '회사'로 놓고 진행하면 경영전략이 될 수 있다. 간단하지만 강력한 툴(Tool)이므로 꼭 작성해 보아야 한다.

어떤 전략으로 싸울 것인가?

강점과 약점, 기회와 위협요인이 도출되었다면 그중 가장 중요성이 높은 항목 3가지를 다음의 표에 간략하게 적는다. 이후 강점과 기회, 강점과 위협, 약점과 기회, 약점과 위협에 대처 가능한 전략을 도출한다. 전략, 즉 활동대안은 다른 사람들도 알아볼 수 있어야 하는데, 예를 들어 'S1O1'은 강점 S1과 기회 O1이 결합되어 도출되었다는 뜻이다. 따라서 강점과 약점, 기회와 위협요인을 표기할 때는 앞에 O1, O2, O3처럼 기호와 숫자를 붙여주면 서로 간의 커뮤니케이션에 효과적이다.

활동대안을 표현할 때는 '다양한', '지속적인', '적극적인', '철저한', '획기적인' 등은 쓰지 않는 게 좋다. 구체적인 실행안이 보이지 않는 애매모호한 표현이기 때문이다. 이를 대신하는 도전적 표현으로는 '대응', '강화', '공략', '구축', '개선' 등이 있다.

SWOT 작성방법

내부환경 외부환경	강점 S1 S2 S3	약점 W1 W2 W3
기회 O1 O2 O3	**SO 전략** • 공격전략 • 강점을 살림 • 기회를 활용	**WO 전략** • 약점을 보강 • 기회를 활용 • 새로운 파트너 확보
위협 T1 T2 T3	**ST 전략** • 강점을 강화 • 위협요인 극복방안 • 새로운 파트너 확보	**WT 전략** • 방어전략 • 약점을 보강 • 위협요인 극복방안

　또한, 활동대안은 구체적인 실행이 가능한 형태로 작성되어야한다. 예를 들면, 'W1T1 영업전문인력 충원으로 경쟁사 적극 대응'보다는 'W1T1 웹디자인 경력 5년 이상, 1명 채용' 형태로 작성되어야 구체적인 실행이 뒷받침될 수 있다.

　강점과 약점, 기회와 위협요인을 식별할 때도 그렇지만 활동대안을 찾을 때도 가급적 하나의 사건으로 도출하는 게 좋다. 강점과 기회를 활용하는 'SO 전략'은 공격전략, 강점 살림, 기회 활용등이 있으며, 약점과 기회를 활용하는 'WO 전략'은 약점 보완, 기회 활용, 새로운 파트너 확보 등이 있다. 강점과 위협을 활용하는 'ST 전략'은 강점 활용, 위협요인 극복, 새로운 파트너 확보 등이 있으며, 약점과 위협을 활용하는 'WT 전략'은 방어전략, 약점

보완, 위협요인 극복방안 등이 있다.

아래는 위의 해외직구 사업자를 중심으로 SWOT 분석을 진행한 것이다. 거시환경과 산업환경에서 기회와 위협요인을 식별했

해외직구 온라인 쇼핑몰의 SWOT 사례

		강점	약점
		S1. 물류 전문기업 소속 S2. 일본지역 전문인력 보유 S3. 해외직구 서비스에 대한 경험 보유	W1. 관계사 지원 없음 W2. 가용 자금 제한적 W3. 마케팅 인력 및 경험 부족
기회	O1. 해외직구 산업의 꾸준한 성장 O2. 해외직구에 대한 편리성 증가 O3. 일본의 경우 유통 경로가 폐쇄적이어서 소비자가 많은 정보를 얻기 어려움	[S2S3O1O2] 일본지역/생활용품을 중심으로 한 재포지셔닝 및 마케팅 강화 [S1S2S3O1O3] OOO몰과 같은 기업에서 운영한다는 점을 활용한 고객 신뢰도 확보	[W1W2O2O3] 페이스북(인스타그램) 타깃광고 강화 [W1W3O2O3] 블로그를 통한 일본 해외직구 정보를 다양하게 제공 [W1W3O1O2] 내부 직원 교육 강화로 자체 마케팅 역량 확보
위협	T1. 몰테일, 아이포터 등 대자본 중심의 산업 재편 T2. 아마존 등 해외사업자의 직배송(11번가) 시스템 도입 T3. 물류망이나 전자상거래를 경험한 기업의 진출 증가	[S1S2S3T2] 시즌별, 계절별로 유행을 앞서나가는 일본 트렌드 상품 제시 [S2S3T2T3] 일본 현지 잡지, 사이트 번역 방식으로 국내에는 없는 콘텐츠 제공	[W2W3T2T3] 인스타그램을 통한 바이럴 마케팅 활동 강화 [W1W2W3O1O2] 배송대행지/창고 등 사용 수수료 조정, 사무실 경비 절약 등

고, 경쟁환경과 내부환경에서 강점과 약점을 식별했다. 이를 바탕으로 SO 전략, WO 전략, ST 전략, WT 전략을 도출했다. 모든 전략이 균일하게 나오지 않을 수 있다. 그렇다고 해서 칸을 채워 넣기에 급급하기보다는 다양한 관점에서 구체적인 전략을 찾아보고 전략관점에서 잘하는 것을 더 잘하는 게 중요하다.

전략 검증

도출된 활동대안은 '마케팅 믹스 요인(제품 가격 유통 촉진)', 제품-시장 매트릭스 등으로 검증해 볼 수 있다. '마케팅 믹스 요인' 검증은 SWOT 분석을 통해 도출된 대안들이 제품, 가격, 유통, 촉진 중 어디에 해당하는지 적어보는 것이다. 하나의 활동대안이 제품, 가격, 유통, 촉진 4가지 모두에 해당하면 모두 해당한다고 적으면 된다. 검증과정에서 가장 적은 4P(제품, 가격, 유통, 촉진) 요소를 찾고 이 요소를 활용할 수 있는 아이디어를 추가한다. 예를 들면, SO 전략 중 'S1O1 : 시장 확대에 따른 프로모션의 강화'라는 전략이 도출되었다면 여기에 4P 요소 중 하나인 유통을 추가해 'S1O2 : 시장 확대에 따른 유통채널 및 프로모션의 강화'라는 아이디어를 도출하는 것이다.

'제품-시장 매트릭스'에 의한 검증은 시장 매력성을 검증해 보는 일로 실행 가능성을 평가하는 측정도구가 된다. '제품-시장 매트릭스'는 시장이 기존의 시장인지 새로운 시장인지, 또 제품이

	기존제품	신제품
기존제품	**시장침투 전략** 리스크 낮음	**신제품개발 전략** ① 개선혁신 제품 ② 혁신적 신제품
새 시장	**시장개발 전략**	**다각화 전략** 리스크 큼 ① 다른 업종 다각화 ② 같은 업종 다각화

도출된 SWOT 검증방법

기존의 제품인지 새로운 제품인지에 따라 시장침투, 신제품 개발, 시장개발, 다각화 전략이 있다.

'시장침투 전략'은 기존 시장에서 기존의 제품으로 승부하는 것이다. 일반적으로 시장침투의 목적은 기존 시장에서 추가적인 매출을 올리는 데 있으며, 가장 보수적인 성장전략이기도 하다. 이 방법은 단기 또는 중기적으로 볼 때 제일 안정적이면서 수익률이 높은 대안이지만, 끊임없이 변화하는 소비자의 욕구를 고려하면 반드시 지속적인 혁신 노력이 따라야 성공할 수 있다.

'신제품 개발전략'은 기존 시장에 신제품을 출시하는 것이다. 신제품 개발은 정보통신 등 하이테크 산업에서 많이 사용하는데, 유통을 중점적으로 취급하는 대부분의 온라인 쇼핑몰 사업주에게는 다소 거리감이 있는 방식이다.

'시장개발 전략'은 기존 제품으로 새로운 시장을 창출하는 것이다. 20대가 주로 쓰던 제품을 10대가 사용하도록 하거나, 미국에서 판매되던 제품을 한국에 들여와 판매하는 등 시장을 개척하는 방식이다.

다각화 전략은 새로운 시장에 새로운 제품을 출시해 시장을 개척하는 것이다. 다각화는 4가지의 대안 가운데서 가장 리스크가 크지만 특정 기간 특정 기업에게는 가장 적합하고 논리적인 성장 전략이 될 수도 있다. 온라인 종합몰이 그 대표적인 예로 하나의 카테고리 제품만 취급하기보다는 가능성 높은 여러 가지 제품을 종합적으로 취급한다. 자원이 한정된 소규모 온라인몰에게는 적합하지 않다.

우선순위 결정

피터 드러커는 《자기경영노트》에서 '우선순위 결정원칙'을 다음과 같이 제시하고 있다.

첫째, 과거가 아닌 미래를 선택할 것.

둘째, 문제가 아니라 기회에 초점을 맞출 것.

셋째, 평범한 것이 아닌 독자성을 가질 것.

넷째, 무난하며 달성하기 쉬운 목표가 아니라 변혁을 가져다주는 좀 더 높은 목표를 세울 것.

기업에서 쉽게 활용할 수 있는 우선순위 결정방법으로 'ABC

분석방법'이 있다. ABC 분석방법은 SWOT 분석을 통해 도출된 활동대안을 A, B, C로 나눠 매우 중요한 A급 과제를 당장 중점적으로 실행하고, 조금 중요한 C급 과제는 다른 사람에게 위임하거나 축소하는 방식이다.

SWOT 분석을 통해 도출된 활동대안을 A, B, C급 과제로 나누기 위해서는 다음을 참고한다.

기업에게 중요한 A급 과제는 전체 15%에 불과하나 효과 측면에서는 65%를 차지한다. B급 과제는 전체 20%의 점유율을 가지

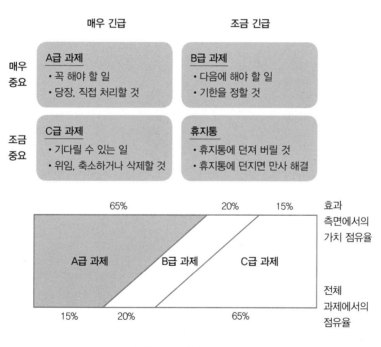

전략의 우선순위 결정

며 효과도 동일하게 20%의 점유율을 차지한다. 반면, C급 과제는 전체 65%를 차지하는 반면 효과 측면에서는 15%에 불과하다. SWOT 분석을 통해 도출된 활동대안 중 A급 과제는 위임이 불가능하므로 직접 수행하고, B급 과제는 기한을 정해 전략적으로 실행하는 게 좋다. 그리고 C급 과제는 위임하거나 축소한다.

핵심활동은 구체적으로 작성하여야 하며, 업무 추진과정에서의 계량적 목표를 반드시 설정하고 달성 여부를 확인해야 한다. 또 담당자를 명시해 책임과 권한을 명확히 해야 더욱 높은 실천력을 가질 수 있다. 활동대안(Action Plan)은 정기적으로 관계자에게 보고 되고, 목표대비 달성 여부 정도도 체크되어야 한다.

활동대안 우선순위 결정

중요도	항목	항목 간 우선순위
A급 과제	• • •	
B급 과제	• • •	
C급 과제	• • •	
특이사항		

활동대안 양식 중 비고란에는 추진실적을 기입하고, 추진실적이 미흡할 경우 사유 및 대책을 적는다. 실적이 미진한 사유와 그 대책은 실질적으로 실천 가능성을 고려해 작성해야 하며, 총론적 사항보다는 각론 중심으로 구체적으로 작성한다.

활동대안(Action Plan)

프로젝트명			작성일		
직위		담당업무		보고자	(서명)
핵심 활동(Core Activities)	단위	달성목표	추진기간	비고

04 | 커뮤니케이션을 위한 비즈니스모델 도식화

   온라인 쇼핑몰 비즈니스모델은 복잡하지 않고 간단하다. 좋은 상품을 저렴한 가격에 매입하거나 제조해서 온라인으로 판매하는 방식으로, 스타트업 분야에서는 투자 유치 등을 위해 비즈니스모델을 도식화하는 경우가 많으나 온라인 쇼핑몰은 커뮤니케이션 관점에서 비즈니스모델 도식화를 권장한다.

   비즈니스모델 도식화에는 정형화된 해답이 없다. 업무의 흐름 순서로 구성해도 좋고, 도형을 활용해 서로 어떤 것들을 주고받는지 표현해도 무방하다. 가장 많이 사용되는 '비즈니스모델 캔버스(Business Model Canvas)'를 예로 보자.

   '비즈니스모델' 하면 애플과 구글 등을 떠올리지만 사실 비즈니스모델은 새로운 개념이 아니다. 역사가 기록되기 전부터 존재

주요 파트너	주요 활동	가치제안	고객관계	세분고객
• ○○○○ 시스템 활용 (해외창고, 배송대행 사업) • ○○스(유럽) • 재팬○○○ (일본)	**주요 활동** • 일본 생활용품 장난감 등에 대한 전문 콘텐츠 발행 • 블로그, 인스타그램 등 정보제공	**가치제안** • 아기자기한 일본 생활용품 전문몰 • 일본 해외직구에 대한 정보제공 • 신속하고 정확한 고객응대	**고객관계** • 블로그, 페이스북 등의 콘텐츠로 고객과 관계형성 • 자주 이용하는 고객전담 관리운영 (VIP)	**세분고객** 자기보상, 소유욕구, 대리만족, 혼자서, 편하게, 집에서, 취미, 저렴하고, 브랜드, 과시욕, 희소성
	주요 자원 • 네이버 검색광고 (세부키워드 중심) • 블로그를 통한 검색활동 • 인스타그램을 통한 관계 형성 • 투자금 유 • 일본 거주자 채용		**(유통)경로** • 일본 현지 사업자를 통한 빠른 사입과 배송 • 인스타그램 노출 경로 강화 • 공동구매 형식의 판매 및 유통	

비용구조	수익구조
• 사무실 경비(월세, 관리비 등) • 검색포털, 페이스북 등 검색광고 비용 • 인건비, 마케팅비, 기타 잡비 등 • 시스템 유지 보수비 등	• 배송대행 수수료 : 배대지 제공, 구입물품 검수 및 반품, DOOR TO DOOR 배송 서비스 등 • 구매대행 수수료 : 구매정보 확인, 결제 대행, 반품 및 구매 내역 변경, 배송 단계까지 진행

했던 것으로 로마제국의 번영, 콜럼버스의 신대륙 발견, 산업혁명 등과 함께 쭉 지속되어 왔다. 콜럼버스가 인도양과 대서양 항로를 개척한 이유도 지중해 무역으로는 원가경쟁력을 확보한 베네치아 상인들을 이길 수 없었기 때문이다.

베네치아 상인들은 300여 년 동안 지중해를 통해 향신료 산업을 독점하면서 가격을 끊임없이 인하해 경쟁국들을 압도했다. 그들은 실제로 1420년에서 1440년 사이에 후추 도매가 시세를 50%

나 내리는 데 성공했다. 그러자 지중해 무역으로는 이런 베네치아의 독점체계를 무너뜨리기 어렵다고 판단하고 새로운 방식의 비즈니스를 시도한 결과가 그들이 주장하는 '신대륙 발견'이었다.

지구는 둥글다는 사실을 철석같이 믿던 콜럼버스는 육로를 통하지 않고 바다를 통해 서쪽으로 계속 나아가면 마르코 폴로가 실크로드를 따라 도달했던 중국이나 인도에 닿으리라는 확신이 있었다. 그는 1492년 1차로 산타마리아호를 비롯한 세 척의 배를 이끌고 스페인 팔로스항을 출항한다. 주위의 반대를 물리치고 콜럼버스에게 자금을 지원한 에스파니아 여왕 이사벨라 1세가 바로 '엔젤 투자가'에 해당한다. 그렇게 콜럼버스가 성공하자 많은 이들이 꿈을 안고 서쪽 바다를 향해 출발했고, 성공한 사람들은 황금과 향료를 가득 싣고 돌아와 그동안의 손실을 보상하고도 남을 정도의 부를 축적했다.

세계 경제사를 살펴보면 이런 예들은 숱하다. 더 좋은 제품을 더 싼 가격에 만들어 파는 사람이 패권을 쥔다. 또 한때의 성공에 취해 머뭇거리는 사이에 새로운 경쟁자가 나타나기도 한다. 과거와 달라진 게 있다면 경쟁방식이 다양해지고, 영광의 기간이 짧아지고 있다는 점이다. 지금은 역사가 되어버린 노키아는 2009년도에 애플보다 6.4배나 많은 연구개발비를 쓰고도 혁신적인 제품을 내놓지 못했으며, 디지털카메라 연구를 가장 먼저 시작하면서 관련 특허를 가장 많이 보유했던 코닥의 황금기도 이제는 빛이 바래고 말았다.

비즈니스모델과 혁신을 이야기하다 보면 끝점은 '사람'으로 향한다. 일은 결국 사람이 하는 것이기 때문에 이들을 하나의 방향으로 나아가도록 하는 게 중요하다.

세상을 바꾼 사람들은 대부분 독특한 발상의 자발적 행동가들이다. 남이 시키는 일만 하거나 먹고 사는 데만 집중하는 사람들은 세상을 바꾸기 어렵다. 물질적인 보상만으로 사람들을 움직이기에는 분명 한계가 있기 마련이다.

4장

온라인 쇼핑몰
콘셉트

01 온라인 쇼핑몰 콘셉트 설정

　시장세분화와 목표고객 선정, 포지셔닝을 통해 온라인 쇼핑몰의 전략적 방향성이 결정되었다면 구체적인 실행방안을 세워야 한다. 이를 위해서는 '아이템 선정의 기술'에서 다루었던 것처럼 목표고객을 페르소나(Persona)로 구체화해야 한다.

　페르소나를 마음속으로 그려본 후 인터뷰와 관찰을 해보는 것만으로도 많은 도움이 된다. 이 과정으로 고객이 서비스를 어떻게 받아들이고 사용하는지 고객의 관점에서 파악할 수 있다. 서비스 경험을 단계별로 깊게 분석하다 보면 비교가 가능해져 차별화된 마케팅 방법을 찾을 수 있다.

　하지만 전체적인 서비스 과정을 고객관점에서 바라보는 온라인 쇼핑몰은 생각보다 많지 않다. 고객이라는 구체적인 대상을 막연하게 정의한 후 그들이 중요하다고 생각하는 하나의 단면에만 치중하는 쇼핑몰이 많다. 고객이 구매를 결정하는 순간이나 기업 전체의 미래를 결정하는 중요한 순간인데도 말이다.

어떻게 하면 기업이 서비스 전체 과정을 하나의 큰 그림으로 볼 수 있을까? 스스로에게 질문해야 한다. '정보를 탐색하는 단계에서 고객은 어떻게 행동하는가?, 구매를 결정할 때 소비자들은 어떤 것들을 고려하는가?, 구매 후 소비자들은 어떻게 행동하는가?' 같은 질문들이 고객과 기업 모두에게 더 나은 서비스를 제공하기 위한 중요한 열쇠가 된다

㈜우리온라인몰은 일본 생활잡화와 장난감으로 세분시장을 결정한 만큼 생활잡화와 장난감에 관심이 있는 김태희, 정지훈, 이나영을 고객으로 선정해 페르소나를 도출했다.

1차적으로 ㈜우리온라인몰에서 페르소나 가설을 세운 뒤 실제 페르소나 고객을 만나 인터뷰를 진행해 구체화했다. 그럴듯한 소설을 쓰는 게 아니므로 지금 우리에겐 인터뷰와 관찰을 통해 고객을 구체화하는 과정이 꼭 필요하다. 페르소나와의 인터뷰와 관찰 과정을 진행하고 나면 ㈜우리온라인몰에서 제공해야 할 경험과 서비스를 알 수 있기 때문이다.

(주)우리온라인몰 페르소나 3인 도출

이름	김태희	정지훈	이나영
성별	여성	남성	여성
연령	30대 초반, 미혼	30대 초반	30대 중반
수입(월)	300만 원	350만 원	400만 원, 맞벌이
거주지	서울	서울 대방동 자취	서울시 거주
욕구, 동기	친구, 회사동료 등 비교 대상에 의한 동기부여	혼자 사는 집을 잘 꾸미고 싶음, 맛집 관심 많음, 상대적 안목 부족	실용성 있는 상품 위주로 구입, 집을 예쁘게 꾸미고 싶음
걱정, 두려움	독립, 결혼	상품을 보는 안목이 부족함	분실 및 파손, 가격 차이
롤모델	연예인, 인플루언서	장난감 유튜버	멋있는 기혼 친구의 라이프 스타일
여가, 외식 스타일	퇴근 후 건강관리(필라테스), 주말 친구들과 브런치	친구들과 술을 많이 마시며, 점점 집에서 혼자 마시는 횟수 증가	여행과 쇼핑, 외식은 주말에 맛집 방문, 정보수집은 온라인
선호 매체, 채널, TV 프로그램	페이스북, 인스타그램, TV 예능	유튜브와 블로그 등 SNS, 카페와 밴드 등 커뮤니티	인스타그램, 블로그 등에서 정보수집
구매의사 결정기준 (비용, 체면, 모방)	디자인, 경력	네이버 검색, 블로거 추천, 페이스북 추천 등으로 결정, 15만 원 미만	실용성 〉 비용 〉 품질 순서로 구매의사 반영
개성, 독창성	희소성 (과시)	개성, 독창성보다는 블로거의 포스팅에 영향	유행보다는 나만의 스타일을 추구
살아온 이야기 (경력)	서울에서 4년제 대학 졸업 후 취업, 두 번의 이직 경험	부모님과 수원에서 살다가 1인 가구로 독립, 현재 두 번째 직장. 마케팅에 관심 많음	일본에서 대학과 대학원 졸업. 3년 전 결혼, 자녀는 없음

페르소나별 핵심 메지지, 장면, 편익 도출

고객설정			김태희	정지훈	이나영
목표 고객	무엇을 제공 하는가?	목표	30대 초반 미혼여성(자기보상, 패션에 많은 관심)	30대 초반 남성(IT 등에 관심 많음)	30대 중반 주부(실속형 중저가 선호)
		테마	고급스럽지만 사치스러워 보이지 않는 패션 및 잡화	자기만의 즐거움을 느낄 수 있는 장난감 등(오타쿠)	중저가지만 남들이 보기에 고급스러워 보이는 상품
시나 리오	어떤 경험을 하는가?	상황 설정	옷차림 등 패션에 많은 관심	남들의 시선에 상관없이 나만의 만족감이 높은 취미를 선호함	적은 돈으로 집안의 분위기를 바꾸고 싶음
		욕구	일상의 작은 사치, 명품 선호, 돈이 많지는 않음	새롭고 재미있는 것을 통해 일상을 달리하고 싶음	우리 가족만의 포근한 생활공간, 경제적인 구매 우선
부가 요인	부가 서비스는?	옵션	인스타그램, 페이스북에 자신의 감각을 자랑하고 싶음	남들이 가지고 있지 않은 희소성 있는 상품이면 좋음	다양한 인테리어에 어울리는 모던하면서도 차별화된 것
핵심 메시지		타이틀	저건 어디서 샀지?	수고한 나를 위한 선물	일본 생활용품 전문점
		카피 문구	난~ 해외직구로 나만의 스타일을 찾는다	혼자 집에서 편하게 해외직구를 즐긴다	아기자기한 일본 생활용품 해외직구 전문몰
장면			• 자기보상, 소유 욕구, 대리만족 • 혼자서, 편하게, 집에서, 취미 • 저렴하고, 브랜드, 과시욕, 희소성		
편익			• 일본 생활용품, 아기자기한, 트렌디한 • 국내에는 없는 다양한 정보 • 구매 안정성, 신속성 제공 • 현지 판매처에 직접 연락해 문제 해결		

성공하는 쇼핑몰 사업계획서

02 이름이 운명을 결정한다! 쇼핑몰 네이밍

이름은 상대에 대해 아무것도 모를 때 그 상대를 떠올려볼 수 있는 중요한 도구이므로 성의 없이 대강 짓거나 함부로 결정해서는 안 된다. 우리는 왠지 멋진 이름을 가지고 있으면 그 사람이 멋있어 보이고, 촌스러우면 그가 촌스러울 것이라고 착각하지 않는가? 쇼핑몰도 마찬가지다. 소비자가 온라인 쇼핑몰을 처음 접했을 때 이름을 보고 부정적 의미가 떠오른다면 아무리 멋진 제품을 판매하는 쇼핑몰이라도 안 좋은 인상을 받을 수 있다.

온라인 쇼핑몰 네이밍 조건

온라인 쇼핑몰 이름은 도메인과 회사명을 고려해 결정되어야 하지만, 가장 기본적인 조건은 직관적인 네이밍이다. 농업회사법

온라인 쇼핑몰 네이밍 프로세스

순서	내용	세부내용
1	조사와 분석	쇼핑몰 이름 성격 정의, 시장분석, 경쟁 쇼핑몰 분석, 소비자 분석
2	네이밍 개발전략	쇼핑몰 네이밍 개발 기본방향 설정, 개발 방향에 따른 콘셉트 개발
3	네이밍 발상	쇼핑몰 테마별 후보안 개발, 언어권, 키워드별 후보안 개발, 후보안 리스트 작성
4	유효성 검토	상표등록 가능성 여부, 도메인 확보 여부, 부정연상 체크, 소비자 이미지 리서치
5	쇼핑몰 네이밍 결정	결정된 네이밍 기반 CI 제작, 상표출원 등 진행

인인 밭 주식회사에서 운영하는 감자밭이 대표적이다. 네이버 스마트스토어에 입점해 있는 감자밭에서는 진짜 밭에서 막 캐낸 흙 묻은 감자처럼 생긴 '춘천감자빵'을 판매하고 있다. 그럼에도 춘천감자빵이라는 직관적인 네이밍은 소비자들이 기억하기 쉽고 호감을 품기 쉽다는 장점이 있는 반면, 유사 상품이 나타나고 매출이 정체되면 '감자밭'이라는 네이밍으로 인해 확장성에 한계를 가진다는 단점도 있다.

두 번째 네이밍 방법은 상품 이미지 표현이다. 상품의 스타일, 추구하는 이미지, 상품과 연상되는 이미지 중심으로 네이밍하는 것으로 '펫샵', '펫박스' 등이 있다. 이 방법은 기억하기 쉽고 쇼핑몰 및 상품 이미지도 잘 전달된다는 장점을 가지나 대부분의 이름이 선점되어 있을 가능성이 크다.

세 번째 방법으로는 긍정적이고 좋은 느낌의 네이밍이다. 지금도 존재하는지 모르겠으나 '주유소(酒有所)'라는 술집이 있었다. 기름을 넣는 주유소(注油所)를 다른 한자로 변경해 사용했는데, 소비자들에게 많이 선택받지는 못했다. 다른 요인도 있겠으나 '주유소'라는 이름이 술을 마시는 게 아니라 기름을 마시는 듯한 부정적인 연상작용을 일으킨 게 아닌가 생각된다.

온라인 쇼핑몰을 해본 사람들은 쇼핑몰 이름을 짓는 일이 얼마나 어려운지 잘 안다. 남이 만들어놓은 쇼핑몰 이름을 비판하기는 쉬울지 몰라도 본인이 직접 쇼핑몰 이름을 결정하기는 결코 쉽지 않다.

네이밍 콘셉트와 후보안 도출

네이밍 콘셉트는 네임(name)에서 '무엇을 표현할 것인가'에 대한 종합적인 분석을 통해 담아야 할 내용을 압축적인 문장으로 표현하는 것을 말한다. 그러므로 무엇보다 가장 핵심적인 요소가 강조되어야 하고, 이름에서 바로 제품의 카테고리가 드러나야 한다. 또 어떤 대상이 타깃인지, 그들에게 무엇으로 어필할지에 대해 충분히 고려해야 한다.

명품 주방용품 쇼핑몰의 대표적인 브랜드를 예로 들어 한번 살펴보자. 명품으로 분류되는 주방용품의 대표 브랜드는 휘슬러, 행

쇼핑몰 네이밍 아이디어 발상법

기법	설명	예
축약하기	제품의 속성을 잘 나타내는 문장, 키워드 등을 축약해 만드는 방법	Federal Express ⇒ FedEx
의인화	상품을 의인화해 표현하는 기법	윤선생 영어교실
유머형	타깃의 이미지를 유머러스하게 표현	웃으면 돼지
의성법	리드미컬한 음감을 이용하는 방법	앙떼떼
반복법	동일하거나 유사한 음과 단어를 반복적으로 사용하는 방법	IOIIOI(롤롤)
반전법	반어적 표현이나 제품과 전혀 상관없는 의미를 끌어와 화제성과 차별성을 주는 방법	Death (담배 브랜드명)
숫자형	숫자를 이용하거나, 숫자와 문자를 혼용해 네이밍하는 방법	세븐일레븐
연음법	소리 나는 대로 표기하는 방법	곧은=고든(gorden)
인명, 지명법	인명을 그대로 사용하는 방법과 기존의 것 혹은 가상 지명을 이용하는 방법	휴렛패커드(HP)
문장법	제품 특성과 속성을 문장식으로 길게 표현	꿀빠는시간
외국어 사용법	신선함과 고급감을 주는 방법	하겐다즈 (아이스크림)
우리말 이용법	순수 우리말을 사용해 차별화 및 친근감을 주는 방법	풀무원
두 문자형	의미가 담긴 두 개 이상 단어를 조합해 각각의 단어 첫 글자만으로 네이밍하는 방법	두타몰(두산타워)
유머 소구형	신선함이나 즐거움을 주기 위해 제품이나 서비스를 재미있게 표현하는 방법	스튜디오좋

시장분석	제품분석	경쟁자분석	타깃분석
고가로 인식된 해외 주방용품을 저렴하게 구매하고자 하는 소비자 증가	휘슬러, 행켈, 실리트, WMF, 가이타이너 등 유럽 주방명품	• 신세계몰 등의 온·오프라인 판매자 • 오픈마켓에서 저가로 판매하는 사업자	• 40대 이상 주부 • 결혼 앞둔 30대

쇼핑몰 네이밍 콘셉트 : 고급스러우면서 명품을 잘 살릴 수 있는 네이밍

유로라이프 (EUROLIFE)	노블센스 (NOBLESENSE)	럭스키친 (LUXKITCHEN)

켈, 실리트, WMF 등 유럽 제품군이 많다. 일본 제품과 국내 제품도 많지만 소비자들에게 명품으로 인식되지는 못한다. 경쟁자는 오프라인과 온라인을 모두 운영하는 롯데백화점, 신세계백화점을 비롯해 오픈마켓 판매자 등이 있다. 그리고 명품 주방제품을 구입하는 주요 고객층은 40대 이상의 주부나 결혼을 앞둔 여성들일 것이다. 이 같은 사항을 참조하면 위와 같은 네이밍 콘셉트가 나온다.

쇼핑몰 네이밍 상표등록 여부 확인

쇼핑몰 콘셉트에 기반한 네이밍 후보안이 도출되면 각각의 상표등록 여부와 도메인 존재 여부를 체크해야 한다. 상표권 등록 여부는 특허정보검색서비스(www.kipris.or.kr)에서 확인할 수 있다. 지적재산권이 갈수록 강화되고 있으므로 쇼핑몰 네이밍 후보안의 상표등록 여부는 반드시 확인해야 한다.

상표권의 중요성을 인식하지 못한 상태에서 온라인 쇼핑몰부터 운영하는 경우가 의외로 많다. 문제는 온라인 쇼핑몰이 활성화될 때 발생하는데, 상표를 출원한 사람이 내용증명을 보내 영업정지나 손해배상 등을 요구하는 일이 종종 벌어진다. 이름에 해당하는 네이밍은 아주 중요한 요인이고, 한 번 브랜딩이 되면 바꾸기도 쉽지 않다. 대수롭지 않게 생각하지 말고 키프리스에서 꼭 상표등록 여부를 확인해야 한다.

온라인 집주소, 도메인

소비자들은 인터넷 주소를 기억하기보다는 네이버, 구글 등에 검색어를 입력하는 형태로 쇼핑몰을 방문한다. 이런 연유로 도메인의 중요성은 예전보다 낮아졌으나 도메인은 온라인 쇼핑몰을 표현하는 가장 중요한 요소 중 하나임을 잊어서는 안 된다.

도메인은 쇼핑몰을 방문하는 고객과의 최접점에서 쇼핑몰의 성격과 사업형태를 전달하고 쇼핑몰 인지도를 올리는 중요한 수단이다. 쇼핑몰에 걸맞은 적절한 도메인명 소유는 성공적인 인터넷 창업을 위한 필수적인 첫걸음으로, 좋은 도메인은 그 자체만으로도 충분히 경제적인 가치를 지닌다.

도메인을 잘 짓는 첫 번째 방법은 쉬워야 한다는 점이다. 쇼핑몰 네이밍 때 사용했던 직관력을 활용해 누구에게나 한 번에 쉽게 인식되어야 좋은 도메인이다.

두 번째는 쇼핑몰 네이밍과 동일한 도메인이다. 쇼핑몰 이름과 일치하지 않는 것은 소비자에게 수수께끼를 내는 것과 같다. 어렴풋한 기억 속의 도메인을 더듬거리며 입력할 때 쇼핑몰 이름과 혼동이 된다면 어렵사리 찾아오는 방문객을 쫓아버리는 결과가 될 수도 있다.

세 번째는 쇼핑몰 네이밍 시 설정했던 쇼핑몰 콘셉트에 맞는 도메인이다. 시장분석, 제품분석, 경쟁자분석, 목표고객분석에 기반해 소비자들이 도메인만으로도 쇼핑몰을 연상할 수 있도록 해야 한다. 액세서리 쇼핑몰이라면 도메인만으로도 액세서리가 연상되어야 한다.

네 번째로 소비자에게 혼동을 주어서는 안 된다. 영문 'l'은 숫자 '1'과 비슷하며, 영문 'O'는 숫자 '0'과 비슷해 헷갈리기 쉽다.

다섯 번째 방법은 '.co.kr', '.com'처럼 일반적인 도메인을 권장한다. 대한민국 소비자는 뒤를 기억하지 않고, 앞부분만 기억하도록 학습되어 있다. 따라서 특정 도메인을 입력할 때 가장 먼저 '.co.kr'을 입력하고, 그 후 '.com'을 입력한다. 소비자에게 그 외의 도메인은 존재하지 않는다.

도메인은 한 번 등록하고 난 후에는 바꾸기가 쉽지 않다. 그리고 변경하려면 통신판매 재신고 등 복잡한 절차와 비용이 추가로

도메인 선정 체크리스트

항목	비고
도메인 네임이 직관적인가?	쇼핑몰에서 판매할 제품이 쉽게 인식되는지 여부
판매 제품을 고려했는가?	상품의 키워드를 포함한 도메인은 검색엔진 상위 등록에 유용
글자 수가 너무 많지 않은가?	최대 10자는 넘기지 않는다
유사 도메인, 상표권 분쟁 소지는 없는가?	중대한 리스크 요인이 될 수 있다
재미있고 발음하기 편한가?	전화로 도메인을 설명할 때 잘 전달되는지 확인한다
유행 타기 쉬운 건 아닌가?	시간이 흐르면 촌스러워 보이는 것은 좋지 않다
숫자와 기호가 들어 있지 않은가?	숫자 1은 영어 l과 혼동되며, 숫자 2는 영어 to와 혼동될 수 있다
도메인이 일반명사 아닌가?	브랜드 이미지를 차별화하기 어렵다
사이트명과 도메인이 일치하는가?	고객이 쉽게 기억하도록 일관되게 하나로 어필하는 게 좋다

들게 되므로 처음에 여러 가지 도메인을 메모해 비교해 본 후 실제 등록에 들어가는 게 좋다.

고객을 고려한 쇼핑몰 설계

사무실에서 책상을 배열하거나 가정에서 가구를 배치할 때 용도와 동선을 고려하듯 온라인 쇼핑몰에서도 그 용도와 동선이 충분히 고려되어야 한다. 메뉴의 배치가 부적절하거나 쇼핑몰과 어울리지 않는 색을 사용하면 쇼핑몰 방문 고객은 어리둥절할 수밖에 없다. 따라서 쇼핑몰을 효과적으로 배치하는 작업인 레이아웃 설계를 할 때는 고객이 편리하게 이용할 수 있도록 사진, 그림, 이미지, 아이콘, 문자, 메뉴, 배너 등이 사용자 입장에서 설계되어야 한다.

그러나 대부분의 온라인 쇼핑몰 사업자는 이 작업을 웹디자이너나 프로그래머에게 일임하고 신경 쓰지 않는다. 사업자가 직접 디자인하고 프로그램 코딩작업까지 할 필요는 없지만, 레이아웃 설계는 직접 하는 게 좋다. 웹디자이너나 프로그래머가 사업자만큼 심도 있게 고민하지는 않기 때문이다.

쇼핑몰 레이아웃 설계 원칙

레이아웃은 내용이 쉽고 정확하게 전달될 수 있도록 구성되어야 한다. 또한, 고객의 시선을 집중시킬 수 있는 주목성, 중요한 것과 중요하지 않은 것이 한눈에 구분되는 가독성, 시각적으로 안정되고 흥미롭게 하는 조형성, 단조롭지 않고 차별화되는 창조성뿐만 아니라 고객의 뇌리에 오래 남는 기억 측면도 고려되어야 한다. 레이아웃은 이처럼 여러 가지 구성요소를 균형 있게 배치하면서도 여백을 살리면서 미적으로 만들어가는 종합적인 노력이다.

온라인 쇼핑몰에서는 판매할 제품에 따라 취급할 콘텐츠와 레이아웃이 결정되는데, 특히 레이아웃의 결정은 유사 경쟁자를 벤치마킹해서 스토리보드를 직접 그려보는 형태로 진행한다. 경쟁자를 찾는 방법은 '아이템 선정기술'을 참조하면 된다.

보통의 홈페이지는 정보 전달이 우선이지만, 온라인 쇼핑몰은 제품판매가 목적이므로 대부분 메인페이지를 복합적으로 구성한다. 적절한 정보를 메인페이지에 제공해 방문자가 원하는 정보를 빨리 찾을 수 있도록 하고, 흥미를 유발시켜 구매를 이끌어내기 위함이다. 일반적으로 사람들은 시선의 흐름에 따라 움직이면서 가장 먼저 본 것을 클릭한다. 따라서 주력제품일수록 왼쪽 상단에 배치해야 효과가 크다.

온라인 쇼핑몰에서 사용할 수 있는 레이아웃의 정렬방법으로는 왼쪽정렬과 중앙정렬이 있으며 메뉴는 상단, 좌측, 우측, 하단에 배치하는 방법이 있다. 하지만 특정구조 및 정렬방법을 고집하기보다는 복합구조를 사용하는 쇼핑몰들도 많다. 메뉴와 콘텐츠가 많은 쇼핑몰의 경우 사용자가 혼란을 느끼지 않도록 제품과 콘텐츠를 효율적으로 보여주기 위함이다. 온라인 쇼핑몰 사업주는 특성에 맞는 정렬방식 및 메뉴 배치를 선택하되 화면을 너무 꽉 채워 구성하면 답답해 보이므로 적당히 여백을 두는 것도 필요하다.

레이아웃 구성요소

레이아웃은 내비게이션, 로고, 카피 문구, 주메뉴, 서브메뉴, 콘텐츠의 배열 및 위치 등이 일관성 아래 배치되어야 하며, 지루하거나 단조롭지 않아야 한다. 레아이웃 구성요소로는 타이포그래피, 이미지와 동영상, 여백, 컬러, 인터페이스 등이 있다.

PC와 스마트폰 상에서 시선 이동의 중요한 요소로 사용되는 이미지와 동영상은 수천 마디의 설명보다 효과적이다. 온라인 쇼핑몰을 처음 보는 순간 사진과 이미지의 크기, 위치 등에 따라 시선이 가는 곳이 결정되며, 시선의 이동순서가 결정된다. 화면상에서 시선은 큰 이미지에서 작은 이미지로, 개성이 강한 이미지에서 개성이 약한 이미지로 이동된다. 이때 제품설명과 일치하는 이미지와 동영상은 제품을 구체적으로 시각화시킬 뿐만 아니라 설득력을 갖고 있어 레이아웃에서 커다란 효과를 발휘한다.

온라인 쇼핑몰 레이아웃 구성에서 많이 놓치는 것 중 하나가 여백이다. 한 페이지 내에 많은 정보를 전달하려는 운영자의 욕심 때문에 여백은 좀처럼 고려되지 못한다. 하지만 여백은 레이아웃 요소들이 숨을 쉬도록 하고 조화를 이루게 만든다. 시각적인 안정감을 주며, 전체적인 통일감과 시선 집중 및 시선을 유도하는 역할도 한다. 그러므로 여백은 다른 레이아웃 구성요소들을 배치하고 남은 공간이 아니라 다른 레이아웃 구성요소들과 같은 비중으로 취급되어야 한다.

온라인 쇼핑몰에서 컬러는 매우 중요한 역할을 한다. 어떤 제품을 판매하는가, 고객에게 어떤 느낌을 전달하고 싶은가에 따라 쇼핑몰에서 사용하는 컬러가 달라진다. 컬러는 온라인 쇼핑몰 방문자의 흥미를 유발시키고, 구성요소 간 조화를 이루어 제품을 정확하게 설명하는 역할을 한다. 온라인 쇼핑몰에 사용되는 색채를 선택할 때는 전체적인 쇼핑몰의 흐름과 조화를 고려해야 한다. 배색은 전반적인 레이아웃의 느낌을 변화시키는 힘이 있다.

쇼핑몰 UI(User Interface) 디자인은 고객이 제품을 이용하는 방식을 결정한다. 겉으로 표현되는 시각화 작업이자 실제로 고객이 마주하게 될 디자인, 레이아웃 등을 아우르는 개념으로 사용의 편의성과 시각적인 면이 충분히 고려되어야 한다. 쇼핑몰의 화면이 보기에도 좋지 않고 사용하기도 불편하다면 이는 UI 디자인이 잘못된 것이다. 내비게이션의 편리성, 사용되는 컬러와 폰트 등의 적절성, 방문자가 쉽게 적응할 수 있는 레이아웃, 복잡하지 않은 구성, 불필요한 스크롤의 배제 등이 사용 편의성을 고려한 인터페이스라 할 수 있다.

온라인 쇼핑몰 인터페이스가 좋으면 고객과 운영자 간 대화가 훨씬 원활히 이루어진다. 온라인 쇼핑몰 화면은 고객들이 빠르고 정확하며 효율적으로 이용 가능할 뿐만 아니라 그러한 화면 간 이동 또한 사용자 중심의 효율적인 내비게이션으로 이루어져 있어야 한다.

온라인 쇼핑몰에 사용되는 타이포그래피는 단순히 문자를 표현하는 것이 아니라 제품을 설명하는 문자이자 시각적인 도구다. 타이포그래피를 구성하는 여러 요소 중에서도 가장 신경 써야 할 건 폰트다. 폰트의 종류와 크기, 폰트 간 간격, 폰트로 이루어진 문장 한 줄의 길이 등을 고려해야 한다. 전체 페이지에서 각각의 중요도에 맞게 적절한 종류의 폰트와 그 크기 선택에 차이를 둠으로써 우선순위를 정할 수 있고, 고객에게 정확한 정보 전달이 가능하다. 너무 작은 글씨는 읽기 어렵고, 너무 큰 글씨는 촌스러워 보일 때가 많으며, 한 페이지 내에서 여러 종류의 폰트와 다양한 크기의 글씨체를 사용하면 복잡하고 통일감이 없어 보여 제품 판매에 도움이 되지 않는다.

레이아웃 설계를 위한 유저빌리티 체크리스트

온라인 쇼핑몰 창업자에겐 좀 생소하고 어려울 수 있는 유저빌리티(Usability)란 쇼핑몰이 사용자를 얼마나 배려하고 있는가를 의미한다. 즉, 이용자가 원하는 기능을 얼마나 쉽게 찾아내 적절히 적용할 수 있는지 가늠하는 것을 말한다.

온라인 쇼핑몰에서 유저빌리티는 사용자에게 편리한 웹사이트 디자인을 위한 핵심개념으로 우리말로 옮기면 '유용성'이라고 할 수 있다. 쉽게 말하면 '얼마나 사용하기 쉬운가'를 나타내는 척도이며 보이지 않는 디자인이다. 만약, 사용에 아무 불편이 없다면 유저빌리티를 몰라도 편한 마음으로 쇼핑몰 사용이 가능하다.

유저빌리티 구성은 크게 다섯 가지를 염두에 두어야 한다.

첫째, 쉽게 배울 수 있어야 한다. 혁신적인 온라인 쇼핑몰은 처음에는 이슈가 될지 모르나 수익으로 이어지기는 어렵다. 쉽게 알아볼 수 있고, 쉽게 사용할 수 있는 게 중요하다.

둘째, 효율적 이용이 가능해야 한다. 온라인 쇼핑몰 사용자에게는 얼마나 빨리 원하는 것을 수행할 수 있는지가 중요하다.

셋째, 기억하기 쉬워야 한다. 로그인의 위치, 검색창의 위치, 메뉴의 위치, 장바구니의 위치 등이 이용할 때마다 바뀐다면 사용자는 아주 불편해진다. 주로 온라인 쇼핑몰을 개편했을 때 이러한 현상이 일어나는데, 그럴 때도 사용자에게 익숙하며 기억하기 쉽게 구성되어야 한다.

넷째, 에러를 미리 방지할 수 있어야 한다. 물론 카페24, 아임웹, 고도몰 등의 서비스를 이용하면 이러한 문제는 일어나지 않는다. 그렇지만 웹에이전시를 통한 독립 쇼핑몰을 구축한다면 사전에 충분한 테스트 작업을 거쳐야 한다.

다섯째, 사용자에게 만족감을 줄 수 있어야 한다. 만족감이란 주관적이므로 늘 사용자 입장에서 꼼꼼하게 생각해야 한다.

온라인 쇼핑몰 레이아웃 체크리스트

항목	세부항목
쇼핑몰의 목적을 알려라	• 쇼핑몰의 이름과 로고를 적당한 크기로 눈에 잘 띄는 위치에 배치하라 • 쇼핑몰에서 판매하는 제품이 무엇인지 명확하게 하라
쇼핑몰에 대한 정보를 제공하라	• 회사소개 페이지는 성실하고 꼼꼼하게 작성되었는가? • 고객정보 수집 시엔 '개인정보취급방침' 링크를 포함시킨다 • 고객이 안심하도록 '에스크로제' 등의 링크를 포함시킨다
콘텐츠를 한눈에 파악하게 하라	• 사용자 중심 언어를 사용하고, 판매자 입장이 아닌 고객 입장이 되어야 한다 • 반복되는 콘텐츠는 피하라 • 단일품목 카테고리나 단일품목 세부항목 처리는 피한다
판매제품 관련 콘텐츠를 제공하라	• 고객이 궁금해 할 FAQ를 구성하여 제공하라 • 언제든지 판매자와 대화할 수 있는 Q&A를 제공하라 • 판매제품과 관련된 콘텐츠를 제공하라
검색도구를 제공하라	• 제품을 검색할 수 있는 입력창을 만들어라 • 쇼핑몰에서의 검색은 전체에 대한 검색으로 디폴트되어 있어야 한다
그래픽과 애니메이션	• 그래픽은 장식적인 요소보다는 실제적인 콘텐츠로써의 가치를 가져야 한다 • 애니메이션을 홈페이지의 한 항목에 사용자들의 관심을 끌어들이기 위한 목적으로 사용하지 마라
디자인은 사용자 중심으로	• 페이지상에서 크기, 컬러 등과 같은 폰트 스타일과 기타 텍스트 포맷을 제한적으로 사용하라 • 홈페이지 크기가 다양한 해상도에 조절될 수 있도록 유동적인 레이아웃을 사용하라
'타이틀' 태그에 주요 키워드 삽입	• 쇼핑몰 제목에 해당하는 '타이틀' 태그는 검색엔진이 가장 좋아하는 자리다. 이곳에 해당 쇼핑몰 주요 키워드를 삽입해 검색될 수 있도록 해야 한다
URL은 간단하게	• 온라인 쇼핑몰 주소는 '.co.kr'이나 '.com'을 사용한다 • URL이 너무 길어지지 않도록 하라
팝업창	• 소비자의 클릭이 1번 발생할 때마다 고객은 절반씩 쇼핑몰을 빠져나간다. 팝업창을 최소화하라
기술적인 문제와 긴급상황 대처법을 알려라	• 쇼핑몰이 다운되거나 중요한 부분이 작동되지 않을 경우 명확하게 공고하라 • 제품 등에 문제가 있을 경우 명확하게 공고하라 • 기타 문제가 발생했을 때 고객에게 명확하게 공고하라

03 | 색(色)을 밝히면
돈이 보인다

컬러의 효과적 사용은 온라인 쇼핑몰에서 중요한 부분이다. 컬러에는 어떤 관념을 이끌어내는 힘이 있기 때문이다. 특정 컬러에 대한 연상은 개인적인 경험, 기억, 사상, 의견 등과 컬러 자체의 느낌이 복합적으로 반영된 것으로, 컬러는 온라인 쇼핑몰의 매출과 관계가 깊다.

온라인 쇼핑몰 디자인에서 가장 중요한 사항은 일관성이다. 좋은 쇼핑몰은 잘 꾸며진 집처럼 일관성을 가지면서 개성 있는 변화도 추구한다. 쇼핑몰 방문자를 혼란에 빠뜨릴 만한 파격적인 디자인은 혁신적일 수는 있어도 구매로 이어지기는 어렵다. 페이지에서는 제품 자체가 돋보여야 함에도 불구하고 우리는 화려한 이미지가 그 제품을 표현한다고 믿을 때가 많다. 이는 온라인 쇼핑몰이 쉽게 빠질 수 있는 함정이며 소비자들의 요구사항과는 거리가 먼, 단순하고 막연한 기대일 뿐이다.

온라인 쇼핑몰을 디자인할 때 일관성 유지를 위해 활용 가능한 대표적인 도구는 컬러다. 미국 시카고에 있는 컬러 컨설팅 전문업체 '컬러 커뮤니케이션(CCI)'은 "색깔은 소비자의 의사결정 과정에 영향을 미치는 것은 물론 그 과정을 이끈다"고 강조했다. '글로 표현되지 않는 언어'인 컬러는 디자인의 여러 요소 가운데 시각적 이미지를 결정하는 데 있어 가장 큰 영향력을 발휘한다.

색상은 사람들의 시선을 사로잡으며 시선을 유도한다. 또 시선에 의해 포착된 이미지를 기억시키기도 하고, 소비자들이 뭔가를 선택할 때 일정 정도 이상의 영향을 미친다. 그리고 색에는 복잡한 메시지가 담긴다.

색의 속성에는 색상, 명도, 채도 세 가지가 있다. 색상은 색의 차이를 나타내며, 일반적으로 검은색과 흰색을 제외한 순색 12컬러로 표시하거나 24컬러로 표시한다. 채도란 색상의 선명한 정도를 말하는데, 일반적으로 채도가 낮으면 '탁하다'고 하고 높으면 '선명하다'고 표현한다. 채도가 가장 높은 색은 순색이며, 무채색을 섞으면 채도가 낮아진다. 명도란 색상의 밝은 정도를 말하는 것으로 흰색에 가까울수록 높고 검은색에 가까울수록 낮다. 명도가 높다는 건 그만큼 색이 밝다는 뜻이다.

이 같은 색의 세 가지 속성에 따르는 세 가지 대비도 있다. 색상 대비는 빨간색과 녹색을 동시에 보면 그 작용으로 두 색이 더 선명하게 보이는 것 같은 현상이다. 명도대비는 검은색 속의 흰색과 회색 속의 흰색은 같은 흰색이지만 검은색 속의 흰색이 더 밝게 보이는 것 같은 현상이다. 채도대비는 회색 위의 녹색은 본래의 채도보다도 더 선명한 녹색으로 보이는 것 같은 현상이다.

색에는 연상이 있다

일반적으로 무채색인 흰색은 청순, 결백, 신성, 웨딩드레스, 청정 등이 연상되고 회색은 평범, 차분, 소극적, 쓸쓸함, 안정, 스님 등이 연상된다. 그리고 검은색은 밤, 악함, 강함, 신비, 정숙, 슬픔, 불안, 상복, 모던, 장엄함, 죽음, 공포 등이 연상된다. 흰색, 회색, 검은색의 연상에서 보듯 무채색은 추상적일 때가 많다.

블랙 속의 유채색은 색을 돋보이게 함과 동시에 화려하게 한다. 흰색 바탕에서 별로 화려해 보이지 않던 색도 바탕이 검게 어두워지면 마치 어둠 속에서 빛을 발하는 별처럼 반짝인다. 반대로 흰색 바탕 위의 유채색은 색을 있는 그대로 솔직하게 보여줌과 동시에 산뜻하게 해준다.

다음 표는 유채색이 가지는 구체적인 연상이다.

색깔별 주요 연상

톤 색상	밝은색의 경우	순색의 경우	어두운색의 경우
빨간색	행복, 봄, 온화함, 젊음, 순정	기쁨, 정열, 강렬, 위험, 혁명	힘, 답답함, 무거움
주황색	따뜻함, 기쁨, 명랑, 애정, 희망	화려함, 약동, 무질서, 명예	가을, 풍요, 칙칙함, 노후됨, 엄격, 중후함
노란색	미술, 활발, 소년	황제, 환희, 발전, 노폐, 경박, 도전	신비, 풍요, 어두움, 음기
연두색	초보적인, 신록, 목장, 초원	생명, 사랑, 산뜻, 소박	안정, 차분함, 자연적인
초록색	양기, 온기, 명랑, 기쁨, 평화, 희망, 건강, 안정, 상쾌	희망, 휴식, 위안, 지성, 고독, 생명	침착, 우수, 시원함, 깊은 숲, 바다, 산
파란색	젊은, 하늘, 신(神), 조용함, 상상, 평화	희망, 이상, 진리, 냉정, 젊음	어두움, 근심, 쓸쓸함, 고독, 반성, 보수적
남색	장엄, 신비, 천국, 환상, 차가움	차가움, 이해	위엄, 숙연함, 불안, 공포, 고독, 신비
보라색	귀인, 고풍, 고귀, 우아, 부드러움, 그늘, 실망	고귀, 섬세함, 퇴폐, 권력, 도발	공포, 불안, 무거움
자주색	도회적, 화려함, 사치, 섹스	궁중, 왕관, 권력, 허영	신비, 중후, 건실, 고풍, 고뇌, 우수, 칙칙함

빨간색은 주목성이 강하고, 용기, 에너지, 사랑, 공격성, 모험심, 정열 등의 느낌이 있어 온라인 쇼핑몰에서는 서브컬러나 액센트 컬러로 이용된다.

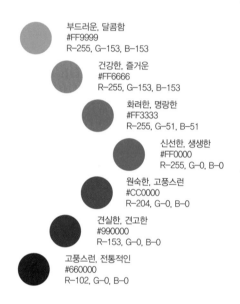

부드러운, 달콤함
#FF9999
R-255, G-153, B-153

건강한, 즐거운
#FF6666
R-255, G-153, B-153

화려한, 명랑한
#FF3333
R-255, G-51, B-51

신선한, 생생한
#FF0000
R-255, G-0, B-0

원숙한, 고풍스런
#CC0000
R-204, G-0, B-0

견실한, 견고한
#990000
R-153, G-0, B-0

고풍스런, 전통적인
#660000
R-102, G-0, B-0

순색에 가까운 고채도의 빨간색은 단숨에 시선을 끄는 주목성이 있어 주로 액센트 컬러로 사용된다. 회색, 검은색 같은 무채색과 배색하면 모던하면서 강렬한 인상을 주며, 저명도의 빨강은 무겁고 차분해서 클래식한 이미지를 느끼게 한다.

• **긍정적 연상** : 피(생명), 불(따뜻함), 열정, 감성적인, 진취적인, 애국심, 혁명, 자유

• **부정적 연상** : 피(상처), 불(방화), 죽음의 고통, 상처, 찢어지는 듯한 감정, 광란, 전쟁, 위험, 악마

• **심리적 연상** : 따뜻함, 외향적인, 열정적인, 공격적인, 활기찬, 강압적인, 동의하는 갑작스러운, 낙관적인, 야생의

주황색은 다양한 쇼핑몰에 폭넓게 적용할 수 있는 컬러다.

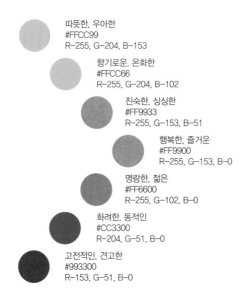

따뜻한, 우아한
#FFCC99
R-255, G-204, B-153

향기로운, 온화한
#FFCC66
R-255, G-204, B-102

친숙한, 싱싱한
#FF9933
R-255, G-153, B-51

행복한, 즐거운
#FF9900
R-255, G-153, B-0

명랑한, 젊은
#FF6600
R-255, G-102, B-0

화려한, 동적인
#CC3300
R-204, G-51, B-0

고전적인, 견고한
#993300
R-153, G-51, B-0

주황색은 역동적이며 활기찬 느낌을 준다. 사교성 뛰어남, 화려함 추구함, 활동적임, 친절함, 따뜻함, 감수성이 예민함, 개방적 사고, 환희, 밝음, 질투, 열정, 활기, 의혹, 풍부함, 건강, 초조 등의 느낌을 준다.

고채도의 주황색을 사용한 쇼핑몰은 밝고 신선한 느낌을 주며, 명도가 높고 오렌지색 색조가 약한 색은 부드럽고 따뜻하게 느껴진다.

- **긍정적 연상** : 불, 불꽃, 결혼, 우호적, 자부심과 야망, 지혜
- **부정적 연상** : 악담, 사탄
- **심리적 연상** : 사회, 타인을 존경, 동의, 좋은 본성, 모이기 좋아하는, 변하기 쉬운

노란색은 즐거움, 역동성, 생동감이 연상되어 행복과 희망을 상징한다. 쇼핑몰에서 많이 사용되는 컬러 중 하나다.

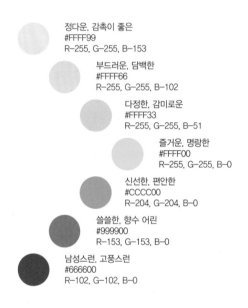

정다운, 감촉이 좋은
#FFFF99
R-255, G-255, B-153

부드러운, 담백한
#FFFF66
R-255, G-255, B-102

다정한, 감미로운
#FFFF33
R-255, G-255, B-51

즐거운, 명랑한
#FFFF00
R-255, G-255, B-0

신선한, 편안한
#CCCC00
R-204, G-204, B-0

쓸쓸한, 향수 어린
#999900
R-153, G-153, B-0

남성스런, 고풍스런
#666600
R-102, G-102, B-0

오렌지색이 가미된 노란색은 부와 권위 등의 긍정적인 느낌을 주며, 연두색이 섞인 연노란색은 창백하고 희미한 느낌을 주기도 한다.

노란색은 외향적, 정열적, 적극적, 감상적 성격을 지녔으며 따뜻한 생명력, 위험, 혁명, 흥분, 정열, 용기, 모험심, 주목성 등의 느낌을 주기도 한다.

• **긍정적 연상** : 태양, 빛, 밝음, 확대, 지성, 지혜, 고귀한, 직감

• **부정적 연상** : 배신, 비겁한, 악담, 순수하지 못한 사랑, 타락

• **심리적 연상** : 상상, 귀족, 자기만족, 지성, 이상적인, 심사숙고, 따뜻함, 즐거움

녹색은 파란색과 더불어 쇼핑몰에서 가장 많이 사용되는 색상 중 하나다. 건강과 자연을 연상시킨다.

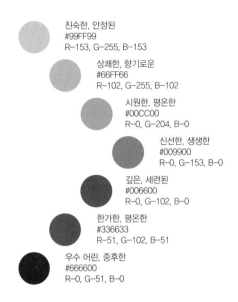

친숙한, 안정된
#99FF99
R-153, G-255, B-153

상쾌한, 향기로운
#66FF66
R-102, G-255, B-102

시원한, 평온한
#00CC00
R-0, G-204, B-0

신선한, 생생한
#009900
R-0, G-153, B-0

깊은, 세련된
#006600
R-0, G-102, B-0

한가한, 평온한
#336633
R-51, G-102, B-51

우수 어린, 중후한
#666600
R-0, G-51, B-0

녹색은 자연을 먼저 떠오르게 해 건강과 관련된 쇼핑몰에 많이 사용되며 교육 관련, 환경 관련 사이트에서 많이 볼 수 있다.

녹색은 평화, 자연환경, 건강함, 상쾌함, 불안감 해소, 젊음, 안정감, 희망, 휴식, 감정 풍부, 신념이 강함, 성실함, 소극적이며 추진력이 약함, 집착력이 강하며 학구적이면서 이론적임, 질투가 강함 등의 느낌을 준다.

- **긍정적 연상** : 자연, 대지의 풍요, 번창, 희망, 생명, 젊음, 신선, 영혼의 회복
- **부정적 연상** : 격노한, 질투, 천박한, 반목
- **심리적 연상** : 시민, 사회 예절과 관습에 익숙한, 넘치는 건강, 중산층

파란색은 물과 하늘의 맑은 이미지를 가지고 있다. 시원한 느낌으로 보는 이에게 청량감을 주며, 차분하고 명상에 잠기게 하는 컬러다.

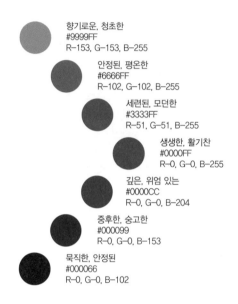

향기로운, 청초한
#9999FF
R-153, G-153, B-255

안정된, 평온한
#6666FF
R-102, G-102, B-255

세련된, 모던한
#3333FF
R-51, G-51, B-255

생생한, 활기찬
#0000FF
R-0, G-0, B-255

깊은, 위엄 있는
#0000CC
R-0, G-0, B-204

중후한, 숭고한
#000099
R-0, G-0, B-153

묵직한, 안정된
#000066
R-0, G-0, B-102

신뢰감, 성공, 안전을 상징해 온라인 쇼핑몰 메인컬러, 서브컬러로 광범위하게 이용되는 색이다. 녹색이나 흰색과 배색한 파란색은 보통의 쇼핑몰에서 쉽게 볼 수 있다. 파란색은 이기적, 주관적, 리더십이 강함, 성실함, 냉정함, 소심한 성격, 합리적, 보수적인 성격, 책임감과 자립심이 강함, 명상, 사고력과 창의력을 높여줌, 시원함, 편안함, 외로움, 진취적임, 예술적, 창조적, 내향적이며 합리적인 느낌이 있다.

- **긍정적 연상** : 하늘, 축제, 고요한 바다, 명상, 신선한 느낌, 헌신, 순수, 진실, 정의
- **부정적 연상** : 의심과 낙담
- **심리적 연상** : 신중하고 자기반성적인, 자신의 의무를 수행하는, 휴식의

갈색은 주로 고급스러우면서도, 우아한 분위기를 선호하는 쇼핑몰에 사용된다. 따뜻함, 편안함, 자연스러운 느낌이 있다.

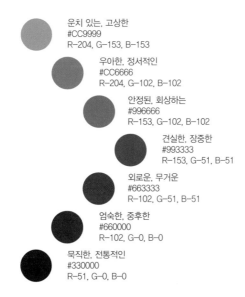

운치 있는, 고상한
#CC9999
R-204, G-153, B-153

우아한, 정서적인
#CC6666
R-204, G-102, B-102

안정된, 회상하는
#996666
R-153, G-102, B-102

견실한, 장중한
#993333
R-153, G-51, B-51

외로운, 무거운
#663333
R-102, G-51, B-51

엄숙한, 중후한
#660000
R-102, G-0, B-0

묵직한, 전통적인
#330000
R-51, G-0, B-0

두 가지 보색이 섞여 만들어지는 중성색인 갈색은 외향적인 성격, 정력적이고 적극적임, 단순하면서 냉정하지 못함, 감상적인 성격이다. 흙, 낙엽, 나무 등 자연에서 흔히 볼 수 있는 색으로 생명력, 따뜻함, 편안함, 자연스러운 느낌이다.

이외에도 갈색은 위험, 불안, 혁명, 흥분, 정열, 용기, 모험심, 주목성이 강한 느낌의 컬러다.

- **긍정적 연상** : 지구

- **부정적 연상** : 불임의, 가난

- **심리적 연상** : 의무 이행에 성실한, 인색함, 자린고비 같은, 습관, 완고한, 신뢰성

보라색은 감수성이 풍부하고 직관력이 뛰어나며 예술가 기질이 물씬 느껴지는 컬러다. 여성을 대상으로 하는 쇼핑몰이나 예술품 관련 쇼핑몰에서 선호한다.

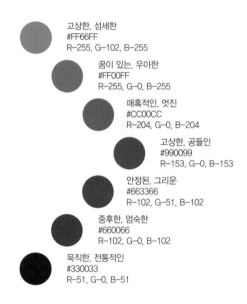

고상한, 섬세한
#FF66FF
R-255, G-102, B-255

꿈이 있는, 우아한
#FF00FF
R-255, G-0, B-255

매혹적인, 멋진
#CC00CC
R-204, G-0, B-204

고상한, 공들인
#990099
R-153, G-0, B-153

안정된, 그리운
#663366
R-102, G-51, B-102

중후한, 엄숙한
#660066
R-102, G-0, B-102

묵직한, 전통적인
#330033
R-51, G-0, B-51

섬세, 소극적, 신비, 창조, 예술, 고귀, 지적 성취감, 불안감, 공포감, 외로움 등의 느낌이 강한 보라색은 여성 고객이 많은 온라인 쇼핑몰에서 즐겨 사용되는 컬러 중 하나다.

- **긍정적 연상** : 힘, 향수, 고귀한, 진실한 사랑, 충성, 절대적 지배력, 인내, 겸손

- **부정적 연상** : 승화, 순교, 회개, 비하, 애도, 사직

- **심리적 연상** : 덧없음, 선한 마음씨와 재치

회색은 중후하고 세련된 느낌의 색이다. 솔직함, 보수적, 이성적, 감정 표현력은 약하나 감수성이 강함, 인내심과 책임감이 강함, 차분한 성격의 소유자 등의 느낌을 준다.

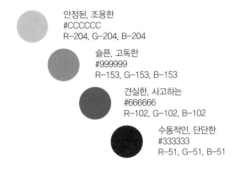

안정된, 조용한
#CCCCCC
R-204, G-204, B-204

슬픈, 고독한
#999999
R-153, G-153, B-153

견실한, 사고하는
#666666
R-102, G-102, B-102

수동적인, 단단한
#333333
R-51, G-51, B-51

회색은 다른 색과 무난하게 어울려 사용되며, 함께 사용된 색을 더욱 돋보이게 한다.

회색은 정신적 안정감, 무겁고 딱딱함, 민족성, 엄숙함 등의 느낌이 있다.

• **긍정적 연상** : 성숙, 신중, 겸손, 회개, 단념, 회상

• **부정적 연상** : 중화, 이기심, 의기소침, 무력, 무관심, 겨울, 비통, 나이 든, 후회

• **심리적 연상** : 오래된, 완전히 성장한

흰색은 단순함, 순수함, 깨끗한 느낌의 총합이다. 실제로도 모든 색의 혼합이 흰색이다. 흰색은 깨끗한 느낌을 강조하는 쇼핑몰에서 즐겨 사용하는데, 지나치면 쇼핑몰의 전체 구성이 어색해질 수 있다.

#FFFFFF
R-255, G-255, B-255

- **긍정적 연상** : 낮, 순결, 청결, 완벽, 정확, 지혜, 진실
- **부정적 연상** : 유령의, 영적인, 추운, 텅 빈
- **심리적 연상** : 단순, 삶의 의지, 정직, 무관

검정은 모던함과 세련됨의 대표 색상이다. 일반적으로는 우울한 느낌, 두려움, 공포, 죽음 등을 나타낸다. 차분하고 소극적임, 집중력이 강함, 융통성과 자립심 부족, 성실함 등의 성격을 가지며 감정 억제 작용, 중성적 느낌, 우울함, 에너지 부족, 지루함, 수동성 등의 느낌도 있다.

#000000
R-0, G-0, B-0

- **긍정적 연상** : 강대한, 위엄 있는, 지적 교양, 단호한 결단력, 밤, 신성한, 엄격한, 게으르지 않은
- **부정적 연상** : 불건전한, 절망적, 밤, 범죄사실, 잠재된 힘
- **심리적 연상** : 병적인, 절망, 우울함, 순진성, 상실, 당당함

04 | 형용사에도 색깔이 있다

각각의 색채는 자연스럽게 떠오르는 연상 외에 보는 것과 동시에 다른 감각의 느낌을 수반하는 공감각도 가지고 있다. 색채의 소리에서 밝고 강한 채도의 색은 높은음, 어두운색은 낮은음, 순색에 가까운 밝고 선명한 색은 예리한 음, 둔한 색과 낮은 채도의 색은 탁음 등으로 표현된다.

색채의 모양에서 빨간색은 사각형, 노란색은 삼각형, 초록색은 육각형, 파란색은 원, 보라색은 타원, 흰색은 반원, 검정은 사다리꼴 등으로 표현된다.

색채의 맛에서 단맛은 red, pink, 짠맛은 blue-green, grey, white, 신맛은 yellow, yellow-green, 쓴맛은 olive green, brown-maroon 등으로 표현된다.

색채가 가지는 향으로는 방출향은 white, light yellow, 머스크향

형용사의 색깔 연상

형용사	색의 연상
따뜻한	• 계통 색상 : 빨간색, 주홍색, 노란색, 금색 • 관련 쇼핑몰 : 브랜디, 카펫, 제과
차가운	• 계통 색상 : 파란색, 청록색, 하늘색, 보라색, 은색 • 관련 쇼핑몰 : 화장품, 비누, 샤워용품, 방향제
부드러운	• 계통 색상 : 분홍색, 연보라색, 베이지색, 아이보리색, 연두색 • 관련 쇼핑몰 : 유아용품, 화장품, 목욕용품, 위생용품
강렬한	• 계통 색상 : 파란색, 검정, 빨간색, 노란색, 은색 • 관련 쇼핑몰 : 남성화장품, 공구, 운동용품
현대적인	• 계통 색상 : 검정, 흰색, 은색, 파란색, 초록색, 노란색, 빨간색 • 관련 쇼핑몰 : 스포츠용품, 전자제품
미래적인	• 계통 색상 : 파란색, 남색, 검정, 초록색, 노란색, 은색 • 관련 쇼핑몰 : 첨단제품
자연스러운	• 계통 색상 : 하늘색, 초록색, 미색, 황토색, 갈색 • 관련 쇼핑몰 : 농산물, 유기농 관련, 천연화장품, 과일
고급스러운	• 계통 색상 : 금색, 자주색, 갈색, 카키색, 보라색, 은색, 회색, 검정 • 관련 쇼핑몰 : 자동차용품, 패션, 액세서리, 향수
대중적인	• 계통 색상 : 분홍색, 선홍색, 자주색, 보라색, 금색 • 관련 쇼핑몰 : 초콜릿, 실크제품
낭만적인	• 계통 색상 : 노란색, 주홍색, 빨간색, 초록색, 흰색 • 관련 쇼핑몰 : 과자, 음료, 만화책, 대중음악, 영화 관련
전통적인	• 계통 색상 : 갈색, 옅은 황토색, 진초록색 • 관련 쇼핑몰 : 전통가구

은 golden yellow, red-brown, 꽃향기는 rose, 민트향은 blue, green, 에테르향은 white, light blue로 표현된다.

색채의 촉감으로는 윤택감은 짙은 톤의 색, 경질감은 은회색, 한색 계열의 회색기미, 조면감(粗面感)은 어두운 회색 톤, 유연감은 따뜻하고 가벼운 톤, 점착감은 짙은 중성 난색, 올리브 계통 색으로 표현된다.

색깔 사용은 메인컬러 못지않게 조합이 중요하다. 온라인 쇼핑몰의 메인컬러와 서브컬러가 함께 조화를 이룬다면 소비자 설득이 한결 수월해질 수 있다.

온라인 쇼핑몰 컬러 사용법

온라인 쇼핑몰에서 컬러 사용은 모든 부분이 조화롭게 이루어져야 한다. 쇼핑몰의 메인컬러에 맞춰 판매제품과 포장박스 등에도 컬러를 사용, 전체적으로 일관성을 가지는 것이 좋다.

온라인 쇼핑몰에서 색깔 활용 전략 중 첫째는 색으로 브랜드의 인상을 심어주는 일이다. 네이버를 말하면 초록색이 연상되고 다음을 말하면 노랑, 주황, 초록, 파랑의 로고가 연상되듯 쇼핑몰을 대변할 만큼 인상을 남길 수 있어야 한다. 또 같은 색깔이라도 업종이 다르면 의미와 이미지가 달라진다는 점에도 유의해야 한다. 검색엔진에서 파란색은 파란이 연상되지만, 가전제품에서 파랑은 삼성전자가 연상된다. 온라인 쇼핑몰을 창업하고 운영할 때 특정

활동적인(Active)

R	0	47	254	0	0	255
G	0	0	0	151	0	200
B	0	255	0	0	0	0

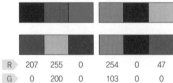

R	207	255	0	254	0	47
G	0	200	0	103	0	0
B	0	0	144	0	0	255

고상한(elegantly)

R	207	206	145	144	207	0
G	151	48	48	0	47	0
B	0	0	145	145	95	0

R	254	223	143	144	143	96
G	174	78	47	151	0	48
B	159	0	96	0	0	96

산뜻한(fresh)

R	177	46	254	255	255	95
G	208	151	254	200	255	200
B	15	0	144	0	255	254

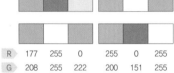

R	177	255	0	255	0	255
G	208	255	222	200	151	255
B	15	255	239	0	0	255

세련된(sophistic)

R	176	95	191	224	48	191
G	207	110	199	216	103	199
B	177	143	224	191	96	224

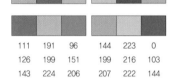

R	111	191	96	144	223	0
G	126	199	151	199	216	103
B	143	224	206	207	222	144

우아한(elegant)

R	206	207	254	223	176	144
G	199	200	215	216	215	151
B	254	206	224	222	208	254

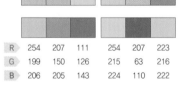

R	254	207	111	254	207	223
G	199	150	126	215	63	216
B	206	205	143	224	110	222

클래식(classic)

R	80	206	127	96	0	96
G	47	151	40	63	0	102
B	0	47	0	16	0	0

R	206	176	96	206	160	15
G	102	159	63	151	79	72
B	0	78	16	47	46	17

성공하는 쇼핑몰 사업계획서

깨끗한(clear)

R	255	148	132	255	99	206
G	255	207	158	255	154	255
B	255	255	255	255	255	255

R	99	255	49	214	255	181
G	203	255	203	255	255	211
B	214	255	99	231	214	16

멋진(dandy)

R	99	148	0	99	165	0
G	105	150	48	0	148	0
B	99	41	0	0	115	0

R	99	148	82	99	181	0
G	0	150	73	65	162	0
B	8	148	99	24	82	0

예쁜(pretty)

R	255	255	255	255	255	255
G	203	255	178	150	255	150
B	0	148	165	0	255	148

R	255	255	255	255	255	181
G	203	154	255	101	207	211
B	148	99	99	99	222	16

현대적인(modern)

R	181	0	99	214	0	49
G	211	0	154	203	0	105
B	181	0	148	214	0	99

R	49	214	0	109	215	0
G	203	203	0	109	215	0
B	214	148	0	148	231	0

자연스러운(natural)

R	148	214	255	214	181	231
G	154	203	227	203	211	235
B	99	99	173	99	181	82

R	156	255	214	214	255	214
G	203	227	105	146	255	203
B	214	181	0	66	214	49

품격 있는(noble)

R	82	214	115	214	198	99
G	32	219	158	203	227	113
B	132	231	115	214	247	148

R	222	198	99	231	214	99
G	219	227	154	223	203	105
B	222	247	214	198	214	99

색으로 쇼핑몰의 인상을 심어주는 것은 중요한 전략의 하나다.

둘째는 색으로 제품의 특징을 파악하게 하는 일이다. 온라인 쇼핑몰에서 청소기를 판매할 때는 흰색이나 베이지색 같은 파스텔톤을 사용하는 게 좋다. 밝은색을 사용하면 청소기가 가볍고 심플해 보이기 때문이다. 실제로 어두운색보다는 밝은색이 가볍게 느껴진다. 자동차용 청소기를 판매한다면 흑회색이나 진한 회색 또는 빨간색이 좋고, 스포츠용품을 판매한다면 에너지를 상징하는 형광 오렌지색과 연두색 등 화려한 색을 사용하는 게 좋다. 소비자 입장에서는 화려한 색이 내 근육을 실제로 단련시키지는 못한다고 하더라도 기분은 확실히 고조되는 느낌을 받을 수 있다. 실제로 화려한 색의 운동복을 입으면 힘이 넘치는 것처럼 느껴지고 움직임도 활발해진다.

온라인 쇼핑몰 운영자가 색상만을 중심으로 제품의 이미지 및 정보를 전달하려 한다면 특정한 색상을 구별할 수 없는 사용자(색맹, 색약 등)들과 흑백 인쇄물을 보는 사용자에게는 무용지물이 된다는 점을 잊어서는 안 된다. 따라서 기호, 마크업, 언어적인 설명 등 색상 이외의 요소를 겸해서 사용하는 게 좋다. 즉, 온라인 쇼핑몰에서 제공하는 모든 정보는 상황과 입장이 제각각인 모든 사용자를 고려해야 한다는 말이다.

예를 들면, 여성의류 쇼핑몰에서 티셔츠를 판매한다면 제품의 사진과 함께 색상을 텍스트로 제공해야 효과적이며, 제품구매 시 필수 입력사항을 기입할 때도 빨간색이나 진한 글씨체와 함께 특정기호를 넣어 설명하는 게 효과적이다.

　온라인 쇼핑몰에서 컬러를 사용할 때는 전경색과 배경색이 보다 명확히 구분될 수 있도록 배색에도 신경을 써야 한다. 이때 피해야 하는 색의 조합은 명도대비가 낮은 색의 조합이다. 노란색과 회색, 짙은 회색과 검정, 짙은 파란색과 검정, 흰색과 노란색, 빨간색과 검정, 짙은 빨간색과 검정, 빨간색과 짙은 파랑색 등의 조합이 그것이다.

05 나를 표현하는 한마디, 슬로건!

"모두의 일상에 머무르는 생활공작소, 어린아이부터 어른까지 안전하게 사용할 수 있는 일상용품을 만듭니다."

"취향 맞춤 작품 구매부터 취미생활까지, 아이디어스로 일상에 특별함을 잇다!"

모든 웹사이트와 쇼핑몰에는 자신을 대변하는 슬로건이 있다. 한두 줄의 슬로건은 온라인 쇼핑몰의 정체성을 반영하며 소비자의 구매를 자극하는 중요한 요소로 작용한다. 따라서 온라인 쇼핑몰에서는 전략적으로 슬로건을 정해야 하는데, 무엇보다 시선을 끌면서 동시에 신뢰감을 줄 수 있어야 하므로 재미있고 쉽고 진실하지 않으면 안 된다. 그래야 고객의 주의를 끌고 쇼핑몰 호감도를 증대시켜 제품을 더 많이 판매할 수 있다.

슬로건을 만들 때 고려할 첫 번째 요인은 고객이 되어보는 일이다. 온라인 쇼핑몰에서 슬로건으로 관심과 구매를 이끌어내려면 상품을 구매하는 소비자가 되어봐야 한다. 10대를 중심으로 제품을 판매하는 쇼핑몰은 10대의 마음으로 슬로건을 만들어야 하고, 50대에게 제품을 판매하는 쇼핑몰은 50대의 마음으로 슬로건을 완성해야 한다. 슬로건이나 카피는 그럴싸한 미사여구로 포장해서는 안 된다. 쇼핑몰의 정체성이 담겨야 한다.

두 번째는 이성이 아닌 감성에 호소해야 한다는 점이다. 사람들은 대부분 스스로 이성적이라고 생각하지만 잠시만 지켜보면 금세 감성적으로 소비한다는 사실을 알 수 있다. 예를 들면, 인터넷 쇼핑몰에서 구두를 구매한 친구에게 이유를 물어보면 가격이 저렴해서, 디자인이 예뻐서, 코디가 무난해서, 편안해 보여서 등 나름대로 합리적인 이유를 말한다. 하지만 그것은 본인의 구매 사유일 뿐 모두에게 해당되는 건 아니다. 즉, 본인이 원하는 부분을 충족했기 때문에 구매했다는 말이다. 그러므로 온라인 쇼핑몰의 슬로건은 소비자의 급소인 감정의 중심축을 찔러야 한다. 이성이 아닌 감성에 호소하는 게 훨씬 효과적이다.

세 번째는 자신만의 색깔을 담아야 한다는 점이다. 사람들은 TV 광고, 인터넷, 길가의 벽보, 신문광고, 전단지 등 하루에도 수천 개의 광고에 노출된다. 그런데 소비자는 몇 개의 광고도 잘 기억하지 못한다. 왜일까? 소비자를 배려하지 않는 과대광고, 과장광고가 태반이기 때문이다. 그러다 보니 모든 광고가 비슷비슷해져서 소비자는 광고에 아예 반응을 보이지 않는다. 이 같은 광고

슬로건 만들 때 주의사항

진실할 것	진실하지 못한 슬로건은 고객의 공감을 얻을 수 없고, 고객을 설득할 수 없다
재치보다는 정체성	슬로건은 쇼핑몰의 정체성과 제품정보가 중심이어야 한다. 글재주나 미사여구만으로는 안 된다
목표고객 중심으로	슬로건을 작성할 때는 되도록 많은 사람의 의견을 들어보되 목표 소비자를 중심으로 해야 한다. 성별, 나이, 직업, 학력 등에 따라 원하는 게 다르기 때문이다.
간결하게 작성	소비자는 온·오프라인에서 원하는 제품을 언제든 구매할 수 있다. 그래서 장황한 설명보다는 간결한 문장과 짧은 설명에 주목한다. 광고의 홍수 속에 이미 지쳤기 때문이다

의 홍수 속에서 살아남을 자신만의 색깔이 담긴 슬로건이 필요하다. 너무 자극적이거나 과장이 아닌 소비자의 시선과 마음을 움직일 슬로건 말이다. 다소 투박하더라고 쇼핑몰의 메시지를 일관성 있게 전하며 제품에 대한 정확한 정보를 제시해야 한다.

슬로건 작성 프로세스

온라인 쇼핑몰에서 사용되는 슬로건은 찬사를 받기보다는 소비자의 마음을 움직일 수 있는 문안으로, 만드는 과정은 다음의 세 단계로 나눠진다.

첫 번째 단계는 정보수집이다. 번뜩이는 아이디어가 떠오르는 때도 있으나 기본적으로는 양 속에서 질이 탄생된다. 아이디어도 기초가 풍부해야 더 멋진 안이 나온다는 뜻이다. 또 많은 정보를

슬로건 작성 프로세스

정보 종류	설명	비고
쇼핑몰에서 판매하는 제품정보	해당 온라인 쇼핑몰에서 판매되는 제품과 직·간접적으로 관련된 정보를 수집한다. 중요한 정보는 제품의 특징, 제품 이용도, 제품 지명도, 판매가격, 제품의 역사와 기업 내의 위치, 브랜드 이미지 등이 있다	판매제품 자체에 초점을 맞춰 정보수집
경쟁자 정보	온·오프라인을 통틀어 전체 시장을 형성하는 정보로 경쟁상품의 장단점, 경쟁쇼핑몰의 숫자와 현재 상황, 시장점유율 등의 정보를 수집한다	네이버쇼핑, 아이템스카우드 등 활용
소비자 정보	쇼핑 타입, 구매과정, 생활습관, 만족과 불만족 사항, 구매현황, 상품에 대한 지식 등 소비자와 관련된 모든 정보를 수집한다. 개성이 뚜렷하고 다양해진 소비자에 대한 정보는 슬로건을 만들 때 무엇보다 중요한 요소다	인터넷 검색에 의존하지 말고 소비자에게 직접 물어봄
외부환경 정보	정치·경제·문화·사회의 경향 및 추세, 시대적 트렌드를 읽고 정보를 수집한다	마음대로 컨트롤할 순 없으나 이용 가능
쇼핑몰 내부정보	쇼핑몰의 역사, 규모, 경영이념, 사회적 위치, 존재가치, 쇼핑몰 이미지의 장점과 단점, 기술개발력 등의 정보를 수집한다.	내 역량을 알아야 소비자와 약속 가능

접해 보아야 온라인 쇼핑몰과 제품에 대한 정보를 명쾌하게 소개할 수 있다. 슬로건은 거기서부터 출발한다.

두 번째는 상품을 구매하는 사람이 누구인지 찾는 일이다. 목표고객은 지나친 제한을 주지 않는 범위 내에서 가능한 구체적인 설정이 좋다. 목표고객을 명확하게 규정할수록 그 고객에게 맞는 슬로건을 제작할 수 있다. 목표고객 설정은 연령, 수입, 학력 등 인구통계학적 요소보다는 라이프사이클과 함께 라이프 스타일에 따라 설정해야 효과적이다. 오늘날 같은 다양하고 복잡한 시대에는 같은 연령층이라도 다양한 삶의 기준과 양식을 지니고 있기 때문이다.

온라인 쇼핑몰의 슬로건은 저렴한 가격, 빠른 배송, 브랜드의 이미지와 기업에 대한 신뢰 등 고객이 그 제품을 구매해야 하는 이유를 설명해야 한다. 슬로건을 보거나 듣고 소비자가 단 한 가

슬로건 작성을 위한 고객특성분석

항목	설명(키워드 위주로 작성)	근거
목표고객		
전달하고 싶은 내용		
제품의 특징과 장점		
나만의 차별점 (개성)		

지만을 기억하게 된다면 과연 그것이 무엇인지 찾아내야 한다.

온라인 쇼핑몰에서 슬로건은 제품의 특징과 장점을 있는 대로 모두 나열하는 게 아니라 소비자에게 말한 기본적인 약속을 지키고 보완하는 데 필요한 소중한 메시지를 담아야 한다. 너무 많은 것을 담으려고 욕심을 내다가는 고객에게 일관된 하나의 메시지를 전달하기 어려울 뿐 아니라 차별화에 실패하게 된다. 경쟁쇼핑몰과의 차별화는 아주 중요한 요소로, 비교할 수 없는 개성과 독창성을 가지기 위한 쇼핑몰들의 노력은 지금도 치열하게 진행 중이다.

세 번째는 슬로건 작성단계다. 행동하는 내일의 바를거리 '톤28'은 소비자에게 경쟁 브랜드 말고 자사의 제품을 사야 하는 이유를 슬로건을 통해 명쾌하게 제시한다. 소비자가 누릴 수 있는 혜택을 아주 간결하게 정리한 슬로건이다.

슬로건 도출을 위해서는 우선 적절한 표현방식을 선택해야 한다. 멈춰 있기보다는 움직이는 듯한 동적인 목소리의 슬로건이 설

슬로건 작성 사례

질문	답변	슬로건 아이디어
톤28에 왜 가야 하죠?	환경을 생각하지 않습니다, 환경을 위해 행동합니다	행동하는 내일의 바를거리
29CM에 왜 가야 하죠?	패션, 라이프 스타일, 컬쳐까지 29CM만의 감도 깊은 셀렉션을 경험하세요	감도 깊은 취향 셀렉트 숍
올버즈에 왜 가야 하죠?	신발산업은 천연소재보다 저렴한 합성소재를 선호하는 경향이 있었습니다. 이제는 인식의 전환이 필요한 시점입니다	심플한 디자인과 검증된 착용감, 천연소재라 더 가치 있는 올버즈

득력이 강하며, 동적인 목소리에 형용사를 추가하는 것도 하나의 방법이다. 형용사는 명확한 정보를 제공하고 집중하는 데 도움이 되기 때문이다. 많이 고민하고 써본 슬로건이 목표고객의 마음을 사로잡을 가능성이 크다.

철저하게 소비자 편에서 그들이 얻을 만족감을 생각하고 고민하라. 그리고 슬로건에 그 마음을 담아라!

5장

채널구축과 운영방안

01 연결성은 비즈니스의 기본

"우리는 납품처가 정해져 있어 홈페이지는 필요 없습니다"라거나 "우리는 B2B와 B2G로 운영되기 때문에 따로 마케팅할 필요가 없습니다"라고 말하는 사람들이 종종 있다. 그런데 한번 정부에서 발주하는 조달청 사업에 입찰했다고 가정해보자. 제안서를 열심히 만들어 입찰했고, 자격 조건이 되어 발표 기회도 얻게 되었다. 그런데 담당 공무원이 참여 기업들에 대해 인터넷 검색을 했더니 아무것도 찾을 수 없다면 어떻게 될까? 홈페이지인 줄 알고 들어갔더니 블로그라면 어떻게 될까?

'연결성'은 비즈니스 전체 생태계에서 주목할 가장 큰 키워드 중 하나다. 사람과 사람이 연결되고(Social Media), 오프라인과 온라인이 연결되고(Offline to Online), 기계와 기계가 연결되고(Internet of Things) 있다. 인간을 둘러싼 다양한 환경이 연결되면서 시간과 공간의 장벽을 극복하고 새로운 기회와 가치들이 만들어진다. 모든 것이 연결되는 시대로 연결에 대한 사람들의 욕망, 기술발전을 통한 연결비용 감소, 개방형 혁신으로의 사고방식 전환 등 그 원인도 다양하다.

사람들은 여전히 TV를 시청하고 신문을 읽지만 함께 딸려 나오는 광고에는 관심이 없다. 무엇인가 궁금하거나 정보가 필요하면 검색을 통해 정보를 수집하며 페이스북, 카카오톡 등의 소셜미디어를 통해 사람들의 의견을 물어본다. 이제 기업들은 TV와 신문뿐 아니라 블로그와 페이스북 등의 SNS까지 신경을 써야 한다. 자사의 슬로건과 광고를 본 사람들의 반응이 어떨지, 어떤 키워드로 검색할지, 어떻게 평가할지 궁금할 수밖에 없다.

기업에서 운영 중인 블로그, 페이스북, 쇼핑몰 홈페이지 등의 미디어 채널은 서로 연결되어야 한다. 이는 광고나 홍보, 입소문, 추천 등에 의해 제품을 알게 된 소비자들이 고객층으로 흘러가도록 하는 구조다. TV와 신문, 네이버 광고 등을 통해 고객을 유입시키고, 유입된 고객을 홈페이지와 블로그와 SNS 등에서 설득해 구매로 전환시킨다. 소셜미디어를 활용해 고객과 연결고리를 강화함으로써 이들을 추가 고객으로 만드는 것이다. 사소해 보이지만 길거리 전단지 한 장에도 홈페이지 주소를 적고, 홍보물에 QR코드를 포함해 소비자들이 모바일로 추가 정보를 얻거나 구매로 연결할 수 있도록 해야 한다.

연결성 관점에서 보면 '맛집'도 새롭게 해석되고 있다. '맛집'의 기준이 무엇일까? 음식을 잘하는 곳? 사람들의 평가가 좋은 곳? 모두 맞긴 하지만 또 다른 기준으로 보면 맛집은 스마트폰에서 찾기 쉬운 곳이기도 하고, 이용자들의 댓글과 평점이 좋은 곳이기도 하다. 온라인과 오프라인이 연결되면서 바야흐로 통합된 하나의 세상이 되어가고 있다.

기업은 사람들이 더 많이 연결되도록 해야 한다. 별것 아닌 것 같아도 매장에서 와이파이를 자유롭게 쓸 수 있게 하면 사람들은 그곳에서 자신의 일상을 소셜미디어에 공유한다. 좀 더 직접적으로 기업과 소비자가 연결되어 소셜미디어 친구가 될 수도 있다. 사람과 사람, 기계와 기계, 오프라인과 온라인을 더 많이 연결할 수 있는 기업일수록 앞으로 더 많은 기회를 얻게 될 것이다.

온라인 쇼핑몰의 다양한 채널들

온라인 쇼핑몰을 운영하려면 쇼핑몰뿐만 아니라 블로그, 페이스북, 인스타그램(비즈니스 계정), 유튜브 등의 다양한 채널이 필요하다. 만일 오프라인과 함께 운영 중이라면 네이버지도와 카카오지도 정보에 등록한 후 방문자들의 리뷰 관리에도 신경 써야 한다.

온라인 판매를 위한 채널일 때는 자체 몰뿐만 아니라 네이버 스마트스토어, 쿠팡, 옥션, 지마켓, 11번가 등도 개설해야 한다. 물론, 모든 채널에서 매출액이 나오지는 않는다. 제조업체로 규모가 꽤 있는 사업자라면 쿠팡 로켓배송을 활용하는 게 효과적일 것이고, 규모가 그리 크지 않다면 네이버 스마트스토어만 운영하는 게 효과적일 수도 있다. 하지만 다양한 채널에 노출되면 그만큼 판매량도 증가할 가능성이 크므로 대표적인 판매 채널에는 계정을 만들어 스토어를 운영하는 게 좋다.

가장 효과적인 방식으로 온라인 쇼핑몰을 운영하는 기업 중 하나가 '칸투칸'이라는 아웃도어 브랜드다. 인터넷이나 스마트폰에서 콘텐츠를 자주 소비하는 남성이라면 칸투칸이라는 이름을 한번쯤은 들어본 적 있을 것이다. 칸투칸은 40대 이상의 남성을 타깃으로 삼고 다양한 디지털 마케팅을 진행해 왔다. 예를 들면, 페이스북에 등산이나 산책 이야기를 남기면 어김없이 칸투칸 광고가 노출된다. 그렇게 해서 칸투칸 사이트에 유입되면 조금 전에 누가 보고 간 상품이 다른 사이트에 노출된다. 페이스북에서 타깃 광고를 한 후 웹사이트에 방문한 사람들을 대상으로 구글 리타기팅 광고를 집행했기 때문이다.

칸투칸 같은 형태로 온라인 쇼핑몰을 운영하려면 쇼핑몰 외에도 페이스북 페이지, 인스타그램 비즈니스 계정, 블로그, 유튜브, 카카오톡 채널 등이 함께 운영되어야 한다.

첫 번째, 온라인 쇼핑몰의 운영을 보자.

쇼핑몰의 목적은 제품과 서비스 판매로, 온라인 쇼핑 시장에서

온라인 쇼핑몰 채널별 역할

채널	역할	용도	주요지표
홈페이지	대내외적인 공식 홈페이지 기업 소개	공식 사이트 B2B	• 장점이 명확히 표현되어 비즈니스 상대로 인식되도록 하는 것 • 회사소개서, 상품소개서, B2B 협업 문의 등을 포함한 브로슈어 PDF파일 다운로드
쇼핑몰	개별 소비자를 위한 상품 판매	B2C	• 구매전환을 고려한 상세설명(상품의 특징, 기업의 신뢰성, 사회적 증거, 구매편리성(회원가입 및 결제) • 광고, 검색, SNS를 활용한 고객유입방안
블로그	이야기와 스토리를 담는 Hub, 브랜딩 측면	B2C (B2B)	• 연구개발 활동, 성과, 상품을 이용한 고객들의 이야기 등 콘텐츠를 담는 허브 역할 • 검색엔진최적화(SEO)와 콘텐츠 제작능력
페이스북	(잠재)소비자들과 커뮤니케이션 및 광고	B2C	• 페이스북에서 활동 중인 20~50대 층을 대상으로 하는 커뮤니케이션 채널 • 페이스북 비즈니스 관리자를 통한 광고집행 채널
인스타그램	(잠재)소비자들과 커뮤니케이션 및 광고	B2C	• 인스타그램에서 활동 중인 20~30대를 위한 커뮤니케이션 채널 • 페이스북 비즈니스 관리자를 통한 광고집행 채널
유튜브	동영상 업로드, 기업(제품) 브랜딩 측면	B2C (B2B)	• 브랜드 스토리, 연구개발 활동, 외부 성과 등을 업로드 하는 공간 • 브랜딩 측면으로 접근

현재 최상위의 포식자는 네이버다. 네이버의 쇼핑(이커머스) 사업은 크게 네이버쇼핑(상품검색 및 가격비교), 스마트스토어(오픈마켓), 네이버페이로 구성되어 있다. 온라인 검색의 파워를 바탕으로 '쇼핑검색'의 장점과 적립금 혜택을 주는 '네이버페이', '네이버멤버

십' 등의 서비스를 결합해 빠르게 온라인 쇼핑 시장을 장악했다.

또 스마트스토어를 중심으로 온라인 쇼핑몰 시장을 휩쓸어버렸다면 블로그마켓을 통해 인플루언서를 쇼핑 시장으로 끌어들이는 중이다. 블로그와 네이버페이를 결합해 쇼핑 편의성을 높인 블로그마켓에서는 자체 제작 의류, 액세서리 등의 수많은 제품이 판매되고 있는데, 매출의 55%가 블로그 이웃을 통해 발생할 뿐만 아니라 재구매율도 32%에 이른다고 한다. 네이버 스마트스토어를 만드는 게 부담스럽고 어렵게 느껴지는 판매자들을 위한 틈새마켓이 바로 블로그마켓이다.

온라인 쇼핑 시장의 구조만 놓고 보면 네이버 스마트스토어가 가장 현실적이다. 하지만 스마트스토어는 페이스북, 인스타그램, 유튜브 등 소셜미디어와 연동해 마케팅 활동을 할 수가 없다. 픽셀이나 스크립트코드를 설정할 수 없도록 해놓았기 때문이다. 그리고 스마트스토어에서 상품을 구매한 사람들을 대상으로 하는 재구매 활동에도 한계가 있다. 스토어찜이나 톡톡친구에게 쿠폰을 지급하는 방식이 있긴 하나 고객 데이터를 기반으로 이메일을 보내거나, 문자를 보내거나, 프로모션을 진행하기는 어렵다. 결국, 스마트스토어는 신규고객을 유입시킨 후 구매로 전환시키는 데는 효과적이나 재구매 측면에서 제한적이라 장기적으로 보면 자체몰을 만들 수밖에 없다는 사실을 알 수 있다. 카페24, 아임웹, 고도몰 등이 이때 사용되는 서비스다.

온라인 쇼핑 시장 규모로는 쿠팡도 막강하다. 반면, 로켓배송의 경우에는 오픈마켓 판매방식보다 정산주기가 긴 편이다. 조금씩 개선은 되고 있으나 정산에만 몇 개월씩 걸리는 형편이다 보니 자금이 충분치 않거나 가격경쟁을 할 수 없는 사업자는 메인 채널로 삼기에 한계가 있다.

두 번째는 홈페이지의 필요성이다.

온라인 쇼핑몰만 운영 중이라면 별도의 홈페이지는 필요하지 않을 수도 있다. 그런데 쇼핑몰 외 다른 사업도 하고 있다면 홈페이지와 쇼핑몰을 구분해 운영해야 한다.

홈페이지의 역할은 공식적으로 전하고 싶은 이야기를 전달하는 역할이다. "저희는 이런 기업이고 이런 상품을 판매합니다"라고 설명하는 곳으로 회사소개서, 상품소개서, 협업 문의, 브로슈어 다운로드 등이 이루어진다. 그래서 일반적으로 PC와 모바일을 지원하는 반응형 홈페이지를 권장한다. 가장 많이 사용하는 서비스로 카페24, 아임웹, 워드프레스 등이 있고, 주변의 홈페이지 제작업체를 통해 구축하는 기업도 많다.

홈페이지 솔루션은 한 번 결정하면 바꾸기가 쉽지 않다. 따라서 가급적 많은 사용자가 있는 서비스를 활용하는 게 좋다. 카페24, 아임웹, 고도몰 같은 서비스는 관리자페이지에서 다양한 기능을 제공하고, 필요한 기능의 업데이트 및 유지보수가 지속적으로 제공되므로 사용자 측면에서 이용이 편하다.

세 번째는 SNS 채널이다. 페이스북, 인스타그램, 유튜브, 블로그 등을 SNS라고 부른다. 어떤 활동을 해야 하는지에 대한 해답은 소비자에게 있다. 우리가 목표로 하는 소비자들이 사용하고 있지 않다면 굳이 인스타그램에 시간을 쏟을 필요가 없다. 만일 50대 이상 남성이 타깃이라면 네이버 카페나 네이버 밴드 공략이 효과적일 것이다. 채널은 고객관점에서 결정되어야지 기업이 결정하는 게 아니다.

일반적으로 페이스북은 친구들과 일상을 공유하는 경우가 많으므로 짧은 시간에 고객의 시선을 빼앗을 수 있는 후킹(Hooking)이 필요하다. 인스타그램은 심플한 콘텐츠가 효과적이고, 블로그와 유튜브는 정보의 구체성(깊이, 연관성, 다양성)이 들어가야 한다. 콘텐츠 하나를 만들어놓고 복사하기, 붙여넣기를 반복하지 말고 매체별 특성에 맞게 콘텐츠를 퍼블리싱(publishing)해야 한다.

제조와 유통, 무엇이 더 중요할까?

제조업체가 유통까지 잘하기는 쉽지 않다. 제조는 연구개발을 중심으로 품질관리와 생산관리가 중요한 영역이고, 유통은 고객에게 판매할 수 있는 제품들을 다양하게 갖추어 놓고 규모의 경제를 통해 저렴하게 판매하는 게 중요한 영역이기 때문이다. 이처럼 제조에서 요구하는 역량과 유통에서 요구하는 역량은 다르므로 하나의 조직이 제조와 유통을 동시에 잘하기는 어렵다.

채널구축방법

채널구축	주요 방식(URL)
홈페이지 (쇼핑몰 병행)	• 워드프레스 : www.wordpress.org • 아임웹 : imweb.me • 홈페이지 제작업체 개별 의뢰
쇼핑몰	• 카페24 : www.cafe24.com • 쇼피파이(해외공략) : www.shopify.co.kr • 스마트스토어 : sell.smartstore.naver.com • 쿠팡, 11번가, 옥션, 지마켓 등
블로그	• 네이버 블로그 : www.blog.naver.com • 카카오 : www.tistory.com/brunch.co.kr • 워드프레스 : www.wordpress.org
모바일 사이트	• modoo! : www.modoo.at
오프라인 지도정보	• 네이버 스마트플레이스 • 카카오맵 매장관리
소셜미디어	페이스북 : facebook.com 유튜브 : www.youtube.com 카카오톡채널 : center-pf.kakao.com 카카오 스토리채널 : ch.kakao.com/channels 인스타그램 : www.instagram.com 밴드(Band) : band.us

그럼 제조하는 능력이 중요할까, 유통하는 능력이 중요할까? 소비자들은 제품을 구매하므로 1차적으로는 제조가 중요하다. 하지만 아무리 좋은 제품도 소비자가 구매할 수 없으면 의미가 없으니 유통도 중요하다. 따라서 "제조가 중요한가, 유통이 중요한가?"라는 질문은 잘못된 질문이다.

제조와 유통은 지금도 서로 "내가 더 중요하다"며 현장에서 갈

등 중이다. 제조는 유통마진을 인정하려 하지 않고, 유통은 어떻게든 저렴하게 제품을 매입하려고 노력한다. 높은 기술력과 경쟁자를 압도하는 생산능력이 없다면 유통의 힘이 클 것이다. 실제로 유통망을 단단하게 구축한 유통기업이 제조기업을 컨트롤하는 경우가 많은데, 마켓컬리가 대표적으로 자체상표를 붙여 판매하는 PB상품(Private Brand)을 늘려나가고 있다. PB상품은 통상 유통사가 직접 기획하고 개발해서 기존 제조사와 협업하는 식으로 만들어진다. 말이 협업이지 제조는 유통의 아웃소싱 역할을 할 뿐이다. 유통기업 입장에서는 직접 만들어 팔기 때문에 수익성이 좋을 뿐만 아니라 다른 유통업체와 차별화를 꾀할 수 있는 반면, 제조회사는 자체적인 브랜드를 키워낼 수 없다. 결국, 시간이 흐를수록 유통회사에 종속되고 만다.

유통업체들의 이 같은 PB제품 경쟁은 점점 더 치열해지고 있다. 따라서 경쟁사에서는 구매하기 어려운 독자적이고도 매력적인 상품들을 갖추는 일이 앞으로 유통업체들의 주요 '차별화' 포인트가 될 것이다. 소비자로서는 '가성비 갑'인 상품이 많아지면 나쁠 게 없다. 이마트의 '노브랜드'가 세상에 나오기 전까지는 PB제품이 가격은 저렴하나 질이 떨어진다는 선입견이 있었다. 그러다 노브랜드가 가격은 물론 제품의 질까지 잡았다는 평가를 받으면서 시장에 PB제품이라는 새로운 카테고리가 정착되었다.

이커머스 업체 중에서는 쿠팡이 PB제품에 많은 공을 들인다. 쿠팡은 생활용품 PB 브랜드인 '탐사'를 처음 선보였다. 생수 제품인 '탐사수'는 구팡 내 단일제품으로는 가장 많이 팔리면서 기존의 생수업체들에게 큰 위협이 되고 있다.

최근에는 배달의민족이 PB제품을 중심으로 비즈니스모델을 확장 중인데, 치킨집과 소비자 사이의 중계를 넘어 'B마트'라는 서비스로 자체 PB제품 판매를 시작했다. B마트가 겨냥하는 주고객은 1~2인 가구로, 그에 맞게 소포장된 제품으로 그들에게 다가가고 있다. 네쪽식빵과 반반만두, 0.7공깃밥 등 소량으로 기획된 상품들은 시중에서 판매되는 햇반 같은 즉석밥을 종종 남기는 경우를 보고 양을 조금 줄여 출시한 제품이다.

쿠팡, 이마트, 배달의민족처럼 유통망을 확보한 기업들은 규모의 경제로 제조업체를 압박하고 있다. 제조업체가 가격인하에 소극적이면 가격을 낮추기 위해 중국에서 OEM으로 생산해 오기도 한다. 그러면 기술력이 높지 않거나 자체 브랜드가 확고하지 못한 곳은 울며 겨자 먹기로 유통업체의 요구사항을 들어줄 수밖에 없다.

그럼 제조업체는 유통업체에 종속될 수밖에 없는 것일까? 어떻게 대응하느냐에 따라 결과가 달라진다. 비슷한 품질의 제품과 서비스를 제조하는 기업이라면 유통업체에 끌려다닐 가능성이 크지만, 제조업체가 직접 유통에 나서는 방법으로 대응할 수도 있다. 온라인 유통 비중이 엄청나게 커지면서 제조기업이 유통에 뛰어드는 것도 그런 이유에서다. 오프라인 유통 채널을 확보하려면 많은 인력과 자본이 필요하지만, 다행히 온라인은 상대적으로 저렴한 비용으로 유통분야 진입이 가능하다.

채널 간 연계성 고려

　모든 매체는 제각각 나름의 특징과 한계를 가지고 있으므로 매체의 특성에 맞게 광고와 홍보를 진행하면서 서로를 하나로 엮어내야 한다. 이게 바로 통합마케팅이다. 일본 최고의 마케터 요코야마 류지는 책《트리플 미디어 전략》에서 통합마케팅 관점으로 미디어 간의 연계를 설명한다. 미디어 연계란 상품과 서비스를 인지한 일반 계층이 팬(Fan)과 고객층으로 흘러가도록 하는 구조를 말한다. 이 과정에서 상품의 팬이 반드시 고객이 되는 게 아니므로 특정 계층이 아닌 일반에 호소하는 광고 미디어를 통해 고객층을 양성하고, 광고 미디어를 자사 미디어로 유입해 고객으로 만들어가는 것이다. 소셜미디어에서는 브랜드의 팬층을 양성해 이들을 팬으로 양성하거나 로열 유저로 이끌어간다.

　트리플 미디어는 페이드 미디어, 온드 미디어, 언드 미디어로 구성된다. '페이드 미디어(Paid Media)'는 광고 개념의 판매 미디어로, 기업이 광고비를 내고 사용하는 TV, 신문, 온라인 등을 의미한다. '온드 미디어(Owned Media)'는 기업이 자체적으로 보유한 자사 미디어로, 기업의 홈페이지와 쇼핑몰, SNS 채널들 등을 의미한다. '언드 미디어(Earned Media)'는 온라인과 SNS상의 댓글이나 반응, 보도된 기사 등 제3자가 만들어낸 정보로써 '평가 미디어'라고 할 수 있다.

　트리플 미디어는 각기 독립적으로 연계되기도 하지만, 소셜미디어 안에 자사 미디어를 두기도 하고, 자사 미디어 안에서 소셜 미디어의 기능을 활용하기도 한다. 소셜미디어라고 해서 브랜드 정보 확산이나 화제성과 평판을 공유하는 데만 활용되는 건 아니다. 트리플 미디어의 목적은 미디어를 잘 활용해 더욱 효과적으로 소비자를 만나는 데 있다. 이처럼 페이드 미디어, 온드 미디어, 언드 미디어에서 동일한 메시지를 전달하고 축적이 될 때 비로소 브랜딩이 된다는 사실을 알아야 한다.

소셜미디어는 브랜드 인지 수법으로도 활용 가능하다. 기업이 온라인 마케팅에 투자하는 이유는 단기적으로는 매출액을 높이고, 장기적으로는 브랜드 인지도와 사용자 충성도를 높이기 위함이다. 각 기업과 상품 간 경쟁이 치열해지고 콘텐츠를 소비하는

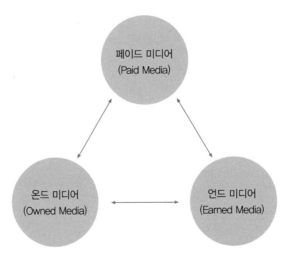

트리플 미디어의 구조

매체의 수가 증가하면서 목표시장에 도달하기가 갈수록 어려워지고 있다. 따라서 기업이 보유한 채널을 중심으로 광고 매체와 SNS를 전략적으로 통합하지 않으면 그것은 더욱 힘들 수밖에 없다.

성공하는 쇼핑몰 사업계획서

02 | 취향 공유 중에 브랜드가 되다

인플루언서(Influencer)는 '영향력'을 뜻하는 'influence'와 사람을 뜻하는 접미사인 '-er'를 붙인 단어로, 인스타그램 같은 소셜미디어를 통해 대중에게 많은 영향력을 끼치는 사람을 일컫는다.

인플루언서 중에는 연예인이나 스포츠 선수 같은 유명인이 아닌 일반인이 많다. 직업이 아닌 순전히 개인의 힘으로 사람들에게 영향을 끼치는 존재가 된 만큼 더 대단하다고 볼 수 있다. 그러다 언젠가부터 인플루언서는 하나의 직업으로 분류되기 시작했고, 기업의 마케팅 활동 전반에서 인플루언서를 활용하는 사례도 증가하고 있다.

인플루언서 이전에는 블로그 등에서 관심을 끌고 인기를 누리는 사람들이 있었고, 그들을 '파워블로거'라고 불렀다. 블로그를 통해 취향을 선도하며 타인과 공유하다가 그 자신이 하나의 브랜드가 되어버린 사람들이 있다.

'떙굴마켓'을 예로 들어보자. 떙굴마켓의 시작은 '한국의 마샤 스튜어트'로 불리던 파워블로거 이혜선 씨였다. '떙굴마님'이라는 닉네임으로 자신의 블로그에 '그곳에 그 집'이라는 살림 관련 콘텐츠를 차곡차곡 쌓아오면서 유명세를 탔는데, 살림살이를 통해 자신의 취향과 경험을 공유하다 보니 어느 날부터인가 블로그를 찾아온 이들이 "이 포스팅에 있는 제품은 어디에서 살 수 있나요?"라고 묻기 시작했다. 그렇게 시작된 것이 '떙굴마님'의 닉네임을 딴 '떙굴마켓'이다.

떙굴마켓이 오프라인으로 확산된 데는 블로그가 큰 역할을 했다. 그 자신 사람들로부터 신뢰를 얻고 있었고, 블로그를 즐거운 경험의 장으로 활용한 것이 주효했다. 떙굴마켓에 가보면 온라인상에서 접했던 셀러들을 직접 볼 수 있을 뿐만 아니라 요즘 인기가 높은 핫플레이스에서 마켓이 열리기 때문에 구경하는 재미도 쏠쏠하다. 떙굴마켓을 방문한 사람 중에는 "쇼핑을 온 것이 아니라 친구 따라 구경 왔다"는 사람들이 적지 않다. 떙굴마켓은 상품을 구매하는 공간이라기보다는 친구들과 함께 즐거운 시간을 보내는 공간이 된 것이다.

떙굴마켓은 오티디코퍼레이션(OTD Corporation)을 만나면서 큰 도약의 기회를 얻게 되었다. 떙굴마켓의 가능성에 주목한 오티디코퍼레이션은 50억 원을 투자해 이혜선 씨와 2018년도에 합작 법인을 세웠다. 이후 빠른 속도로 라이프 스타일 편집숍 '떙굴스토어', H&B스토어 '땅굴 브라이트' 등 온·오프라인 매장을 만들며 브랜드 규모를 확장했다. 그런데 합작 법인을 세운 지 1년여 만에 법적 분쟁이 발생했고, 이혜선 씨와 오티디코퍼레이션은 결별했다. 현재는 '땅굴'과 관련한 모든 저작권과 운영권은 오티디코퍼레이션이 갖고, 이혜선 씨는 '구월마님'이라는 닉네임으로 SNS 활동을 이어가고 있다.

땅굴마켓을 보면 30~40대 기혼 여성들인 '아주미'들의 연대가 보인다. 인스타그램에서 '#아주미'를 검색하면 연관 태그를 포함해 50만 건 이상의 피드가 나오는데, 결혼했으나 아직 본인을 '아줌마'라고 부르기에는 어색한 젊은 엄마 혹은 아이가 없는 기혼 여성 세대를 지칭한다.

유명 브랜드가 아님에도 세련된 상품에는 '특별하다'는 느낌을 얻게 되고 '아주미'들 사이에 인기가 많다. 지금도 인스타그램 계정을 보면 "이 물건 어디에서 사셨어요?"라는 질문 댓글이 끝없이 달리곤 한다. 작은 소품도 유명 인플루언서가 사용하는 제품은 '아는 사람들만 아는 특별한 상품'이라는 느낌을 주기 때문이다. 자신과 가족들의 가벼운 일상, 주방용품, 직접 만든 요리 사진이 잠재적 소비자들에게 파고들어 하나의 유통 플랫폼으로 성장한 곳이 '땅굴마켓'이다.

입소문 타고 상품이 된 '작은 브랜드'

주부의 장점을 활용해 성공한 사업가로는 '한경희생활과학'의 한경희 대표를 빠뜨릴 수 없다.

공무원으로서 주부로서 바쁘게 생활하던 그녀는 사용하며 불편함을 느낀 청소기에 대해 고민하다가 사업을 결심한다. 마침내 아무도 생각지 못했던 획기적인 성능의 스팀청소기를 만들게 되고, 당시 새로운 상품 구입 채널로 급부상한 TV홈쇼핑에서 대박을 터뜨린다. 1999년에 만든 스팀청소기는 국내에서만 1000만 대 이상이 판매되고, 2005년도에는 매출액 1000억을 달성할 정도로 가전업계에서 큰 성공을 이룬다. 그러나 디자인과 성능이 비슷한 상품들이 싼 가격에 연달아 출시되고, 쫓기면서 무리한 사업을 벌이다 큰 위기를 맞는다.

기업은 숙명처럼 성장을 추구할 수밖에 없다. 틈새시장도 처음에는 매력적이지만 시간이 흐르면 경쟁자들이 나타나게 마련이다. 처음의 아이템으로 운 좋게 성공에 이르렀다고 해도 계속 그 자리를 지킬 수는 없다. 기업들도 새로운 대안을 찾게 되는데, 기존 사업을 유지하면서 새로운 걸 시도하려면 인력과 시설과 공간과 더 많은 자금이 필요하다. 그렇게 실패가 거듭되면 역사의 뒤안길로 물러나게 된다.

SNS에 취미로 올린 소소한 글과 사진에서 출발한 탄탄한 브랜드도 있다. 건강하고 맛있는 집밥을 소개하고 있는 메종드율(maisondeyul).

한국일보(2018년 4월) 기사에 따르면 메종드율 창업자 임보연 씨는 일명 '경단녀'로 불리는 경력단절 주부였다. 2014년쯤 그녀는 딸 '유리'를 위해 매일 직접 만든 음식 사진을 SNS에 올리기 시작했다. 대학 시절 일본에서 유학한 경험을 살려 간이 세지 않은 일본식 소스와 드레싱을 만들어 인스타그램에 공유한 것이다.

그런데 요리에 사용한 소스가 무엇인지 질문하는 사람들이 늘어나면서 소스 제조법과 활용법 등을 댓글로 답해 준다. 그러던 어느 날 부산에서 열린 한 플리마켓에 참여 제안을 받고, 준비해 간 100만 원 상당의 수제 소스와 피클을 2시간 만에 완판하게 된다.

그녀는 인스타그램 운영과 플리마켓 참여 경험을 바탕으로 일본식 소스와 드레싱을 만들어 판매하기 시작했다. 한 달에 한 번 블로그를 통해 주문받고 그 양만큼 만들어서 판매하는 '선주문 후 제작' 방식이었다. 그러다 몰려드는 주문량을 감당하지 못해 공장을 차린 후 백화점 등에서 팝업 스토어를 열기도 하고 이마트몰 같은 유통채널에도 입점했으며, 메종드율 자체 쇼핑몰도 운영하고 있다.

메종드율 같은 작지만 알찬 브랜드들의 공통적인 특징 중 하나가 진정성이다. 내가 쓰려고 만든 제품이 브랜드가 되고, 그 과정을 지켜보던 팔로워들이 열혈 소비자가 된다. 가족의 식사를 위해 만들던 양념에서부터 옷과 가구, 커피, 그릇에 이르기까지 보통 사람들이 만든 조금 특별한 일상용품들이 우리의 일상 속으로 침투하는 것이다.

인스타그램과 블로그 등에서 활동하는 인플루언서들은 소비자들의 마음을 잘 이해한다. 스스로가 소비자이기 때문이다. 제품, 서비스, 콘텐츠가 넘쳐나는 시대에는 '더 좋은 것'보다는 '나를 잘 이해하는' 진정성 있는 상품들이 인기를 끌게 마련이다.

과거에는 TV 광고나 대형마트의 진열장에서 신상품을 접했지만, 이제 우리는 소셜미디어를 통해 새로운 상품과 스토리를 만난다. 작은 브랜드라고 해서 존재가 미미하지도 않다. 알차고 강력하다.

물론, 취미로 운영하는 것과 실제 비즈니스 사이에는 큰 차이가 있다. 취미로 시작할 때는 의욕과 진정성이 넘친다. 투명성은 기본이다. 그런데 비즈니스로 확장될 경우 콘텐츠의 객관성을 100% 유지하기 어렵다. 또 협찬받은 상품이나 기업으로부터 대가를 받고 작성한 콘텐츠임을 공개하지 않아 도덕적으로 문제가 될 때도 있다.

자신의 작업이 더 이상 취미가 아니라 비즈니스가 되었다면, 믿고 찾아오는 이들에게 기본적인 사항은 투명하게 공개해야 한다. 또 협찬받은 상품이나 기고료, 공동구매의 경우엔 수수료, 세금 문제 등을 명확히 밝혀야 한다. 대가성이 있다는 사실을 숨기고 특정 제품을 사용하며 자랑만 한다면 이는 명백한 광고다. 그리고 소비자들이 뒤늦게 이 사실을 알게 되면 해당 브랜드는 물론이고

소개자도 큰 위기에 직면하게 된다

인플루언서가 만든 브랜드, 글로시에

인플루언서 브랜드의 특징 중 하나가 SNS를 통한 적극적인 소통이다. 차별화된 콘텐츠로 사람들의 관심을 받고 적극적으로 소통하면서 충성고객을 확보한다. 이렇게 깊은 관계를 형성하게 되면 소비자는 고객이 아니라 팬이 된다.

이러한 방식으로 성장한 대표적인 기업이 미국의 '글로시에(Glossier)'다. 패션 매거진 〈보그(Vogue)〉의 직원이었던 에밀리 와이스는 자신의 뷰티 블로그 '인투더글로스(IntoTheGloss.com)'에 유명 연예인, 뷰티업계 전문가, 모델 등 다양한 사람들의 인터뷰 내용을 올린다. 그렇게 셀러브리티들과 관련한 뷰티 정보는 많은 관심을 받게 되고 '인투더글로스'는 뷰티 관련 대표 블로그로 자리매김한다.

수많은 전문가와의 인터뷰와 독자들의 피드백을 바탕으로 뷰티 분야의 방대한 지식과 정보를 얻게 된 에밀리 와이스는 마침내 글로시에 브랜드를 출시한다. 인투더글로스 블로그에 새로운 화장품을 출시하겠다는 내용을 올리자 그 제품을 구매하겠다고 1만 명 이상이 줄을 설 정도였다. 많은 팬을 확보한 글로시에는 '컬트 브랜드(Cult Brand)'로 더 강력한 팬덤의 주인공이 되었다.

그녀가 인투더글로스 블로그를 시작한 때는 2010년으로, 그로부터 많은 시간이 흘렀다. '블로그는 지금 이 시대에도 여전히 유효한가?' 하는 의문이 들 수도 있다. 단언컨대 블로그만큼 콘텐츠 생산에 최적화된 채널은 없다. 블로그는 텍스트, 사진, 영상 등 다양한 방식으로 콘텐츠를 생산할 수 있을 뿐만 아니라 네이버와 구글 같은 검색엔진에도 노출되기 쉬운 구조다. 한 분야에서 꾸준히 콘텐츠를 생산해 브랜드로 만들기에 블로그만 한 것도 없다.

인스타그램이나 유튜브 등 감각적인 채널들이 증가하면서 블로그의 시대는 끝난 것처럼 보이지만 그렇지 않다. 실제로도 코로나 19 이후 MZ세대를 중심으로 블로그 사용자가 큰 폭으로 증가했다. 인스타그램은 감각적이긴 한데 다양한 생각들을 담기에는 한계가 있고, 유튜브는 영상을 찍고 편집한다는 점에서 다소 부담스럽다.

인플루언서의 멋진 활용법

찾아보면 자신만의 콘텐츠로 인플루언서가 된 사람들이 꽤 있다. 그리고 브랜드와 연관성이 높은 잠재 소비자에게 다가가기 쉽다는 점에 착안해 그들을 잘 활용하려는 기업이나 쇼핑몰도 늘고 있다.

인스타그램 등 SNS에서 10만 명 이상의 팔로워를 보유한 대형 인플루언서도 있으나 특정 카테고리에서 팔로워는 1만 명 이하지만 관여도(engagement)가 높은 마이크로 인플루언서도 많다. 각 브랜드의 콘셉트와 예산에 맞게 인플루언서를 중개해주는 인플루언서 마케팅 플랫폼도 다양하고, 중개 플랫폼을 이용하지 않더라도 개별적으로 접근해 협업을 진행할 수도 있다.

대형 인플루언서와 마이크로 인플루언서는 장단점이 존재한다. 대형 인플루언서는 팔로워 수가 많으므로 단기간에 광고 효과를 기대할 수 있다. 반면, 상업적으로 비쳐 진정성이 떨어져 보이기도 한다. 팔로워 수가 많다 보니 목표고객을 정밀하게 타기팅할 수 없다는 점도 단점이다. 마이크로 인플루언서는 팔로워 숫자가 아주 많진 않으나 제품과 서비스의 신뢰도를 만들어가는 데 효과적이며, 틈새에 특화되어 충성도와 참여도가 높다는 장점이 있다.

유의해야 할 것은 인플루언서와 연결되더라도 구매전환으로 바로 연결되지 않을 수 있다는 점이다. 누구나 아는 유명 브랜드라면 인플루언서를 통해 매출이 늘어나겠지만, 신생 브랜드나 생소한 제품이라면 인지도와 신뢰를 구축하는 데 시간이 필요하다. 인스타그램의 광고나 인플루언서의 추천만으로 구매를 결정하지 않는다는 말이다.

인플루언서를 활용한 마케팅에서는 할인 코드나 특별 프로모션 같은 구매 혜택을 제시하면 더 효과적이다. 이 과정에서 초기 입소문을 유도하는 한편, 구매자의 이메일 정보 등을 수집해 지속적인 관계 형성으로 이어지도록 하는 노력이 필요하다.

브랜드의 성장과 안정은 소비자들의 재구매에 달려 있다. 인플루언서를 통해 할인 코드를 제공하거나 이벤트를 진행해 일시적인 매출을 발생시킬 수는 있으나 재구매로 연결되지 않으면 결국 다시 새로운 고객을 확보하기 위해 광고에 비용을 지출할 수밖에 없는 악순환이 반복된다.

앞에서 소개한 '글로시에'는 소비자들의 인스타그램 콘텐츠를 리그램(글로시에 인스타그램으로 콘텐츠를 재포스팅하는 것)하는 건 물론, 댓글과 사용후기 같은 고객의 피드백에 적극적으로 대응한다. 소비자들의 목소리에 귀를 기울이고 제품개발에도 참여시키며 충성고객을 늘려 가는 방식으로 고객관리 활동을 하는 것이다.

03 | 블로그는 콘텐츠 허브다

　잠시 주춤하는 듯했던 블로그가 다시 주목받고 있다. 실제 코로나 이후 블로그 사용자가 큰 폭으로 증가했다. 네이버는 블로그와 블로그마켓 등을 연동시켜 인플루언서를 만들어가고, 카카오는 브런치를 전면에 내세우면서 콘텐츠 생산자들을 끌어들이고 있다.

　온라인 쇼핑몰은 고객유입 및 중장기적인 브랜딩 방법의 하나로 블로그를 활용한다. 페이스북은 '친구' 관계를 맺기 이전까지는 상대방의 담벼락 글을 확인할 수 없으며, 카카오톡은 지인 중심의 커뮤니케이션이라 정보 확산에 한계가 있다. SNS에서 작성한 콘텐츠 또한 검색포털에서는 검색되지 않는다. 그런데 블로그는 검색포털로도 검색이 잘되며, 누구나 사용 가능하고, 웹페이지 갱신과 관리와 운영에 들어가는 시간과 비용이 경제적이다. 기술적인 면에서는 에이작스(Ajax), 맞춤형 정보배달(RSS), 응용프로그램 인터페이스(API) 등 최신의 인터넷 신기술이 모두 적용되어 있다.

블로그는 콘텐츠를 만들고 관리하기에도 소셜미디어 중에서는 최적이다. 사진과 동영상 등 멀티미디어 활용도 자유롭고, 워드프레스와 티스토리 블로그는 용도에 따라 변경할 수 있으며, 검색엔진을 통해 방문자 확보에도 도움이 된다. 게다가 페이스북이나 밴드 등 SNS와 자유자재로 연결이 가능해 콘텐츠 허브 역할로 적격인 플랫폼이다.

"블로그를 하면 효과가 있을 것 같은데 어떻게 해야 하나요?"라며 블로그에 관심을 보이는 사람들이 많다. 하지만 블로그에 대해 문의하는 그들 대부분은 블로그의 특성을 이해하려 하지 않고 기존의 세계관 속에 블로그를 집어넣으려고 한다. 블로그를 또 하나의 홍보수단 정도로 생각할 뿐이다.

블로그는 수많은 웹서비스 중의 하나지만, 한 가지 주제를 가지고 자신의 전문성을 열정적으로 이야기하는 공간이라는 점이 다른 웹서비스와의 차별점이다. 블로그에 대해서는 다양한 정의가 가능하나 그 같은 차별점을 중심에 놓는다면 다음과 같이 정의할 수 있다.

'블로그는 한 가지 주제에 대해 더 깊고, 더 넓게, 다양한 시선으로, 재미있게, 멀티미디어적 요소를 가미해 운영되어야 하며, 무엇보다 열정이 있어야 한다. 몇 개의 포스팅과 광고성 콘텐츠만으로는 소비자와 제대로 커뮤니케이션할 수 없다. 제대로 된 커뮤니케이션을 위해서는 양질의 콘텐츠와 열정이 필요하다. 어디서나 얻을 수 있는 정보나 아무런 의미 없는 가십성 콘텐츠는 쓰레기에 지나지 않는다.'

소비자들은 제각각 바쁘고 알고 싶은 정보 또한 많다. 정보의 홍수 속에 떠다니는 그들의 마음을 붙잡기 위해서는 양질의 콘텐츠가 필요하다. 양질의 콘텐츠를 생산하려면 먼저 자신이 고객이 되어야 한다. 고객의 편에서 섬세하게 만든 콘텐츠는 그들에게 비밀의 방을 여는 소중한 열쇠가 된다.

주제 선정과 마음가짐

온라인 쇼핑몰의 블로그를 통한 마케팅 활동에는 가장 중요한 세 가지가 있는데 첫째는 양질의 콘텐츠, 둘째는 좋은 콘텐츠, 셋째는 훌륭한 콘텐츠다. 그렇다. 콘텐츠, 콘텐츠가 블로그의 핵심이다!

더 많은 방문자를 유입시키기 위해 검색엔진최적화(SEO) 같은 스킬을 사용할 수는 있으나 그것이 블로그 운영의 핵심은 아니다. 영원히 변치 않는 진리는 '좋은 정보'다. 양질의 콘텐츠를 생산해야 소비자에게 선택받을 수 있고, 그들과 관계를 이어갈 수 있고, 원하는 것을 얻을 수 있다.

블로그를 활성화하려면 블로그를 사랑해야 한다. 하루에 두세

차례는 로그인해서 블로그를 살펴봐야 하고, 댓글을 남긴 사람들에게 감사의 표시와 성의 있는 댓글을 남겨야 한다. 꾸준한 포스팅은 검색 결과와 고객 방문에 큰 영향을 미친다. 문제는 양질의 콘텐츠를 꾸준히 생산해낸다는 게 생각처럼 쉬운 일이 아니라는 점이다.

블로그를 운영하다 포기하는 대부분은 포스팅 소재의 고갈인 경우가 많다. 포스팅 횟수가 줄어들면 당연히 블로그를 찾는 사람들도 적어지고, 방문자가 줄어드니 블로그에 대한 흥미도 식는다. 당연한 수순이다. 그래서 주제 선정이 중요하다. 늘 새로운 소재를 찾을 수 있는 주제를 선정해야 지속적인 포스팅이 가능하다. 주제는 매년 네이버에서 선정하는 파워블로그를 참조하면 좋다. 이들의 블로그를 꼼꼼히 살펴보면 대부분 상품 자체 포스팅보다는 특정 주제를 바탕으로 제품을 노출하는 형식을 취한다.

블로그를 처음 시작할 때는 의욕이 충만해 블로그에 쓰는 시간이 지나치리만큼 많지만 시간이 지날수록 점차 줄어들게 된다. 사람인지라 당연한 일이다. 하지만 블로그는 단순한 취미생활이나 시간이 남아서 하는 게 아니라 홍보나 브랜딩 활동을 위한 도구임을 명심해야 한다. 6개월에서 1년, 아니면 2년이 걸릴 수도 있다. 중간에 포기해 버리면 그동안의 수고는 물거품이 된다. 블로그를 통해 마케팅 활동을 전개하는 데는 인내심이 필요하다. 많은 방문자를 확보한 블로그는 하루아침에 이루어진 게 아니라 인내심이 가져다준 결과물이다.

어떤 콘텐츠를 전달할 것인가?

　블로그의 주제를 선정할 때는 심혈을 기울여야 한다. 이미 언급한 바와 같이 주제가 좋아야 지속적인 포스팅과 양질의 콘텐츠 생산이 가능하고, 이를 통해 꾸준히 독자들의 방문을 기대할 수 있기 때문이다. 주제는 물론 '내가 잘 아는 것'으로, 블로그에 포스팅한 콘텐츠로 소비자들의 공감을 이끌려면 전문성이 느껴져야 한다. 내가 잘 알지 못하는 분야에서는 전문성은커녕 아마추어의 냄새가 물씬 풍길 수밖에 없다. 그렇다고 전문성을 드러내려 따로 공부하거나 너무 이론적으로 접근할 필요는 없다. 해당 분야에 대한 다양한 시선과 논리적인 접근만으로도 충분하다.

　또 다양한 주제를 욕심내기보다는 한두 개의 주제에 집중하는 게 좋다. 주제가 다양해야 더 많은 사람이 찾아오지 않을까 생각할지 모르지만, 운영자 혼자 많은 주제의 콘텐츠를 생성하기도 어려울 뿐만 아니라 여러 가지 주제를 다루면 블로그의 정체성마저 모호해질 수 있다. 다양한 주제를 다루는 블로그는 많은 사람에게 노출은 될지 모르나 그 누구도 설득하기 어렵다.

　매출이 점점 떨어지는 약국을 일으켜 세우기 위해 약사인 내가 블로그를 열었다고 가정해보자. 물론, 주제는 '약과 건강'이다. 하지만 약사의 블로그라고 해서 모든 종류의 약을 다룰 수는 없다. 어려운 약 이름과 성분, 일반인이 잘 모르는 약에 대해 열심히 설명해봤자 아무도 관심을 가지지 않는다. 그렇다면 더 세부적이고 흥미로운 주제를 잡아야 한다. 대중의 시선을 끌기에는 '건강보조제', '비타민과 미네랄' 등이 더 좋다. 사람들의 관심은 거기에 집중되고 있기 때문이다.

주제를 선정한 후에는 이에 맞게 블로그 메뉴를 구성해야 한다. 메뉴는 주제를 벗어나지 않는 게 기본이다. '디자인'을 중심으로 운영되는 블로그에 난데없이 '맛집'이나 '가보고 싶은 곳' 등 자신의 관심이 담긴 메뉴가 들어간다면 몰입도가 떨어질 수밖에 없다. '디자인'을 검색하다 블로그를 방문한 사람이 '맛집'이나 '가보고 싶은 곳'을 클릭할 확률 또한 매우 낮다. 특정 주제에 대해 양질의 콘텐츠를 만들어내는 것이 가장 안정적이고 성공적인 블로그 운영방법이다. 게시판이 적어 좀 없어 보여도 그래야 한다. 그리고 메뉴를 정할 때는 사람들이 많이 검색하는 대표키워드 위주로 해야 유리하다. 이때 '+:+ 디자인 정보 +:+'처럼 시선을 끌려고 특수문자를 넣기도 하는데 검색엔진 입장에서는 번거로울 뿐이다. 대표키워드 위주의 단어로 메뉴명을 정하는 게 좋다.

블로그 운영목표와 콘셉트 선정

블로그의 성공비결은 사람들로부터 공감을 얻는 것에서 출발한다. 과장되고 거짓된 정보는 불신감을 높이기 쉬우므로 솔직해야 한다. 현실에서도 그렇듯 인터넷상의 만남에서도 한 번 떠난 고객은 두 번 다시 돌아오지 않는다.

소비자로부터 공감을 얻는 좋은 방법 중 하나는 숨은 이야깃거리의 제공이다. 유기농 농작물을 판매하는 쇼핑몰이라면 유기농 작물을 키울 때 생기는 다양한 이야기, 의류를 판매하는 쇼핑몰이라면 의류를 판매하며 경험한 재미있는 에피소드나 패션 정보를 유쾌하게 풀어놓는 등 다른 쇼핑몰에서는 잘 다루지 않는 일상을 기록하는 게 효과적이다. 이때 광고의 느낌을 주지 않아야 사람들의 공감을 얻을 수 있다. 블로그는 개인의 일기장과도 같아 진솔한 일상 공유가 신뢰의 바탕이 된다.

온라인 쇼핑몰에서 홍보와 마케팅을 염두에 두고 블로그를 운영하려 한다면 여러 가지를 고려해야 한다. 블로그를 운영할 베이스와 능력, 고객에게 제공할 콘텐츠 등에 대한 충분한 고민이 선행되어야 한다. 그렇게 자사의 사업 현황을 파악한 후 그에 따른 목표설정을 하는 게 순서다.

블로그는 시작에 앞서 콘셉트를 먼저 잡아야 한다. 온라인 쇼핑몰의 열정을 보여줄 수 있는 자신만의 주제 및 줄거리 말이다. 어디에나 있는 글은 정보가 아니라 쓰레기다. 간단한 검색으로 찾을 수 있는 정보, 쇼핑몰과 아무런 연관 없는 정보는 의미가 없다. 읽을 만하고 구독할 만한 가치가 있는 블로그는 하루아침에 생기기 어렵다. 꽤 오랜 시간이 걸린다. 그런 만큼 목표고객에게 어필할 수 있는 콘셉트를 잡고 명확한 주제로 고객들에게 다가가야 한다.

블로그 콘셉트 선정방법

콘셉트 구조	누가	
	장면	
	편익	
콘셉트 설정	블로그 운영목표	
	내·외부 환경분석	
	상황분석	
	문제점	
	기회요인	
	마케팅 핵심역량	
블로그 콘셉트 도출		

블로그 콘셉트 선정의 예

콘셉트 구조	누가	• 보급형 노트북과 태블릿 PC 사용자 • 무료 A/S 기간이 지났는데 제품 고장 난 사용자 • 저렴한 비용으로 수리를 받고 싶은 사용자 • 신형 제품보다는 저렴한 중고 노트북을 구입하고 싶은 고객
	장면	• 노트북, 태블릿 PC가 고장 났는데 A/S 기간이 지나 높은 수리 비용 앞에서 망설이고 있음 • 새로 구입하기보다는 고쳐서 사용기간을 연장하고 싶음
	편익	• 제조회사 A/S보다 저렴한 비용으로 수리 가능함 • 전화상담으로 택배를 통한 물건의 접수와 수리 체계를 갖춤 • 상대적으로 저렴한 비용의 수리비로 중고 노트북 구입 비용을 절감할 수 있음 • 노트북 등의 제품은 라이프 사이클이 짧아 수리를 통해 사용기간을 연장할 경우 추후 신제품 구입비용에 활용할 수 있음
콘셉트 설정	블로그 운영목표	대한민국 최고의 리페어 전문회사로 성장
	내·외부 환경분석	• 브랜드 컴퓨터의 A/S 강화 • 무리한 투자보다는 안정성을 중시함
	상황분석	• 노트북 시장의 높은 성장률 • 보증기간이 지난 제품의 A/S는 비용 부담이 큼
	문제점	• 리페어 서비스에 대한 낮은 인식 • 노트북 제조사들이 보증기간과 서비스 수준을 높이고 있음
	기회요인	• A/S 가격경쟁력(서비스 비용) • 노트북, 태블릿 PC 성장률
	마케팅 핵심역량	• 블로그, 쇼핑몰 운영을 통한 마케팅 진행 • 온라인 쇼핑몰 구축을 통한 중고 노트북 매입과 판매
블로그 콘셉트 도출		• 노트북 수리에 대한 높은 기술력 홍보, 이를 위해 수리 과정 및 고장원인 등을 사진과 동영상으로 제공 • 노트북 A/S를 받으려고 할 때 소비자는 삼성이나 LG 등 회사명보다는 브랜드명을 구체적으로 입력하는 경우가 많음. 이를 고려해서 블로그 포스팅 시 구체적인 제품명을 사용함

블로그 운영 가이드 라인

가이드 라인	설명
정확한 목적성과 일관된 목소리	온라인 쇼핑몰 이미지 상승을 목표로 하며, 그 목표에 맞게 일관된 목소리를 내야 함. 고객을 유인하기 위한 단순 흥미성 콘텐츠는 무의미함.
꾸준한 업데이트	지속적인 포스팅을 통해 생생하게 살아있는 블로그를 보여줘야 고객들은 지속적으로 방문함. 경험을 쌓을 수 있는 알찬 블로그.
고객과 공감대 형성	쇼핑몰 운영자의 일관되고 진솔한 태도로 형성되는 고객의 신뢰와 공감대
활발한 피드백	성실한 댓글과 빠른 답변을 통해 지속적인 대화가 가능함
솔직한 태도	위기, 악성루머 등 문제 상황에 직면했을 때 최대한 빠르고 솔직하게 고객들과 대화해야 신뢰를 회복할 수 있음
고객에게 질문	소비자의 기호 등 쇼핑몰에 필요한 피드백과 관련해 고객들에게 적극적으로 질문함으로써 고객의 참여를 증대시키고 소속감을 고취
블로그 차별화 연구	수많은 쇼핑몰 속에서 계속 눈에 띄고 차별점을 가질 수 있도록 끊임없이 연구하고 새로운 시도
운영 가이드 설정 및 준수	권한과 한계를 명시함으로써 혹시 있을지도 모를 법적인 책임을 고려하며, 사업상의 비밀이나 사생활 공개 방지를 위해 블로그 관련 정책들 연구 수립

성공하는 쇼핑몰 사업계획서

코멘트 대응 가이드 라인

가이드 라인	설명
댓글 내용 파악 후 신중한 코멘트	댓글 내용과 맥락의 핵심을 이해하고 그것에 기반한 정확한 코멘트
정보를 찾아본 후 코멘트	답글이 필요할 경우, 정확한 답변을 하는 데 도움이 되는 정보수집과 적절한 대응 문구 마련할 것
사실 여부 체크	클레임이나 문제발생 시 고객의 글 내용을 확인하고 적절한 대응방안을 마련할 것
대화 형태의 코멘트	블로그는 홈페이지와는 다름. 너무 딱딱한 대응은 어울리지 않으므로 부드러운 일상의 언어로 대화하듯 답변
코멘트에는 디테일이 필요	답변의 사실 여부, 맞춤법 및 문법적 실수 검토. 오해의 소지가 있는 문구는 디테일하게 점검한 후 완벽하게 수정해 코멘트 할 것
답변 모니터링	답변을 포스팅한 후에도 계속 포스팅을 확인해 하나라도 고객의 의견을 놓치지 말 것

블로그 위기 발생 시 가이드 라인

가이드 라인	설명
쇼핑몰 실수로 문제 발생 시 대응은 누구?	쇼핑몰의 실수는 물론, 악성 댓글러에 의해 문제 발생 시 누가 책임지고 대응에 나설지 사전에 명확히 해야 함
무엇을 말하고, 무엇을 말하지 않을 것인가?	무엇을 말하고, 무엇을 말하지 않아야 하는지는 블로그 전반에 대한 폭넓은 이해가 필요한 부분
문제 발생 시 코멘트 승인 여부	쇼핑몰 및 블로그에 문제 발생 시 코멘트 승인이나 차단에 대해 방문객에게 충분히 설명한 후 실행해야 함
기존 미디어에 블로그 존재 알림	주요 이슈 및 실시간 발표 내용을 블로그를 통해 빠르게 접할 수 있음을 알림
블로그 운영 인프라 확인	설치형 블로그(워드프레스 등)를 사용하는 경우 트래픽 초과로 다운되지 않도록 미리 체크

블로그 예절

가이드 라인	설명
저작권 존중	내가 쓴 글을 누군가 말도 없이 퍼간다면 어떨까? 마음에 드는 글을 발견, 스크랩할 때는 필자의 허락을 받는다. 우리나라는 기본적으로 링크를 권장함
블로그에 남긴 좋은 댓글에는 감사 표현	따뜻하게 남겨진 댓글은 사람을 행복하게 만든다. 격려성 댓글에는 감사의 댓글을, 공감성 댓글에는 반가움의 댓글을!
생각 다른 블로거 의견 존중	블로그는 1인 미디어로 많은 의견과 생각이 오가는 공간이다. 나와 다른 사람의 의견에 조금 더, 조금만 더 귀를 기울일 것
블로거 간에도 예의 갖춰 바른말, 고운 말 사용	웃는 블로그(?)에 침 안 뱉는다. 친하고 잘 아는 블로거라도 상대방이 무례하다고 느끼지 않는 대화와 글을!
누군가의 댓글, 트랙백을 지울 때는 이유 밝힘	누군가의 댓글이나 트랙백을 지워야 한다면 왜 그랬는지 정중하게 이유를 알릴 것. 불필요한 오해를 받을 수 있는 행동은 절대 하지 않음

04 관계 형성에 최고인 페이스북

온라인 쇼핑몰이 페이스북 페이지를 개설해 브랜드로 키워나가는 일에는 긴 호흡이 필요하다. 반면, 전문 광고관리자에서 광고를 집행하면 단기간에도 일정 효과를 기대할 수 있다. 흐름으로 놓고 보면 광고 집행으로 매출 향상 같은 단기간의 성과를 만들고, 그 과정에서 얻은 고객과 페이스북을 통해 관계를 형성하는 게 바람직하다. 광고로 얻은 고객을 재구매로 연결시키지 못하면 새로운 고객에게 목을 맬 수밖에 없고 수익성에도 영향을 미치기 때문이다.

페이스북(인스타그램)의 가장 큰 특징 중 하나는 관심사를 기반으로 자연스러운 연결이 가능하다는 점이다. 내가 주말에 산행한 사진을 페이스북에 올리면 잠시 후 나의 피드에 등산용품 광고가 노출된다. 네이버와 같은 검색포털은 실제 검색을 해야 그 사람의 관심사를 알 수 있지만, 페이스북과 인스타그램은 그가 업로드하는 내용만으로 관심사 특정이 가능하다.

페이스북(인스타그램)은 성별과 연령, 지역 같은 인구통계학적 정보뿐만 아니라 평상시에 올리는 글 내용이나 친구와의 관계, '좋아요'를 누르는 콘텐츠의 특징까지 다양한 정보를 바탕으로 개인의 관심사를 찾아낸다. 이를 바탕으로 '서울에 사는 40세, 남성, 온라인 마케팅에 관심 있는 사람'과 같은 형태로 고객 집단을 타기팅할 수 있다. 그래서 불특정 다수에게 함부로 광고하는 형식이 아니라 관심이 있을 만한 사람에게 광고를 노출한다.

물론, 그 '관심'도 각양각색으로 차이가 크다. 단순한 관심 단계

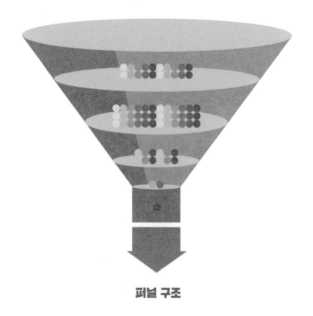

퍼널 구조

일 수도, 어떤 것이 좋을지 비교해 보는 단계일 수도 있다. 혹은 주말에 필요해서 지금 당장 구입해야 하는 긴급한 관심일 수도 있다. 이를 그림으로 표현한 걸 퍼널(Funnel)이라고 하는데, 깔때기 모양처럼 맨 위의 단순한 관심 유형이 가장 많고, 무엇이 좋을지

광고관리자에서 집행 가능한 캠페인과 내용

구분	목적	설명
인지도	브랜드 인지도	쇼핑몰을 알리는 데 집중되는 광고 캠페인. 충분한 예산으로 브랜드 인지도를 높이려는 경우
	도달	한 사람에게 노출하는 것에 집중한 캠페인. 단순히 노출량만 확보하는 노출 캠페인과 달리 같은 광고를 계속 보여주는 형식을 취하지 않음
관심 유도	트래픽	사이트(홈페이지, 쇼핑몰 등)에 방문자들이 많이 들어오게 하는 캠페인(클릭을 통한 방문)
	참여	특정 게시물에 '좋아요', 댓글, '공유하기' 등 고객들의 상호작용을 유도하는 캠페인
	앱 설치	애플리케이션 설치를 유도하는 캠페인
	동영상 조회	동영상을 볼 가능성이 있는 사람들에게 광고 등을 노출하는 캠페인
	잠재고객 확보	고객의 이메일 주소, 전화번호 등 리드 정보를 확보하는 캠페인으로 B2B 마케팅에서 주로 활용
	메시지	메신저 광고를 진행하는 캠페인
전환	전환	픽셀을 기반으로 광고를 본 사용자들을 특정 행동(장바구니 담기, 구매)으로 전환시키기 위한 캠페인
	카탈로그 판매	온라인 쇼핑몰 등에서 판매하는 제품 기반의 슬라이드 광고를 진행할 때 사용하는 캠페인
	매장 유입	오프라인 이벤트를 활성화시키고 싶을 때 사용하는 캠페인

비교하는 정도의 관심은 그보다는 적다. 그리고 그중 실제 구매로 연결되는 정도의 관심은 많지 않다.

메타 광고관리자에서는 페이스북, 인스타그램, 메신저, 오디언스 네트워크(Audience Network)에 광고 게재가 가능하다. 온라인 쇼핑몰만을 위한 게 아니라 오프라인 매장 방문, B2B를 위한 리드 정보(이메일, 전화번호 등) 확보 등 다양한 목적의 광고를 집행할 수 있다. 따라서 온라인 쇼핑몰에 맞는 캠페인을 취사선택하면 된다.

광고관리자 캠페인 중 온라인 쇼핑몰에서 주로 활용하는 광고는 참여, 동영상 조회, 트래픽, 전환, 카탈로그 판매다. 위 표에서도 알 수 있듯 '참여'는 '좋아요'나 '댓글', '공유하기'처럼 게시물에 참여할 가능성이 큰 사람들에게 노출되는 광고다. 게시물에 참여(좋아요, 댓글, 공유하기)를 유도하고 싶을 때 사용된다.

'동영상 조회'는 페이스북이 주시하는 상품으로 비즈니스의 동영상을 시청할 가능성이 큰 사용자에게 동영상을 공유하는 광고다. 특정 동영상의 조회수를 올리려 할 때 사용된다.

'트래픽'은 사이트(홈페이지, 쇼핑몰 등)의 랜딩페이지로 이동하도록 유도하는 광고다. 사이트 방문자를 높이거나 네이버 스마트스토어 같은 특정 구매 페이지로 유입시키고자 할 때 사용된다. 트래픽 캠페인에서는 픽셀 설정과 상관없이 원하는 URL로 광고 집행이 가능하다.

'전환'은 사람들이 사이트에 방문해 장바구니에 담기, 회원가입 또는 구매 등의 특정 행동을 유도할 때 사용된다. 전환 광고를 쓰려면 페이스북에서 제공하는 '픽셀'이라는 스크립트 코드가 사이트에 설치되어 있어야 한다. 앞서 트래픽 광고는 원하는 URL로 방문을 하게 하는 것까지가 목표지만, 전환광고는 장바구니 담기 같은 특정 행동을 완료했는지 측정해야 하므로 픽셀이 설치된 사이트만 가능하다.

카탈로그 판매(DPA)는 온라인 쇼핑몰에서 사용하는 방식으로 여러 개의 상품을 노출해 매출로 연결시키고 싶을 때 사용된다. 전환광고와 마찬가지로 픽셀이 설치되어 있어야 하며 카탈로그를 만들어야 가능하다. 전자상거래 매장 카탈로그의 제품을 표시해 매출을 창출한다.

어떤 이야기를 누구에게 할 것인가?

온라인 마케팅에서 다루는 질문 대부분은 '누구에게', '어떤 이야기를 할 것인가?'로 압축된다. 모두에게 판매할 수 있다는 말은 아무에게도 판매할 수 없다는 말과 같다. 누구에게 판매할지 대상을 정하지 않으면 콘텐츠와 메시지가 두루뭉실해질 가능성이 크다는 뜻이다. 예를 들면, 애플리케이션 개발에 대한 콘텐츠가 육아에 올인 중인 주부에게 노출된다거나, 서울에서 식당을 하는 사람의 블로그가 부산 시민들에게 집중 노출이 된다면, 부산 사람이 서울의 그 식당을 방문할 수도 있겠지만, 목표고객에 대한 설계가 잘못된 것이다. 목표고객을 정확히 분석하고 해당 고객층을 블로그에 유입시킬 수 있는 콘텐츠를 고민해야 한다.

페이스북에서 광고를 집행하기 위해서는 고객을 '페르소나 (persona)'로 구체화해야 한다. 페르소나는 아이템 선정에서부터 온라인 쇼핑몰의 콘셉트 설정, 페이스북의 광고 소재 작성 등 온라인 마케팅 활동 전반에 활용된다. 특정 사용자의 가상 버전인 페르소나는 이름, 나이, 장소, 사진, 동기부여, 불만사항, 목적 등에 관해 실제 정보를 담아야 한다. 고객의 관심사는 무엇인지, 어떤 사이트를 자주 방문하는지, 문제가 있다면 무엇인지 등이 구체적으로 파악되어야 한다. 페르소나는 잘못된 가정과 편견을 버리고 목표를 효율적으로 축소시키는 데 도움을 준다.

탈모 샴푸와 두피케어 시스템을 제안하는 기업을 예로 들어보자. 해당 기업은 자체적으로 개발한 소재와 생물전환 기술을 이용해 두피케어용 세럼과 마사지 기기를 개발했다. 두피 건강과 관련해 20여만 건의 빅데이터를 보유하고 있었고, 이를 분석해 두피 건강과 향균력이 뛰어난 제형을 만들어 제품화까지 성공했다. 외부환경적 요인으로 중·장년층 남성의 전유물로 여겨지던 탈모 고민이 최근 스트레스와 미세먼지, 다이어트 등으로 인한 후천적 탈모로 확산되고 있다. 여성 역시 대상에서 예외는 아니며 '탈모는 예방이 중요하다'는 인식이 확산되면서 시장 규모도 확대되는 중이다. 탈모 완화 제품이 의약외품에서 기능성 화장품으로 전환된 이후 '탈모 케어' 전문브랜드의 성장세에 자극받은 대기업과 제약업체, 헬스케어 업체들이 잇따라 탈모 케어 시장에 뛰어들고

광고 메시지 작성을 위한 페르소나 도출

프로필 정보	• 이름 : 이소정 • 나이 : 32세 (미혼) • 직업 : 중소기업 인사 담당 • 소득수준 : 4천만 원 전후
구매경로	• 물건을 구매할 때 인스타그램이나 블로그를 찾아 검색 후 구매하는 편임 • 네이버 검색을 통해 정보를 취득하는 경우가 많음 • 실용성을 중시함
관심사 및 고객의 문제	• 예전에는 탈모에 관심이 없었음 • 스트레스를 많이 받으면서 정수리와 앞머리 쪽에 탈모가 온 건 아닌지 신경이 쓰임 • 평소 뷰티 관련 기사와 광고를 눈여겨보는데 최근 탈모 기사까지 검색하게 됨 • 피부관리와 화장품에 대한 관심은 기본
원하는 결과	• 탈모 샴푸가 많이 나오는데 효과가 있는지 궁금 • 효과가 좋다면 가격이 비싸도 실 의향이 있음 • 검증 안 된 제품은 시험 삼아 사보기도 싫음 • 무조건 좋다고 광고하는 제품에는 관심 없음 • 광고 아닌 리얼 후기로 좋은 제품을 써보고 싶음

있다. 이러한 현실을 종합적으로 고려해 기업은 다음과 같은 페르소나를 설정했다.

페르소나는 기업의 필요에 의해 1차적으로 가설을 정하는 행위이나 인터뷰와 관찰을 통해 가설을 검증해야 한다. '이런 것을 좋아하지 않을까요?'가 아니라 '이런 것이 꼭 필요합니다'를 확인해야 한다. 이를 위해서는 미래가 아닌 '지금'에 주목해야 한다. "이런 것이 출시된다면 구매할 의향이 있습니까?"라는 질문보다는

"다음달 10일에 출시되는데 지금 구매하시겠습니까? 20퍼센트 할인해 얼리버드 가격으로 드리겠습니다"라고 말해야 한다. 가격도 마찬가지다. "이 제품이 출시된다면 가격은 얼마가 좋을까요?"라는 질문보다는 "현재 탈모 치료와 개선을 위해 사용하는 비용이 얼마입니까?"라고 질문해야 한다. 미래형의 질문은 예측일 뿐이므로 실제와는 다를 가능성이 크다.

두 번째는 구체적으로 검증해야 한다. "탈모가 어느 정도로 심합니까?"라는 질문보다는 "머리를 감을 때 대략 몇 개 정도의 머리카락이 빠지고 있습니까?"라고 질문해야 한다. 현장감 있는 반응과 고객의 통찰을 끌어내기 위해서는 질문이 구체적이어야 한다.

세 번째는 결과가 아닌 과정에 집중해야 한다. 과정이 파악되면 문제의 원인을 짐작할 수 있다. 샴푸는 어떤 순서로 진행하는지, 머리를 감은 후 어떻게 말리고 관리하는지 등을 알아야 한다.

네 번째는 제조사가 제시하는 '솔루션'보다는 고객의 '문제'에 집중해야 한다. 상품이 얼마나 좋은지 아무리 말해봤자 고객이 공감하지 않는다면 아무 소용이 없다.

다섯 번째는 말뿐 아니라 비언어적 표현에도 주목해야 한다. 인터뷰를 하다 보면 상대방이 우리가 예상했던 페르소나나 목표고객이 아님을 알게 될 때가 있다. 문제를 충분히 의식하고 있지 않거나 대안조차 생각해본 적 없는 고객이 그럴듯하게 대답한 인터뷰로는 충분한 통찰을 얻어내기 어렵다. 마케팅 활동이 혼선에 빠지지 않기 위해서는 인터뷰 대상의 대답을 분석해 마음속 깊은 곳에 내재한 그의 바람까지 읽어낼 수 있어야 한다. 그러려면 말과는 다른 표정, 형식적인 인터뷰, 부정적인 몸짓 등 비언어적인 면까지도 고려해야 한다.

페르소나를 바탕으로 한 목표고객

'이소정, 32세, 여성, 미혼, 스트레스 등으로 정수리 탈모 증상 고민 중'과 같이 특정 페르소나를 설정했다면 이와 비슷한 문제를 가진 사람들을 타기팅할 수 있다. 구글과 애플(아이폰)이 개인정보 보호를 강화하면서 쿠키정보 활용에 제한이 생기긴 했으나 페이스북(인스타그램)은 여전히 관심사를 기반으로 한 타기팅에 효과적이다.

페이스북 로그인 정보를 기반으로는 나이와 성별, 학력, 직장 등 인구 통계를 기준으로 타기팅할 수 있고, IP 주소와 위치 서비스 기반으로는 국가나 도, 시 등 행정구역상의 주요 위치에 있는 고객 타기팅이 가능하다. 그리고 타임라인에 공유한 관심사, 클릭하는 광고, '좋아요'가 있는 페이지를 바탕으로도 타기팅이 가능하다.

사이트(홈페이지와 온라인 쇼핑몰)에 픽셀을 설정해 놓으면 방문자 정보도 '맞춤 타깃'으로 수집할 수 있다. 예를 들면, 최근 30일간 온라인 쇼핑몰에 방문한 사람이 대상이 될 수도 있고, 제품 소개 같은 특정 페이지에 머무른 사람들이 맞춤 타깃이 될 수도 있다.

키워드광고로 유입된 사람 중 구매를 하지 않고 이탈한 사람들을 맞춤 타깃으로 설정해 그들에게 다시 광고를 보여주는 것도 가능하다. 이것을 '리타기팅(retargeting)'이라 하는데, 자사 브랜드에 실제로 관심을 보였던 사람을 대상으로, 콘텐츠와 메시지로 다시 한 번 광고를 진행하는 것이다.

리마케팅은 페이스북 플랫폼 안에서 특정 행동을 했던 유저를 대상으로 진행한다. 이때의 유저란 집행했던 이미지 광고나 영상 광고를 한 번이라도 클릭했거나 재생 버튼을 눌렀던, 광고에 관심을 보인 사람들이다. 그리고 이들을 바탕으로 '유사 타깃'으로까지 확대해 활용한다. 이렇게 맞춤 타깃 집단의 모수가 커질수록 신규 유입보다 광고의 효과가 좋다.

퍼널 단계별 콘텐츠와 메시지 설계

페이스북 광고는 퍼널(Funnel)과 연관 지어 접근해야 한다. 처음 본 사람에게 무작정 물건을 팔려고 하지 않는 것처럼 먼저 서로 신뢰를 쌓는 시간이 필요하다. 그후 브랜드와 상품에 관심을 보이는 사람들에게 스토리와 상세설명을 제공해 구매로 연결시키는데 'Top of Funnel'에서는 브랜드 인지를, 'Middle of Funnel'에서는 상세설명이나 스토리텔링을, 'Bottom of Funnel'에서는 구체적인 행동을 촉구하는 것이 '퍼널 전략(Funnel Strategy)' 개념이다.

탈모샴푸와 탈모 관리 시스템 판매기업의 퍼널 단계별 콘텐츠와 메시지 방향성을 계획한 다음 사례를 보자.

Top of Funnel 단계에서는 탈모 관련 다양한 정보를 찾는 사람들에게 해당 서비스를 인지시킨다. 처음부터 구매를 촉구하기보다는 관심을 먼저 끌어야 한다. "세상에 머리가 나게 해주는 샴푸는 없습니다", "탈모는 한 가지 요인으로는 해결할 수 없습니다"와 같이 정보성 콘텐츠로 고객을 만나는 게 Top 단계의 역할이다.

Middle과 Bottom 단계에서는 서비스의 구체적인 특징을 소개한다. "두피 건강과 관련된 천연물 소재 빅데이터 20만 건을 분석해 가장 효과적인 성분들의 조합과 함량비를 찾아냈습니다", "식

퍼널 단계별 콘텐츠와 메시지의 방향성

퍼널 단계	주요 목표	콘텐츠와 메시지 내용
Top of Funnel	브랜드 인지	• 세상에 머리가 나게 해주는 샴푸는 없습니다 • 탈모는 한 가지 요인으로는 해결할 수 없습니다 • 탈모! 이제는 과학적으로 접근해야 합니다 • 근본적인 질문! 모발과 두피에 좋은 것은 무엇일까요?
Middle of Funnel	상세설명과 스토리 제공	• 지난 20여 년 동안 모발과 두피 건강에 대한 천연물과 효과를 수집해 연구 분석했습니다 • 두피 건강과 관련된 천연물 소재 빅데이터 20만 건을 분석. 가장 효과적인 성분들의 조합과 함량비를 찾아냈습니다
Bottom of Funne	행동촉구 CTA(Call To Action)	• 건강한 모발과 두피를 위한 3단계 케어시스템 • 식물유래 성분의 순한 약산성 케모마일 샴푸로 한 번! 천연소재를 함유한 헤어세럼으로 한 번!! 두피 마사지로 한 번 더!!

물유래 성분의 순한 약산성 케모마일 샴푸로 한 번! 천연소재를 함유한 헤어세럼으로 한 번!! 두피 마사지로 한 번 더!!!"처럼 제품의 주요 특징을 세부적으로 제시한다.

이렇게 퍼널 단계별 콘텐츠와 메시지의 방향성이 결정되었다면 이를 이미지, 동영상, 카드 뉴스 등의 콘텐츠로 제작해 광고를 집행하면 된다.

팔리는 메시지를 만들어라

페이스북에서 제공하는 광고관리자는 하나의 툴일 뿐이다. 목표로 하는 고객을 다양한 방식으로 타기팅해 줌으로써 목표한 바를 달성할 수 있도록 돕지만 성과는 책임지지 않는다. 결국, 광고의 성과는 온라인 쇼핑몰 광고주의 역량에 따라 달라질 수밖에 없다.

오른쪽은 광고에 적합한 크리에이티브 접근방식을 결정할 때 온라인 쇼핑몰이 고려해야 할 요인이다. 핵심은 광고 소재에 대한 이 같은 가이드 라인을 바탕으로 한 고객 설득이다. 기능은 기능일 뿐이다. 광고관리자 기능을 잘 다룬다고 해서 구매로 이어지는 않는다. 소비자를 이해하고 구매로까지 이끄는 힘이 필요하다.

그럼에도 사람마다 가치 기준이 다르다. 필요한 것을 살 때 모두가 가격, 성능, 유용성만을 따져 구매하는 건 아니다. 지불할 돈은 있는지, 이 제품을 사는 게 지금 나에게 얼마나 중요한지, 얼마

콘텐츠 및 광고 소재 가이드 라인

각각의 노출 위치에 권장되는 화면 비율 사용	• 페이스북, 인스타그램, 메신저, 오디언스 네트워크 등 각 노출 위치별로 화면 비율을 다르게 사용해야 함. 예를 들어, 페이스북 뉴스피드에서는 1:1 비율을 사용하고, 인스타그램 스토리에서는 9:16 비율을 사용할 수 있음. 광고관리자의 '자산 맞춤화 기능'을 사용해 동일한 이미지를 여러 노출 위치 및 비율로 사용할 수 있음
고해상도 이미지 사용	최소 픽셀 크기 요구사항을 확인하고 가능한 최고 해상도의 이미지를 사용해 광고가 흐리거나 모자이크처럼 표시되지 않도록 해야 함
제품, 서비스, 브랜드 제시	사람들은 페이스북이나 인스타그램에서 스크롤을 빠르게 내림. 판매제품, 브랜드 또는 로고를 표시해 메시지를 효율적으로 전달
이미지 내에 너무 많은 텍스트를 넣지 말 것	• 광고 이미지에 포함될 수 있는 텍스트의 분량에는 제한이 없지만, 페이스북은 텍스트의 비율이 20% 미만인 이미지의 성과가 좋다고 안내하고 있음 • 이미지 텍스트는 광고 이미지나 크리에이티브에 포함된 텍스트임. 광고의 본문 텍스트 등 이미지 외부에 있는 텍스트는 이미지 텍스트가 아님
메시지에 초점을 맞출 것	이미지의 가장 중요한 부분 주위를 정확하게 잘라 타깃의 관심을 사로잡을 것. 하나의 광고에 여러 이미지를 표시하려면 슬라이드 형식이 좋음
광고를 미리 확인할 것	컴퓨터와 휴대폰에서 '광고관리자 미리보기'를 사용해 타깃의 입장에서 광고를 확인해 볼 것. 광고를 만드는 단계에서는 언제든 광고를 미리 볼 수 있음

나 자주 구매하는지, 얼마나 긴급한지, 나와 어울리는지 등의 기준에 따라 구매하기도 하고 미루기도 한다. 또한, 꼭 필요할 때만 구매하지도 않는다. 사용하던 제품이 지겹거나 낡아서 새것을 구매하기도 하고, 보너스를 받았기 때문에 구매하기도 한다. 게다가 결혼하고, 아이가 생기고, 아이가 자라는 등 생활의 변화에 따라

구매하기도 한다.

그렇다면 어떻게 해야 사람들이 사고 싶게 만들 수 있을까? 판매하는 제품이 무엇인가에 따라 달라진다. 노트북처럼 오래 사용하는 고가의 제품이라면 제품의 정확한 스펙을 알려주는 게 좋으며, 명품처럼 개인의 만족과 관련된 제품이라면 예술작품 혹은 화려한 이미지로 고객과 브랜드를 일치시키는 게 좋다. 일상용품과 식품처럼 비교적 저가에 꼭 필요해 구매하는 제품은 명확한 장점을 이야기하는 게 좋으며 콜라, 껌, 음료처럼 가볍게 자주 구매하는 건 가격을 저렴하게 하는 게 좋다.

이처럼 다양한 제품의 다양한 구매과정 속에서 기업이 소비자를 정확하게 파악하고 구분해 바로 구매로 연결시키는 건 쉽지 않은 일이다. 그러므로 '고객은 왜 우리의 상품을 구매하는가?', '구매 전, 구매하는 동안, 구매 후 그의 마음속에는 어떤 변화가 일어나는가?', '구매에 영향을 미치는 보이지 않는 요소는 무엇인가?' 등에 대해 더 고민하고 연구해야 한다. 고객의 마음과 행동을 더 잘 알고 이해해야 소비자의 욕구와 기대에 가장 가까운 제품과 서비스를 제공할 수 있기 때문이다. 그리고 이런 소비자행동을 분석하려면 어떤 요인들이 영향을 미치는지 알아야 한다. 소비자행동에 영향을 미치는 심리적·개인적 요인으로는 태도, 동기, 욕구, 가치, 자아, 개성, 라이프 스타일, 인구통계적 특성 등이 있다. 사회적·문화적 요인은 준거집단, 가족, 문화, 사회계층 등이다.

예를 들어, 새 노트북을 구입하려는 사람을 보자. 지금까지는 삼성 제품을 사용해 왔으나 이번에는 애플 맥북을 구입하고 싶다. 애플 맥북으로 바꿔 구입하는 데는 평소의 라이프 스타일이나 애플 제품 사용 경험 같은 내적 요인이 영향을 미친다. 가족과 친구, 직장동료처럼 자주 만나는 사람이나 그가 속한 계층과 문화 등의 외적 요인도 영향을 미친다. 애플 맥북을 살 여유가 있는지, 세일 행사 기간인지, 판매 담당자가 얼마나 적극적인지 같은 상황적 요인도 있다. 새 노트북 하나를 구입하는 소비자의 행동에는 이렇게 수많은 요인이 영향을 미친다.

사람들은 다양한 문제에 직면하고 이를 해결하면서 일상을 살아간다. 먹고사는 문제, 직업이나 일, 인간관계 등 수많은 문제를 스스로 해결해야 하는데, 삶의 중요한 부분을 차지하는 구매와 소비에서도 마찬가지로 문제를 인식하고 적절한 구매를 통해 문제를 해결한다.

그럼 소비와 관련해 사람들은 문제를 어떻게 인식하게 될까? 바로 자신의 현재 상태와 원하는 상태에 차이를 느낄 때다. 주말에 데이트가 있는데 마땅히 입고 나갈 옷이 없을 때 새 옷을 사야 할 필요성을 인식하는 식이다. 물론, 이 상황이 꼭 옷의 구매로 이어지는 건 아니다. 새 옷을 사려면 돈이 필요한 데다 쇼핑할 시간도 내야 하기 때문이다. 결국, 현재 상태와 원하는 것의 차이를 얼마나 크게 인식하느냐에 따라 결과는 달라진다. 즉, 새 옷을 사는 데 필요한 돈, 시간, 수고 등을 모두 지불하고라도 구매해야 한다는 판단이 있어야 실질적인 구매로 이어진다는 뜻으로, 문제 인식이 소비자 구매의사 결정과정의 출발점이다.

페이스북 광고가 구매로 이어지기 위해서는 고객의 관점에서 기대가 충족되어야 한다. 예를 들어, 노트북을 구매하려는 고객이 가장 크게 고려하는 건 무엇일까? 브랜드, A/S, 가격, 디자인, 성능, 저장용량 등 여러 가지 요인이 있을 수 있다. 거기에 더해 애플의 맥북처럼 가지고 다니면 자신이 돋보이는 노트북을 찾을 수도 있는데, 고객이 구매를 통해 기대하는 이 같은 이익을 충족시키려면 몇 가지 요소가 선행되어야 한다.

먼저 상품이나 서비스가 가져야 하는 본원적 요소다. 성능, 디자인, 품질 같은 본원적 요소는 기본적이면서도 절대적이다. 음식점은 무조건 맛있어야 하고, 미용실은 고객이 원하는 스타일로 미용 서비스를 제공해야 한다. 본원적 요소는 당연히 제공되어야만 한다.

다음은 고객의 기대다. 고객의 기대는 상품에는 명시되어 있지 않으나 고객이 당연히 품는 요소다. 온라인 꽃집에 꽃바구니나 화환을 주문해 선물을 보낼 경우, 꽃의 본원적 기능은 물론이고 멋지고 예쁜 포장, 시간을 지킨 정확한 배송 등을 기대한다. 이러한 것들은 상품에 기재되어 있지는 않지만 당연한 희망 사항이다. 고객의 기대를 충족시키지 못하면 재구매로 이어지기 어렵다.

세 번째는 부가적인 요소다. 부가적인 요소는 고객이 원하는 것 이상의 제공을 의미한다. 추석이나 설날 선물용으로 주문한 상품에 아주 고급스러운 종이가방을 넣어 따로 포장할 필요가 없게 배려한다든지, 온라인에 식재료를 주문했더니 맛있게 요리할 수 있는 팁을 메모해 넣어 보내는 등 적극적인 자세로 한발 앞서 고객이 생각하는 것 이상의 서비스를 제공한다.

고객을 만족시키려면 이처럼 '우리가 판매하는 상품이나 서비스의 본원적 요소는 무엇인가?', '말이나 글로 표현하지 않았어도 고객이 당연히 기대하는 것은 무엇인가?', '판매하는 상품이나 서비스의 가치를 올리는 방법은 무엇인가?'에 대한 질문에 답할 수 있어야 한다. 그러려면 판매자 스스로 소비자의 입장에 반드시 서 보아야 한다.

05 감성적인 플랫폼, 인스타그램

인스타그램의 인기 콘텐츠는 살펴보면 몇 가지 특징이 있다.

첫 번째는 'MBTI별 공감짤', '혈액형별 특징'처럼 흥미로운 요소로 가볍게 즐길 수 있는 콘텐츠다. 일상에서 쉽게 볼 수 있는, 가볍게 웃으면서 공감할 수 있는 형태로 '공유'와 '공감'을 많이 받는다. 하지만 온라인 쇼핑몰에 필요한, 실제 구매로 연결되는 콘텐츠와는 거리가 있다. 'MBTI별 공감짤'에 공감했다고 상품을 구매하는 건 아니기 때문이다.

두 번째는 저장해놓고 싶은 콘텐츠다. '퇴근 시간을 앞당기는 엑셀 단축키 모음', '클릭을 부르는 카피 문구 모음', '강원도를 즐기는 드라이브 베스트 7' 같은 콘텐츠는 저장했다가 다음에 활용하고 싶다는 생각이 들게 만든다. 반면, 이와 같은 정보성 콘텐츠 또한 온라인 쇼핑몰과 밀접한 연계성을 찾기는 어렵다.

세 번째는 저절로 '좋아요'를 부르는 자극적인 콘텐츠다. 바디럽에서 판매한 마약베개는 베개 사이에 날달걀을 넣고 밟는 동영상을 보다가 달걀이 깨지지 않은 게 확인될 때쯤이면 나도 모르게 구매 버튼을 누르게 된다. 최근 '미디어 커머스'를 표방하는 기업들이 이렇게 '좋아요'를 부르는 자극적인 콘텐츠로 고객을 유인하는 경우가 많다. 그러나 높은 자극은 제품에 대한 기대치를 높여 실제적인 성능이 뒷받침되지 않으면 고객의 불만이 커진다는 점에 유의해야 한다.

'영어공부'같이 교육 관련 상품을 판매하는 쇼핑몰이라면 정보성 콘텐츠가 적합할 것이고, 3만 원 이내 가격의 생활에 유용한 상품이라면 '좋아요'를 누를 수 있는 자극적인 콘텐츠가 적합할 것이다. 또 가볍게 즐길 수 있는 콘텐츠는 팔로워하는 사람들과 한 번 웃을 수 있는 정도가 적합하다. 브랜딩 관점에서 통제된 커뮤니케이션도 필요하지만, 딱딱하지 않게 이야기를 나누고 공감할 수 있는 공간도 필요하다.

온라인 쇼핑몰에서 운영하는 인스타그램 계정에는 이렇게 '좋아요'를 누르는 공감 콘텐츠, 저장해놓고 다시 보고 싶은 정보성 콘텐츠, 상품에 대한 콘텐츠가 적절히 섞여 운영되어야 효과적이다.

인스타그램 운영전략

인스타그램은 계획구매와 충동구매가 동시에 존재하는 채널이

다. 인스타그램에 노출되는 광고는 거부감이 적은 데다 정보를 얻
게 되면 다른 채널로 이탈하지 않고 해시태그로 추가적인 정보를
탐색한다. 이때의 광고는 충동구매에 해당하고 해시태그 검색은
계획구매에 해당한다. 따라서 인스타그램에서는 그 자체로 하나
의 브랜드처럼 행동해야 하는데, 그러려면 인스타그램 운영 시 몇
가지 사항에 있어 가이드 라인이 필요하다.

첫 번째는 색상, 글꼴, 사진, 영상, 업로드 스타일 등이 포함된
무드보드(moodboard) 가이드 라인이다. 온라인 쇼핑몰의 아이텐티
티라고 할 수 있는 무드보드가 사전에 정의되어 있으면 하나의 브
랜드처럼 일관된 커뮤니케이션이 가능하다.

내부적으로 디자인 방향성을 만들어내는 브랜딩에 있어 기본
툴인 무드보드는 인스타그램 운영의 나침반에 해당한다. 무드보
드가 사전에 구성되어 있으면 디자인 또는 메시지 전달 실패 등을
미리 점검할 수 있다. 물론, 앞으로 계속 운영해 나갈 것이므로 완
성된 모습보다는 다른 브랜드와 유사한 사진 등을 차용해 구성하
면 된다.

무드보드는 '꼭 이렇게 해야 한다'는 강제적 사항이 아니다. 전
체적인 느낌을 얘기하는 '톤 앤 매너(tone & manner)'의 성격이다.
사전적 의미로 톤은 어조, 말투, (글 등의) 분위기, 음색 등을 말하
며 매너는 (일의) 방식이나 (사람의) 태도, (특정사회의) 예의 등을 의
미한다. 그리고 이 두 단어를 합친 '톤 앤 매너', 즉 색감이나 색상

무드보드 작성의 예

Concept	Color				
작성방법 : 기업 및 브랜드 철학과 연계한 콘셉트를 정의 예 : 건강한 아름다움 추구, 녹색 계열 색상을 강조한 싱그러움, 밝고 투명한 톤을 일관되게 적용해 깨끗하고 순수한 이미지 심어줌	#main #000000	#sub #000000	#sub #000000	#bg #000000	#bg #000000

이미지(사진)/영상 Style	포스팅 스타일	폰트	해시태그
• 인스타그램은 9개의 이미지가 하나의 그리드로 보임. 9개 이미지를 하나의 덩어리, 한 페이지로 생각하고 디자인하면 브랜딩에 효과적임 • 예 : 인물은 정중앙 배치, 패션은 풀샷, 뷰티는 클로즈업 샷	• 톤 앤 매너 : • 운영자 캐릭터 : • 이모티콘 : • 기타		• 도달 해시태그 : • 검색 해시태그 : • 이벤트 해시태그 : • 브랜드 해시태그 :

무드보드 작성 가이드

의 분위기, 방향, 표현법 등의 콘셉트는 하나가 되어야 한다. '톤 앤 매너'가 잘 적용된, 일관된 '톤 앤 매너'를 전달하는 인스타그 램에서는 무의식적으로 브랜드가 떠오르므로 소비자에게 더욱 명 확한 메시지를 각인시킬 수 있다.

두 번째는 콘텐츠 제작 가이드 라인이다.

가이드 라인은 마케터의 창의성을 제한하는 게 아니라 콘텐츠

인스타그램 광고용 콘텐츠 제작 가이드

모바일 환경 고려하기	이미지를 모바일 기기에서 보고 주요 피사체가 명확하게 나타나는지, 모든 텍스트가 선명하게 보이는지 확인
단순한 이미지 사용하기	많은 소품이나 복잡한 무대보다는 단순한 이미지 사용을 권장
삼등분의 법칙 적용하기	피사체를 중심에 두지 말 것. 대상을 이미지의 측면이나 위쪽 또는 아래쪽에 배치. 예외적으로 얼굴은 프레임 어 디에 있어도 괜찮으며, 일반적으로 크게 보일수록 좋음
여러 각도에서 촬영, 대상 이 프레임을 벗어나지 않 게 주의하기	다양한 크기의 요소를 조합해보고 여러 각도에서 촬영하 면서 대비 효과를 만들면 효과적
사람들의 흥미를 끄는 레 이아웃 사용하기	사람들의 눈길을 끌 수 있도록 여러 대상을 깔끔하게 배 치하고 위에서 사진을 촬영하는 것도 좋은 방법
중심 요소와 다양한 텍스 처 추가하기	이미지에 피사체가 명확하게 나타나도록 조정하고 다양 한 텍스처를 사용하면서 대비 효과를 활용, 흥미를 이끔
조명과 그림자 활용해 선 명한 대비 효과 연출하기	밝은 빛과 어두운 그림자는 이미지에 명확한 대비 효과 를 만들어냄. 이를 잘 활용하면 사람들의 시선을 사로잡 을 수 있음
매력적인 색상 조합 사용 하기	색상환을 늘 옆에 두고 어떤 색상의 조합이 멋진지 고민 하며 시선을 끌 수 있는 조합을 만들 것

의 효과를 극대화하는 체크리스트 성격을 띤다. 스마트폰 중심의 서비스인 인스타그램에서는 모바일 환경을 고려하지 않은 이미지나 작은 텍스트, 하나의 이미지로 너무 많은 메시지를 전달하려는 시도 등은 바람직하지 않다.

콘텐츠 캘린더 작성 프로세스

순서	콘텐츠 계획	세부내용
1	확보 가능한 콘텐츠 파악	• 기업의 성향 및 서비스 & 제품, 콘셉트, 브랜드 중심으로 확보할 수 있는 콘텐츠 파악. • 매일 온라인 쇼핑몰에서 일어나는 일들, 고객 클레임, 물건 사입과정, 포장과 배송과정, 직원의 애환 등.
2	콘텐츠 확보 경로 파악	• 쇼핑몰 구매후기, 블로그 사용자 리뷰, 인스타그램 해시태그, 배포한 보도자료, 유튜브 리뷰 등 콘텐츠를 어떻게 확보할 것인가? • 화이트데이, 밸런타인데이, 크리스마스 등의 이벤트.
3	분기별, 월별 콘텐츠 방향 설정	• 신년, 졸업식, 입학식, 어린이날, 여름휴가, 여행, 추석 등 라이프 스타일에 맞춘 콘텐츠. • 화이트데이, 밸런타인데이, 크리스마스, 남자친구 선물 등 이벤트 콘텐츠. • 텍스트 중심의 블로그, 영상 중심의 유튜브, 이미지 중심의 인스타그램, 카드뉴스 중심의 페이스북 등 매체별 콘텐츠 방향성 설정
4	주간별, 일별 콘텐츠 제공과 운영계획	• 월요일은 판매물품을 구매하는 과정, 화요일은 고객 클레임 대처과정, 수요일은 고객 스토리와 오후 시간대에 이벤트 진행처럼 구체적인 콘텐츠 계획 • 인스타그램 주 3회 업로드, 해시태그 검색을 통한 잠재고객 30명 팔로워, 매일 2회 댓글 확인 및 대댓글 남기기처럼 매체별 운영계획
5	성과 측정	• 로그분석 등을 기반으로 한 수치화된 측정 • 방문자, 체류시간, 페이지뷰, 구매전환 등 성과측정

세 번째는 콘텐츠 캘린더 작성하기 가이드 라인이다. 마치 라디오 프로그램처럼 월별, 주간별, 일별 콘텐츠 등 발행주기와 주요 내용을 사전에 결정한다. 이를 위해서는 온라인 쇼핑몰에서 확보 가능한 콘텐츠가 먼저 파악되어야 한다. 기업마다 각각 추구하는 방향성이 있고, 매일매일 온라인 쇼핑몰을 중심으로 일어나는 일이 있을 것이다. 기업의 목표, 사회적 책임, 상품 제작과정, 고객 클레임, 직원이 겪는 애환 등 모두가 콘텐츠가 되는데, 위와 같은 순서로 작성한다.

콘텐츠 캘린더가 있으면 콘텐츠 작성이 한층 쉽고 간편해진다. 주 단위, 요일별로 어떤 것들을 업로드해야 하는지 알게 되므로 관련 내용을 사전에 준비하고 생각해볼 수 있다. 그리고 매년 반복되는 화이트데이, 밸런타인데이, 졸업식, 입학식 같은 이벤트는

12월 콘텐츠 캘린더 작성 예

	일	월	화	수	목	금	토
1주				카페 촬영 제품 이미지	주말 데이트룩 제품 이미지		
2주		오피스룩 제품 이미지	댓글 이벤트 (10명)	크리스마스 스팟 이벤트	일상 콘텐츠	후기	
3주		크리스마스/연말 배송안내	추천제품 이미지	일상 콘텐츠	정보성 콘텐츠 (코디 잘하는 방법)	후기	
4주		실내 촬영 제품 이미지	크리스마스 연관 제품 이미지	겨울 패션 아이템 베스트 5	일상 콘텐츠	후기	
5주	크리스마스	댓글 이벤트 (10명)	야외 촬영 제품 이미지	정보성 콘텐츠 (2023년 패션 트렌드)	온라인 쇼핑몰 인사말(연말 감사 인사)	브랜드 스토리	

시즌 이슈를 미리 반영할 수 있다는 장점도 있다.

네 번째는 해시태그(hash tag) 가이드 라인이다. 콘텐츠에 '#셀스타그램, #얼스타그램, #맛스타그램, #빵스타그램, #멍스타그램' 등의 해시태그를 붙여 공유하면 해시태그로만 분류, 색인이 된다. 페이스북처럼 친구들의 일상을 볼 수도 있지만 해시태그로 나와 관심사가 비슷한 사람들과도 연결된다.

또 해시태그를 활용하면 불특정 다수와도 전방위로 연결된다. 네이버나 다음, 구글 등에서 검색어 중심으로 정보를 찾던 방식에서 해시태그를 통해 개개인의 관심과 취향을 반영한 주제별 검색으로 변화된 것이다. 해시태그를 처음 도입한 곳은 트위터였으나 지금은 페이스북과 유튜브 등 대부분의 소셜미디어에서 사용되며, 그중 가장 많이 사용하는 곳이 인스타그램이다.

인스타그램에서 많이 사용되는 해시태그는 '#photooftheday'(오늘의 사진), '#fashion'(패션), '#food'(음식), '#music'(음악) 등이다. 국내 사용자는 셀카를 올리면서 '#셀스타그램'이라고 해시태그를 붙이고, 자신의 사진을 올리면서 '#얼스타그램'이라고 붙인다. 맛있는 음식을 먹으면서는 '#맛스타그램'을, 강아지를 올릴 때는 '#멍스타그램'이라고 해시태그를 붙인다.

이렇게 쌓인 방대한 콘텐츠는 해시태그(#)를 중심으로 또 다른 사용자들에게 검색된다. 페이스북 타임라인처럼 시간순으로 콘텐츠를 훑어보던 수직적 방식에서 해시태그 검색을 통해 관심 있는 카테고리의 정보로 이동하는 수평적 방식으로 변했다.

해시태그 마케팅의 대표적인 성공사례가 우리나라에 성공적으로 안착한 이케아(IKEA)다. 이케아는 사용자가 사진을 찍어 인스타그램에 사진과 함께 해시태그를 붙이는 이벤트를 진행했는데, 시작 4주 만에 전 제품에 해시태그가 달렸다. 이후 이케아는 인스타그램에 달린 해시태그로 온라인 카탈로그를 만들었다. 가구, 침대, 책상 같은 카테고리 방식으로도 이케아 제품을 찾을 수 있고, 사람들이 붙인 해시태그로도 정보를 찾을 수 있도록 한 것이다. 이렇게 해시태그로 정보를 찾으면 다른 사람들의 반응도 볼 수 있어 구매로 이어질 확률이 높아진다.

해시태그는 이처럼 하나의 문화현상으로 발전 중이며, 기업은 사람들의 관심사를 해시태그로 만들어 놀이공간화하고 있는 지금 그럼 어떤 해시태그를 사용해야 할까?

모든 출발점은 고객에게 있다. 마케팅 커뮤니케이션에서 다루는 문제의 대부분은 '누구에게, 무슨 이야기를 할 것인가?'로 귀결된다. 따라서 목표로 하는 소비자층이 결정되어야 무슨 이야기를 해야 할지 알 수 있다. 이를 위한 방법 중 하나가 '페르소나'라고 앞에서 소개했다. 페르소나를 정의하면 소비자들이 사용하는 해시태그와 기업들이 노출하고 싶은 해시태그가 무엇인지 생각해볼 수 있다.

예를 들어, '서울에 사는 35세 김소영, 여성, 맞벌이, 첫돌이 된 딸을 둔 엄마'라고 페르소나를 정의하면 이 사람의 관심사를 한눈에 찾아볼 수 있다. 그녀가 인스타그램에 콘텐츠를 올린다면 첫돌을 맞은 딸의 모습일 가능성이 크다. 그리고 '#첫돌, #첫생일, #첫돌맘' 같은 해시태그를 붙일 것이다. 그런데 첫돌과 관련된 정보를 찾는 다른 엄마들이 '#첫돌, #첫생일, #첫돌맘'이라는 해시태그로 검색을 할까? 그보다는 '#첫돌답례품, #셀프돌잔치' 같은 키워드로 검색할 가능성이 크다. 이처럼 고객을 페르소나로 정의하면 어떠한 이유에서 인스타그램을 하는지, 어떤 콘텐츠를 공유하는지, 관심사가 무엇인지 등에 대한 분석이 가능하다.

해시태그는 브랜드 해시태그(#나이키 등), 연계 해시태그(#먹스타그램 등), 인기 해시태그(#맞팔 등), 타깃 해시태그(#여행에미치다 등), 캠페인 해시태그(#채워바나나 등) 등이 있다. 여기서 구분할 것은 '사용 해시태그'와 '검색 해시태그'다.

사용 해시태그는 인스타그램에 콘텐츠를 올리는 사람이 사용하는 태그다. 라면을 끓여 먹으면서 '#라면스타그램'이라는 해시태그를 다는 게 그 예다. 사용 해시태그는 상황을 설명하는 용도일 때가 많으므로 직접적인 매출로 연결되지는 않으나 널리 확산된다. 그래서 '도달 해시태그'라고도 한다.

반면, 검색 해시태그는 정보를 찾는 사람들이 사용하는 태그다. 라면을 막 끓이려는 사람이 '#라면스타그램'이라는 해시태그로 검색하지는 않는다. 검색 관점에서 보면 '#라면레시피', '#라면끓이는법' 등으로 검색할 가능성이 크다. 이런 검색 해시태그는 직접적인 매출로 연결될 수 있다. 그러므로 사전에 충분한 '소비자 키워드조사'가 필요하다. 검색 해시태그 안에는 브랜드 해시태그

도 포함된다

또 하나, 캠페인 해시태그는 기업의 브랜딩 측면에서 사용된다. 빙그레는 바나나맛우유를 이용한 '#채워바나나' 캠페인 마케팅을 진행했다. 기존의 '바나나맛우유' 제품명을 없애고 바나나우유에 'ㅏ ㅏ ㅏ맛우유'로 프린팅해 소비자들의 이야깃거리를 담아내는 마케팅을 선보였다. 사람들은 바나나우유에 프린팅된 'ㅏ ㅏ ㅏ맛우유'라는 글자에 '아자자맛우유', '사랑해맛우유' 등 매직으로 자신만의 개성 있는 문장을 만들어 인스타그램에 공유했다. 이때 빙그레에서 지정한 캠페인 해시태그가 '#채워바나나'다. '#채워바나나'라는 해시태그와 함께 인스타그램에 감정, 상황, 스토리를 녹여낸 게시물을 업로드하게 한 것이다. 그리고 이벤트 당첨자에게는 광고 모델이 될 수 있는 기회를 제공하기도 했는데, 이 이벤트는 각종 SNS는 물론 유명 커뮤니티 사이트에도 널리 퍼져 화제가 되었다.

그렇다면 이제 나만의 해시태그를 찾아보자.

해시태그는 기업에서 운영하는 다양한 소셜미디어에 공통적으로 사용된다. 그러므로 즉흥적인 키워드로 해시태그를 만들기보다는 가능한 한 일관성을 유지하고 지속성을 보여야 브랜드 자산이 형성된다.

소셜미디어 채널에 따라 해시태그를 활용하는 방법에도 차이가 있다. 인스타그램은 처음부터 검색이 잘되도록 만들어져 사람들이 검색을 염두에 두고 해시태그를 붙인다. 네이버 블로그에서

구분	해시태그	비고(예시)
사용 해시태그 (도달 해시태그)	# # # #	#맛스타그램 #라면스타그램
검색 해시태그	# # # #	#강남역맛집 #라면끓이는법
브랜드 해시태그	# # # #	#이니스프리
캠페인 해시태그	# # # #	#채워바나나
기타 해시태그	# # # #	

'검색엔진최적화' 관점에서 태그를 사용했을 때와 비슷하다.

페이스북에서는 인스타그램과는 다르게 해시태그가 사용된다. 해시태그 검색을 통해 노출되려는 의도보다는 흥미의 요소가 다분하다. 이처럼 같은 해시태그지만 매체별로 사용방법에 차이가 있으므로 각별히 유의해야 한다.

06 영상으로 이동한 콘텐츠 소비

블로그와 닮아 있는 유튜브

유튜브 사용자는 전 연령층에 걸쳐 있다. 그러다 보니 유튜브 마케팅을 하지 않는 곳을 찾기 어려울 정도다. 이 말은 한두 개의 아이디어를 가진, 자본이 많지 않은 온라인 쇼핑몰이 주목받기가 갈수록 어려워지고 있음을 뜻한다. 유튜브에 올라오는 96%의 동영상이 조회수 1천 회 미만이라는 점이 이를 증명한다.

유튜브 초기에는 창의성 높은 영상이나 스마트폰으로 가볍게 촬영한 영상 하나로도 관심을 끌 수 있었으나 이제는 어렵게 되었다. 유튜브도 자본시장으로 주도권이 넘어갔다고 보면 된다. 따라서 유튜브 채널을 키우기보다는 특정 유튜브 영상에 광고를 집행해 목표고객에 도달하는 게 더 현명한 방법일 수도 있다. 운동화 리뷰 영상에 운동화 쇼핑몰 광고를 집행하듯 말이다.

유튜브 마케팅에서 고민해야 할 첫 번째는 콘셉트다. 20대 후반 여성을 타깃으로 스킨케어 화장품을 제조, 판매하는 기업이 있다고 가정해보자. 과연 어떤 콘셉트와 스토리로 고객에게 다가가야 할까? 직접적인 화장품 광고영상보다는 피부 관리법이나 최근 유행하는 화장법을 소개하는 게 더 효과적일 것이다. 그런데 기업이 자신들이 만든 화장품을 판매하기 위해 접근한다면 장점을 중심으로 한 광고성 콘텐츠를, 잠재고객 확보를 위해 접근한다면 다양한 정보성 콘텐츠를 만들 가능성이 크다.

유튜브에서는 또 영상을 시청하는 주 연령대를 정해야 한다. 같은 내용이라도 20대가 공감하는 포인트가 다르고 40대가 공감하는 포인트가 다르다. 남성과 여성이 다르고, 직업이나 어떤 일을 하고 있느냐에 따라 또 다르다. 시간과 돈을 효율적으로 투입하려면 잡아야 할 고객과 포기해야 할 고객이 누군지 정확히 선별할 줄 알아야 한다. 소비자는 냉정하다. 가치 없는 콘텐츠에 자신의 시간과 돈을 투자할 만큼 한가한 사람은 없다. 자신에게 도움이 되는 콘텐츠는 검색을 통해 얼마든지 손쉽게 찾아낼 수 있다.

유튜브는 블로그와 닮았다. 페이스북과 인스타그램은 친구를 기다리는 짧은 시간에도, 엘리베이터나 지하철에서 잠깐 이용하기도 하므로 순간의 시선을 붙잡는 게 중요하다. 반면, 특정 사용자가 '검색' 형태로 접근하는 유튜브는 콘텐츠 소비 시간이 페이스북이나 인스타그램보다 길다. 콘텐츠를 스토리 중심으로 풀어 가야 한다는 얘기다. 짧은 시간에 사람들의 관심을 끌려면 영상 초반을 〈TV 동물농장〉처럼 구성할 필요가 있다. 〈TV 동물농장〉 을 보면 대부분 반려동물과 주인의 갈등 장면으로 이야기가 시작 된다. 시청자는 첫 장면의 긴장감에 자신도 모르게 빠져든다. 유 튜브에는 이처럼 갈등이 고조되는 장면을 먼저 보여주고 나서 기 승전결 형태로 진행되는 영상 콘텐츠가 많다.

유튜브를 시청하는 사람들은 기본적으로 재미있거나 유용한 정 보를 선호한다. 판매자들이 유튜브에 콘텐츠를 올리는 건 소비자 들의 주목과 관심을 받기 위해서인데, 재미도 없는 데다 내용도 별로라면 주목받기 어렵다. 예를 들어, 꽃을 판매하는 쇼핑몰이라 면 각각의 꽃이나 나무에 따르는 급수 시기와 횟수 등 사람들이 가장 궁금해하고 알고 싶어 하는 꽃과 관련된 다양한 정보를 담아 야 한다. 꽃집에서 꽃을 살 때 종종 벌어지는, 가볍게 물어보는 형 식과 답변 형태도 좋다. 알찬 정보에 유머까지 포함되면 더할 나 위 없다. 화질과 음성 또한 불편하지 않도록 외부 소음은 차단해 야 할 뿐만 아니라 선명하고 안정적이어야 한다.

유튜브 5단계 활용방법

유튜브를 활용한 마케팅은 매력적인 콘텐츠 개발, 유튜브 특성 을 고려한 단계별 진행, 영향력 있는 사람의 활용, 광고, 성과 측정의 5단계를 거치는 게 좋다.

첫 번째, 고객에게 의미 있는 서비스, 콘텐츠, 경험을 주려면 무조건 많은 사람보다는 목표고객과 지지층에게 노출되는 게 중요하다. 입소문이 나야 한다는 강박관념에서 벗어날 필요가 있다. 대부분의 유튜브 동영상 조회 수가 1천 회를 넘지 못한다는 점을 생각하면 입소문보다는 더 충실한 콘텐츠 만들기에 힘써야 한다. 또 입소문으로 조회 수가 올라가 많은 사람이 동영상을 보게 되더라도 상품 구매로 이어진다는 보장은 없다. 따라서 상품과 관련해 고객에게 하고 싶은 이야기에 초점을 맞추는 게 훨씬 효과적이다. 물론, 동영상 콘텐츠를 제작할 때는 '재미'와 '정보'를 염두에 두고 최소한 그중 하나는 만족시켜야 한다. 재미와 정보는 때가 언제든 사람들이 필요로 하는 변치 않는 중요한 요소이기 때문이다.

화려한 영상이라고 무조건 시선을 끌고 높은 인기로 이어지지는 않는다. 유튜브를 보다 보면 엄청난 조회 수를 기록한 개인의 영상을 마주할 때가 있다. 그것은 유튜브 작업은 그렇게 거창한 게 아님을 반증한다. 자신의 일상을 재미있게 담아보는 시도가 유튜브의 시작으로, 온라인 쇼핑몰에서 판매할 옷을 새벽 동대문시장에서 구입하는 과정도 훌륭한 콘텐츠다.

두 번째는 유튜브 특성을 고려한 업로드의 단계별 진행이다. 유튜브는 정기적인 콘텐츠 업로드가 한 번에 많은 영상을 올리는 것보다 효과가 높다. 그러려면 고객과 소통할 수 있는 스토리텔링

포인트를 이용, 계속 연결되는 콘텐츠 활용전략이 필요하다.

동영상을 업로드할 때는 검색엔진에 노출이 가능하도록 제목, 태그, 설명, 해시태그, 썸네일 등에 신경 써야 한다. 가장 중요한 건 제목이다. 제목은 유튜브 같은 동영상 사이트나 구글 같은 검색엔진에서 검색할 때 가장 먼저 노출되는 부분이다. 공들여 만든 동영상을 잘 표현하면서도 고객의 클릭을 유도하는 신선하고 기발한 제목이어야 한다. 키워드 또한 적절해야 노출 횟수가 증가한다. 채널이 유명해지면 사람들의 추천으로 노출이 확장되지만, 처음 유튜브를 시작할 때는 어떤 키워드를 사용하느냐가 중요한 변수가 될 수 있다.

설명으로는 몇 줄의 글과 참고 사이트 URL 등을 넣는다. 동영상의 주요 내용을 텍스트로 입력하고, 작성한 문구 안에 홈페이지 링크 등을 넣어 잘 활용하면 홈페이지나 쇼핑몰 등으로 유입되는 트래픽을 늘릴 수 있다.

설명을 넣는 과정에서 영상에 꼬리표를 붙이는 작업인 태그도 넣어야 하는데, 예를 들어 스마트폰 관련 동영상을 업로드한다면 '아이폰', '앱스토어', '화이트', '애플 스마트폰', '사진' 등의 태그를 단다.

설명에 넣는 태그와 별도로 동영상 제목, 동영상 제목 위, 동영상 설명에 해시태그를 포함할 수 있다. 해시태그는 특정인이 내 동영상을 찾을 때 검색되는 효과가 있다. 설명문 안에 '#온라인쇼핑몰, #온라인마케팅, #사업계획서작성' 같은 키워드를 넣으면 동영상 제목 상단에 해시태그가 별도로 노출된다.

썸네일은 동영상 재생 버튼을 누르기 전에 표시되는 이미지를 말한다. 유튜브가 지원하는 기본 썸네일은 화질이 떨어져 동영상의 속성을 정확히 표시하지 못할 때가 많다. 따라서 대표 썸네일을 제작해 업로드해야 하며, 유튜브 등 각 채널 특성에 맞추되 통일성이 드러나야 한다.

세 번째는 영상을 올린 후에는 유명하거나 영향력 있는 사람을 활용하는 단계다. 소셜미디어에는 영향력이 막강한 사람들이 꽤 있으며, 다수의 개인보다 그 한 사람의 의견이 더 큰 파급효과를 가져올 때가 많은데, 그들과 친해지려면 보통 친구를 사귈 때와 같은 시간과 과정이 필요하다. 마케팅 활동에 활용하려는 욕심과 조급함은 관계 구축에 전혀 도움이 안 된다. 솔직함과 진정성을 바탕으로 다가가야 하는 건 기본이다.

네 번째는 광고 활용 단계다. 유튜브는 콘텐츠 영역과 광고 영역으로 나뉜다. 아무리 잘 만든 영상이라도 사람들이 봐주지 않으면 의미가 없다. 그러므로 광고의 힘을 빌려서라도 타깃으로 삼은 고객들 눈에 띄도록 노력을 기울여야 한다. 목표고객이 유튜브에서 검색할 때 어떻게 적재적소에 나타나 영상을 보여주느냐가 유튜브 마케팅의 핵심이다. 따라서 페르소나로 설정한 고객군의 관심사, 즐겨보는 채널 등을 미리 파악해 광고를 집행해야 한다.

가장 손쉽게 사용되는 게 '디스커버리 광고'다. 동영상 플레이리스트에 자리를 잡아 영상이 끝난 후 클릭을 유도하는 방식으로 검색결과에도 표시된다. 유튜브 채널 이용자들은 눈치가 빨라 아무리 광고가 아닌 듯 영상을 만들어도 광고임을 알아차린다. 그러니 광고가 아닌 척하기보다는 제대로 된 광고를 만들어 직접 어필하는 것도 좋은 방법이다.

다섯 번째는 이 모든 과정을 마친 후 성과를 측정하는 단계다. 온라인 광고의 장점은 '측정이 가능하다'는 것이다. 유튜브 광고는 '구글 애널리틱스' 및 '구글 애즈'와 연동될 뿐만 아니라 자체적으로도 분석 기능을 제공한다. 모든 광고의 지표와 데이터를 실시간으로 측정함으로써 광고 성과 검증이 가능하다. 유튜브에서는 예상 수입 및 광고실적 보고서를 포함하는 수익보고서와 시청시간, 조회 수, 트래픽 소스, 시청 지속시간 보고서를 포함하는 시청시간 보고서, 구독자 보고서를 포함하는 상호작용 보고서도 제공한다.

07 | SNS 채널 도입 프로세스

   인스타그램의 주 사용자는 누구일까? 한 가정의 살림을 주관하는 주부들은 어디에서 주로 정보를 얻을까? 50대 이상 남성은 어떤 채널에서 이야기를 나눌까? SNS 채널의 사용자는 이렇게 다양하다. 그리고 그만큼 우리가 목표로 하는 고객이 누구인가에 따라 채널 선택이 달라진다.

   뚜렷한 목표의식 없이 무분별하게 유행에 따라 소셜미디어를 운영하는 것은 바람직하지도 효과적이지도 않다. 하지 않는 것보다는 나을지 모르나 채널의 속성을 정확히 이해하고 있지 못하면 콘텐츠와 메시지가 엉뚱한 방향으로 흘러갈 수도 있다. SNS는 일방적으로 만들어놓고 관리하고 통제하는 또 하나의 홍보채널이 아니다.

소셜미디어 도입 시 고려사항

목	세부내용
누구에게 이야기할 것인가?	소셜미디어를 통해 이야기를 전달하고 소통하고 싶은 대상(고객, 관련 기관, 이해 관계자)은 누구인가?
무엇을 이야기할 것인가?	소셜미디어를 통해 어떤 이야기를, 어떤 방식으로 할 것인가?
누가 이야기할 것인가?	쇼핑몰 대표? 직원? 누가 이야기를 이끌어나갈 것인가?
어떻게 이야기할 것인가?	이슈의 종류에 따라 무겁게 혹은 가볍게? 또는 소비자의 반응에 따른 이야기 전개?
블로그 운영 인프라 확인	설치형 블로그(워드프레스 등)를 사용하는 경우 트래픽 초과로 다운되지 않도록 미리 체크

소셜미디어 도입 로드맵

도입 순서	세부내용
목표 정의 및 도입 타당성 분석	• 목표 : 소셜미디어 도입 여부 결정 • 세부활동 : 소셜미디어를 통한 조직의 목표설정, 도입에 따른 장단점 등 타당성 분석 • 예상 이슈 : 뚜렷한 목표의식 없이 무분별하게 도입하면 신뢰는 물론이고 이미지 손상 가능성 및 경제적·인적 손실이 예상됨
인식 개선 및 내부역량 강화	• 목표 : 효과적인 도입과 활용을 위한 기반 마련 • 세부활동 : 조직 문화 및 구성원의 인식 개선, 교육과 훈련을 통한 소셜미디어 이해, 전담 직원 배치나 전문업체 컨설팅 • 예상 이슈 : 온라인 쇼핑몰 전체 구성원이 참여하지 않으면 소셜미디어의 효과가 미약함. 전담 직원 배치 지연 및 문화적 장애가 발생할 수 있음
채널 선택 및 운영지침 결정	• 목표 : 소셜미디어에 적합한 운영체계 구축 • 세부활동 : 소셜미디어 채널 비교 선택, 운영지침 및 내부 행동강령 제정 • 예상 이슈 : 목적과 업무 등에 따라 차별화된 지침 제정의 어려움. 내부적으로 충분한 협의를 통해 일관성 있는 진행이 필요
채널 운영 및 관계 맺기	• 목표 : 고객과의 긴밀한 온라인 관계 구축 및 관리, 다양한 위기상황에 대비한 대응능력 향상 • 세부활동 : 고객들과 다양한 커뮤니케이션 형성, 콘텐츠 생성부터 배포, 위기관리, 이슈 대응 등 실질적인 채널 운영 • 예상 이슈 : 예상치 못했던 복잡한 문제 발생 및 이해관계에 따른 집단 간 관계 유지의 어려움

관련 법규 및 제도 가이드 라인

가이드 라인	세부내용
개인정보는 보호되어야 함	개인정보처리자가 고유식별번호(주민등록번호, 휴대폰 번호 등)를 원칙적으로 처리할 수 없도록 규정하고 있음. 따라서 소셜미디어 상에서 개인 식별번호를 수집하는 것이 가능한 경우라도 개인정보보호법의 원칙적 처리금지 규정에 의해 절대 수집해서는 안 됨
민감한 사안의 이야기는 피할 것	사상, 신념, 정당의 가입과 탈퇴, 정치적 견해, 건강, 성생활 등 민감한 부분은 이야기하지 말 것. 사적인 개인정보는 피할 것
소셜미디어 약관 제정	공정거래위원회에서 제공하는 표준약관을 참고해 기본적인 약관을 고지해야 함. 서비스 약관 검토 시 다음과 같은 사항들을 고려해야 함 −계정 개설 가능한 사용자의 범위는 어디까지인가? −해당 사이트의 서비스를 사용하지 못할 정도의 문제가 서비스 약관에서 확인되는가? −사용 목적과 약관의 서비스 제공 내용이 적합한가? −해당 사이트를 사용함으로써 발생할 수 있는 위기 요인에 비해 얻을 수 있는 이익이 더 많은가? −해당 사이트에서 SNS 활용내역 모니터링이 가능한가?
합법적 콘텐츠 관리 및 운영	• 블로그, 페이스북, 스토리채널 등에 다른 사람의 저작물을 올릴 경우 원저작자로부터 저작물 사용에 대한 허락을 받아야 하며, 저작권법에 저촉되는 자료를 올렸을 경우 이에 대한 보상 문제 발생에 대비해야 함 • 사진 등 소셜미디어상의 이미지를 사용할 경우 등장인물의 초상권을 사용할 수 있도록 사전에 허락받아야 하고, 허락받지 못할 때에 대한 대비책을 수립해야 함 • 저작권법에 저촉되지 않는 방법으로 타인이 제작한 콘텐츠의 일부를 사용하는 경우에도 다음과 같은 사항을 고려해야 함 −상업적인 목적으로 사용될지 비상업적인 목적으로 사용될지 여부 체크 −콘텐츠를 일부 발췌해 사용할 때는 사용 부분이 양적으로 표절로 인식될 정도인지 여부 체크

6장

고객을 설득하는
상세페이지 작성

01 상세설명으로 고객을 설득하라

 광고, 검색, SNS 등을 통해 유입된 고객이 구매로 전환되는 요인으로는 상세설명, 판매자와 제조자의 신뢰성, 구매후기 등 사회적 증거, 가격, 결제 및 사용의 편리성 등이 있다. 판매상품에 따라 그 중요도는 조금씩 바뀔 수 있지만, 그럼에도 제품의 사진과 설명은 소비자들의 구매심리를 자극하는 아주 중요한 요소다. 오프라인과 달리 온라인은 상품을 직접 만져보거나 착용해 볼 수 없으므로 제품이 어떻게 표현되느냐에 따라 구매 횟수 및 수량이 달라진다.

 온라인 쇼핑몰에서는 화려한 문장의 열 마디 설명보다 한두 장의 사진이 고객을 설득시킬 때가 많다. 실물 사진 또는 그와 비슷한 이미지와 함께 상품의 장점을 촌철살인으로 표현한 카피로 시선을 사로잡은 다음 제품 사이즈나 사용법 등을 알려주는 게 효과적인 상품설명이다.

표준화된 전자제품 및 가전제품 등은 상품 사진의 중요도가 낮은 반면, 패션 관련 아이템은 상대적으로 높아 사진이 들어간 상세설명 이미지가 판매량에 직접적인 영향을 미친다.

상품설명이 갖추어야 할 요건

상품설명 페이지에서 사진의 상태가 좋아야 하는 것은 기본 중의 기본이다. 그렇지 않으면 아무리 편집을 잘해도 좋은 제품으로 보이지 않는다. 이 같은 상품설명 페이지를 만들 때는 갖추어야 할 다섯 가지 요소를 기억해야 한다.

첫 번째 요소는 정확한 상품정보다. 소비자들은 온라인상에서 표준화되지 않은 의류 같은 제품을 구매할 때 디자인, 컬러, 소재, 제품의 로고, 세탁방법 등을 세심히 검토하고 구매한다. 눈으로 직접 볼 수 없으므로 더 꼼꼼하게 살핀다. 따라서 상품사진 촬영은 소비자가 궁금해하는 요소들을 정확하게 표현할 수 있어야 한다. 단순히 상품 이미지를 전달하기보다는 다양한 각도에서 고객이 직접 상품을 보듯 정보를 전달하는 게 중요하고, 특징이나 장점도 이미지를 통해 확인할 수 있어야 한다.

정확하지 않은 상품정보는 구매전환율이 낮을 뿐만 아니라 반품으로 인한 재고로 이어질 수 있으므로 디테일한 정보가 중요하다. 모델을 활용한 사진촬영은 자연스러워야 하며 사용상황, 용도, 장소 등에 맞게 다양한 형태로 촬영되어야 한다. 간혹 모델의 눈과 얼굴을 모자이크 처리하거나 아예 얼굴이 안 나오는 쇼핑몰도 있는데, 이는 바람직하지 않다. 얼굴이 나오지 않으면 사진이 자연스럽지 못하고 쇼핑몰 자체의 신뢰감도 많이 떨어져 버린다.

두 번째 요소는 상품의 장점이 잘 드러나는 상품설명이다. 그러려면 먼저 누구에게 판매할지 타깃이 명확해야 한다. 모두에게 판매 가능하다는 건 아무에게도 판매할 수 없다는 것과 같다. 예를 들면, 수십 년 전만 해도 일상생활에서 사용하는 치약의 종류는 많지 않았다. 제품을 내놓기만 하면 팔렸다. 하지만 이제는 충치, 잇몸병, 치석, 시림, 어린이 등으로만 간단히 구분해도 종류가 수십 가지가 넘는다. 그리고 이러한 현상은 소비재에서 더 크게 나타난다.

이렇듯 시장이 세분화된 가장 큰 이유는 먹고살 만해졌기 때문이다. 삶의 질이 윤택해졌다는 뜻이기도 하다. 소비자들은 무엇을 고르더라도 내가 좋아하고 나와 맞는 것을 선택해 소비한다. 기업의 편에서 보면 하나의 상품을 수많은 사람에게 어필하고 동시에 사용하게 했던 좋은 시대는 끝이 났음을 의미한다.

판매자 생각에는 모든 사람이 살 것 같지만 고객은 다르다. 관심 있는 상품에만 시선을 준다. 그런 만큼 이제는 고객을 특정해 한 사람에게만 판매한다는 마음으로 상세설명을 구성해야 한다.

고객을 누구로 정하느냐에 따라 디자인은 물론이고 사용하는 단어와 어휘, 이미지, 문장 등이 달라진다.

주의할 것은 '품질'은 고객관점에서 보면 이익이 아닌 기본이라는 점이다. 식당에서 판매하는 음식은 당연히 맛있고 농산물은 신선해야 마땅하듯 말이다. 품질의 우수성만을 내세우며 고객의 선택을 이끌어내는 건 한계가 있다. 우리의 상품이 고객의 고민과 문제를 해결하는 데 있어 '최선'이라는 점을 납득시켜야 한다.

상품 구매와 함께 제공되는 서비스는 고객관점에서는 권리이며, 서비스 역시 당연히 제공되어야 하는 본원적인 것이 되어버렸다. 더 이상 서비스 때문에 사람들이 상품을 구매하지는 않는다.

세 번째 요소는 구매에 영향을 미치는 정보의 아주 상세한 안내다. 의류라면 사이즈와 컬러가, 식품이라면 조리방법과 보관이, 유리 제품이라면 포장과 배송 등에 대한 정보가 중요한데, 이러한 구매정보는 모호한 표현보다는 명확히 해야 한다. 이때 크기와 무게 등은 정확한 수치로 적는다.

의류, 액세서리, 가방, 벨트, 노트북 등 제품의 상세설명에는 규격을 구체적으로 표시하고, 의류나 액세서리는 몸에 직접 착용하는 상품인 만큼 착오가 없도록 더욱 정확한 숫자로 표기해야 한다. 제품의 규격을 정확히 제시하기 어렵다면 책이나 스마트폰, 동전, 종이컵 등과의 비교가 가능하도록 함으로써 한눈에 알 수 있게 한다. 제품의 규격을 정확하고 상세하게 제공하지 않으면 그

성공하는 쇼핑몰 사업계획서

만큼 교환이나 반품으로 인한 환불이 늘어날 가능성이 커진다.

특히, 의류 관련 쇼핑몰이라면 소재에 관해 충분한 설명이 필요하다. 의류는 규격을 아무리 자세히 설명해도 소비자의 생각과 차이가 발생하기 쉽다. 소재가 너무 얇아 속옷이 비치거나, 너무 두껍거나, 구김이 많이 가는 등 소재에 대한 설명이 상세하지 않으면 상품을 받은 후에 소비자의 불만으로 이어지게 된다. 면이 몇 퍼센트인지 같은 원단 소재의 혼합률도 명시해야 하며, 고객의 편에 서서 직접 만져보고 입어본 후 그 느낌을 상세히 제공해야 한다.

네 번째 요소는 구매자에 대한 고려다. 10대나 20대 젊은 여성에게 판매하는 상품이라면 인스타그램에 올릴 때처럼 감각적인 상세설명이 필요하겠지만, 중년이나 노년의 여성이 대상이면 홈쇼핑 같은 상세설명을 제공하는 게 더 효과적이다. 대상이 누구인가에 따라 상세설명이 달라진다는 말이다.

온라인 쇼핑몰에서 판매하는 제품의 상세페이지를 효과적으로 작성하기 위해서는 철저하게 고객의 입장에 서야 한다. 고객의 관점에서 문제가 무엇인지, 제품에 무엇을 기대하는지, 제품의 가치를 어디에 두고 있는지 등을 알아야 하는데, 그러려면 먼저 고객들의 제품 사용 실태부터 파악해야 한다.

온라인 쇼핑몰의 제품 상세설명에는 제품의 장점보다는 고객의 어떤 문제를 해결할 수 있는지가 들어가야 한다. 즉, 고객의 니즈를 어떻게 충족시켜 주는지, 고객이 얻을 수 있는 이익은 무엇이며 만족도는 어느 정도인지, 구매로 얻게 될 기대효과는 무엇인지 등을 중심으로 상세설명을 작성해야 한다.

다섯 번째 요소는 기능적인 면에 대한 과도한 집착 버리기다. 온라인 쇼핑몰을 운영하려면 능숙한 카메라 사용, 제품을 돋보이게 만드는 뛰어난 촬영기술, 그것을 위한 스튜디오 구성, 포토샵 같은 이미지 편집 프로그램 다루기 등 다방면의 지식과 기능이 필요하다. 또 인기 많은 인터넷 쇼핑몰의 잘 팔리는 상품을 두루 살펴보고 벤치마킹하는 것도 좋다. 네이버 스마트스토어, 카페24 등에서 여는 상품 이미지 촬영 및 상세설명에 대한 교육 프로그램 참여도 권장한다.

그러나 사진 촬영, 이미지 편집 같은 기능적인 스킬에 너무 많은 노력과 시간을 할애하면 정작 중요한 일을 놓치기 쉽다. 기능적인 부분도 중요하지만, 그보다는 소비자의 생각과 그들과의 소통, 그들이 중요시하는 것 등에 대해 더 많이 연구하고 배우려는 자세를 갖는 게 먼저라는 사실을 잊지 말아야 한다.

상세설명 작성 체크리스트

체크사항	세부내용
목표고객에 맞게 작성되었는가?	• 쇼핑몰의 주 고객이 20대라면 20대에 맞고, 40대라면 40대에 맞는 제품설명이 필요함. 같은 제품이라도 대상이 남성인지 여성인지에 따라서도 달라지며, 성별 내에서도 나이에 따라 다름 • 모든 사람에게 판매하겠다는 건 아무에게도 판매하지 못한다는 말과 같은 의미임. 모든 사람에게 노출할 수는 있지만 아무도 설득할 수 없음
소비자 혜택 위주로 작성했는가?	• 제품이 고객의 기대와 문제를 해결해주고 혜택을 가져다주는지 등 • 소비자에게 어떤 혜택을 주는지 구체적인 명기 필요. 소비자 혜택 중심의 상세설명은 구매전환율을 높이는 동시에 입소문을 통해 쇼핑몰에 대한 호감도를 상승시킴
경쟁 쇼핑몰과 차별화된 이점이 드러났는가?	• 경쟁 쇼핑몰과 차별화되는 경쟁력 관련 사항 • 경쟁 쇼핑몰 제품과 차별화된 이점을 상세설명에 포함. 눈에 띄게 보여주어야 함 • 소비자들이 느끼는 지루함을 줄여줌
검색엔진최적화는 수행했는가?	• 상세설명을 이미지 중심으로만 작성하면 본문 콘텐츠가 검색되지 않을 수도 있음. 이미지와 함께 텍스트를 적절히 사용해 구성함 • 이미지를 넣을 때 설명 태그를 붙임. 소비자가 많이 찾는 키워드 위주로 제품을 설명해야 더 많이 노출됨
쉽고 간단하게 설명되었는가?	• 너무 많은 이야기를 전달하면 소비자는 아무것도 기억하지 못함. 쉽고 간단하게 설명해야 함 • 제품설명이 길어질 경우 짧게 요약된 콘텐츠 제공 • 구매자는 전문가가 아니므로 제품설명은 쉽게!

02 | 상품 장점에 맞는 상세설명 작성하기

구매전환에 가장 크게 영향을 미치는 것은 상세설명이다. 그렇다면 상세설명 작성은 어떻게 해야 할까? 앞서 말한 것처럼 먼저 고객을 페르소나 형태로 정의한다. '30대 여성'이라며 막연히 말하지 말고 '서울에 사는 35세, 김소영 씨'라고 구체적으로 정의한다. 그래야 상세설명이 명확해진다.

그다음은 필립 코틀러(Philip Kotler)가 말한 제품의 3차원을 응용, 상품의 장점을 핵심제품, 유형제품, 확장제품 형태로 구분해 각각에 따른 상세설명을 작성한다. 그는 "제품이란 흥미, 소유, 사용 또는 소비의 목적으로 시장에 제공되어 욕구 및 니즈를 만족시킬 수 있는 모든 것"이라고 정의하며 제품의 본질에 따라 핵심제품, 유형제품, 확장제품이라는 개념을 제시했다.

여기서 핵심제품이란 소비자들이 구매하려는 제품으로부터 기대하는 혜택을 의미하는데, 그것은 눈에 보이지 않을 때가 많다. 예를 들면, 스타벅스는 장소를 팔고, 오리온은 정(情)을 팔고, 할리데이비슨은 남성성과 저항정신을 판매하는 것과 같다. 눈에 보이지 않는 편익, 즉 고객이 제품을 사용함으로써 느끼는 만족감과 경험을 판매하는 제품이다.

유형제품은 핵심제품을 포장, 브랜드, 품질, 스타일, 특징 등으로 구체화한 제품이다. 주로 "저희 제품은 이런 장점이 있습니다"라고 이야기하는 형태로 설명하며, 독보적인 부분이나 기능 발휘로 다른 제품과는 구별되는 특징을 의미하기도 한다. 상세설명에서 가장 많은 비중을 차지하는 부분이 바로 유형제품이다.

확장제품은 제품의 유형적 속성이 아닌 배달, 보증, A/S 같은 부가적인 서비스가 포함된 제품을 의미한다. 확장제품은 구매의 편의성을 높이는 것과도 연관이 있다. 최근에는 눈에 보이는 유형제품의 품질이 상향평준화되면서 확장제품으로 차별화를 시도하는 경우가 많아지고 있다. 애플의 맥북이 사람 많은 카페나 커피숍에서 켜놓기 위한 용도이기도 한 것처럼 말이다.

스토리를 기획하고, 감성적인 메시지를 만들고, 사진과 동영상 등으로 상세설명을 구성하는 이유는 제품 판매를 위해서다. 따라서 각각의 유형과 특성에 맞는 스토리를 담아야 한다. 다만, 스토리에 매몰되어서는 안 된다. 본질에서 벗어나거나 과도한 스토리 중심의 상세설명은 자칫 '감성팔이'로 오해받고 폄하될 수도 있다. 스토리텔링이 마케팅에 있어 효과적인 장치로 사용되기는 하지만 경쟁력 없는 상품을 무조건 팔아주는 도깨비방망이는 아니다.

　다시 한 번 정리하자면 '핵심제품'은 제품을 구매함으로써 얻을 수 있는 '구매자의 이득'을 말한다. 노트북을 구매한 사람이 노트북의 외관이 아닌 휴대성 좋은 업무처리 기기를 구매한 것과 같다. '유형제품'은 실제로 팔리고 있는 제품 자체를 말한다. 디자인, 스타일, 품질, 포장, 브랜드처럼 눈으로 실제 확인이 가능한 걸 말한다. '확장제품'은 A/S, 보증, 배달, 설치, 대금 결제방식 등 추가적으로 소비자에게 제공되는 서비스나 혜택을 의미한다.

　여기 노트북을 구매하려는 사람이 있다. 그는 먼저 노트북의 성

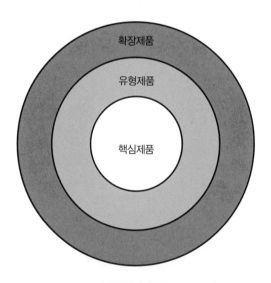

제품의 3차원

능과 핵심기능이 자신의 니즈에 맞는지 확인한다. 평상시에 들고 다니는 가방의 크기, 자주 사용하는 소프트웨어 등을 기준으로 노트북들을 검토한다. 다음으로 각 노트북의 기능적인 특징과 성능을 꼼꼼하게 따져본다. 삼성이나 LG 같은 브랜드, 외형 디자인, 저장용량, 가격 등이 그것이다. 그것만으로는 두 브랜드 중 어느쪽을 선택해야 할지 망설여지면 마지막으로 제품의 부가기능을 따진다. 카드할인이나 무이자 할부 등 결제조건, A/S 기간, 배송기간 등이 해당된다.

그렇다면 온라인 쇼핑몰에서 노트북의 제품 상세설명은 어떻게 만들어가야 할까? 먼저 11인치, 13인치, 15인치 같은 크기 및 인터넷 서핑이나 문서작성 정도의 간단한 업무처리용, 게임까지 자유롭게 즐길 수 있는 고사양용 등으로 세분화해 내용을 넣는다. 또 실물 측면에서는 고객의 디자인 취향에 따라 세분화된 다양한 제품을 제시한다. 그리고 마지막으로 6개월 무이자 할부, A/S 2년 보장, 당일 배송 등의 부가서비스를 고객의 니즈에 맞게 상세설명에 포함함으로써 판매를 증대시킨다.

이처럼 제품을 바라보는 시각을 변경하면 판매를 늘릴 수 있다. 하지만 오래 가지는 못한다. 경쟁자들의 벤치마킹 때문이다. 효과를 오랫동안 지속하기 위해서는 더 다양하고 경쟁력 있는 반짝이는 아이디어가 필요하다. 그러려면 '고객이 사려는 것은 무엇인가?'라는 본질적 질문을 멈추지 말아야 한다. 고객은 제품 자체보다 그것을 사용하고 소비함으로써 얻는 효용을 추구한다. 화장품을 구입하는 사람들은 아름다워지기 위해서고, 비싼 호텔을 예약하는 사람들은 편안한 휴식과 수면을 위해서다. 따라서 기업은 고객들이 원하는 바로 그 효용을 특성, 스타일, 브랜드, 포장, 가격 등을 가진 실제 제품으로 구현해 시장에 내놓아야 한다.

매력적인 상세설명은 이렇게 제품의 특징을 명확히 구분하는 것에서부터 시작된다. 그렇게 상품을 핵심제품, 유형제품, 확장제품으로 분류하고 이를 뒷받침하는 기술적 특징과 기업의 신뢰성, 사람의 신뢰성, 사용자 후기, 구체적 성과를 적어보면 우리의 장점을 보다 구체적으로 확인할 수 있다.

고객을 끌어당기는 상세설명을 제공하는 곳 중 하나가 마켓컬리다. 마켓컬리에는 전문 에디터와 글을 쓰는 작가들이 포진해 상품기획자(MD)들과 기획단계부터 소통하며 소비자들에게 어떻게 이야기할지를 논의해 상세설명을 정한다.

"버크셔K 농장에서는 해발 500m 지리산에서 철저한 육질 개량과 연구를 바탕으로 한국형 버크셔 품종 돼지를 키웁니다. 특유의 쫑긋한 귀와 탐스러운 검은색 털을 가진, 부모와 조부모의 기록까지도 확인 가능한 순수 혈통이지요. 버크셔K는 붉은 육색 만큼이나 진한 풍미와 풍성한 육즙, 영양소까지 두루 갖췄습니다."

마켓컬리의 미국산 돼지고기 상세설명 중 일부분이다. 이처럼 가격정보보다는 어떤 품종의 돼지가 어디서 어떻게 사육되었는지부터 시작해 어떤 것과 잘 어울리는지, 어떻게 손질하고 보관해야

상세설명 작성을 위한 요인 도출

분석요소	주요 내용
핵심제품	
유형제품	
확장제품	
기술적 특성	
기업의 신뢰성	
사람의 신뢰성	
사용자 후기	
구체적 성과	
기타	

요소별 상세설명 작성 예

상세설명 구성	예
탄생 스토리	저는 한복을 좋아해 실제 생활에 입고 다니는 마니아예요. 제 옷장은 한복으로 가득 차 있어요. 그만큼 많이 입고 자주 입는데 여름엔 특히 생활한복이 아쉬웠어요. 치마와 저고리 2개를 갖춰 입는 게 귀찮고 더웠어요. 작년에 쉬폰으로 된 하바니 한복 원피스를 선보였는데 반응이 좋았어요
상품 스토리	겉보기에는 흔한 빵입니다. 하지만 속은 다릅니다. 유기농 인증을 받은 우리 밀만 사용했고, 설탕 함량은 최대한으로 낮추어 담백한 맛을 살렸습니다. 버터나 오일처럼 기름질 수 있는 재료는 모두 뺐습니다
장점과 차별점 (3~5가지)	• 82% 모공 개선의 비밀, 골든타임 • 피부 진정을 위한 3중 특허 보호막 • 쫀쫀한 피부를 연구해서 찾은 트레알로오스 • 각질개선? 단 1회 사용만으로 85% • 무자극 검증 완료
제품의 신뢰성과 안전성 부각	• 100% 국내산 유기농 완숙 토마토만 사용했습니다 • 영양소의 손실을 최소화하는 '저온가열 착즙', 흡수율은 높이고 영양소 손실은 줄였습니다 • 유기농 인증 원료로 생산한 유기가공식품, 시설인증(국립농산물 품질관리원), HACCP(식약처) 인증시설에서 안전하게 만들었습니다 • 물과 설탕 그리고 합성첨가물은 들어가지 않았습니다. 물 No, 합성착향료 No, 합성착색료 No, 합성감미료 No, 화학비료 No, 호르몬제 No • 어디서나 간편하게 즐길 수 있는 스파우트 파우치 포장. 스탠딩 형이라 세워놔도 쓰러지지 않고, 가위 필요 없이 쉽게 열어 드실 수 있습니다
사회적 증거	• 이 제품은 총 28,776개가 판매되었고 1,068개의 구매후기가 있습니다 • 누적 판매량 150만 개 돌파, 네이버쇼핑 400만 개 제품 중 리뷰 수 1등
실패에 대한 두려움 감소 (환불 정책 등)	• 30일 동안 사용 후 불편함을 느끼신다면 100% 환불해 드립니다 • 온라인과 오프라인 스토어에서 주문 후 30일 이내 무료 교환, 반품을 진행합니다. 반품 주신 신발 중 가볍게 신어보셨거나 거의 새 신발인 경우 저희 파트너인 'Soles4Souls'를 통해 신발이 필요한 분들께 기부됩니다

필수정보 표시	• 온라인 쇼핑몰 사업자(통신판매 사업자)는 제품 판매 화면에 원산지, 제조일, A/S 책임자 등 품질경영 및 공산품안전관리법, 식품위생법, 전기용품안전관리법 등 16개 법령상 필수정보를 사전에 제공해야 함 • 의류의 경우 소재, 제조국, 제조자 등을, 식품의 경우 제조연월일, 유통기한, 원산지, 영양성분, 유전자재조합 여부 등을, 전자제품의 경우 안전 인증 여부, 동일모델 출시연월, A/S 책임자 등을 기재해야 함 • 배송방법과 기간, 청약철회 가능 여부, 반품비용, 교환 및 반품, 보증조건 등 거래조건도 함께 제공해야 함. 거래조건 정보는 색상을 차별화하거나 테두리를 이용해 표시하며, 위치나 글자 크기를 소비자가 알아보기 쉽도록 해야 함
기타	사용방법, 고객후기 작성요소, 재고 여부, 소셜미디어 공유 버튼 등 기타 요소

하는지를 중심으로 정보를 제공한다.

　소비자들이 물건을 살 때 제일 먼저 하는 질문이 "얼마예요?"였다. 하지만 언젠가부터 '어떤 물건이고 어디서 왔는지'로 바뀌었다. 적게 먹고 덜 쓰더라도 더 건강하고 지속 가능한 것을 추구하는 쪽으로 소비 패턴도 바뀌었다. 마켓컬리의 돼지고기처럼 상세설명을 할 때도 스토리가 중요해진 이유가 거기에 있다. 그에 더해 제품 개발 과정이나 비하인드 스토리, 브랜드가 지향하는 가치 등도 함께 들어가는 게 좋다.

03 | 논리보다는
감성으로 설득하라

슬로건은 온라인 쇼핑몰 판매자가 자신의 의도대로 소비자의 마음을 움직여 행동을 유발시키는 요소로, 소비자의 급소 즉, 감정의 중심축을 찔러야 한다. 너무 과장되거나 재치에만 편승한 글재주의 슬로건은 공감을 얻기 어려우며 진정성을 담아야 한다. 그래야 고객을 설득할 수 있다.

온라인 쇼핑몰의 슬로건은 목표시장과 고객에 대한 이해에서 출발한다. 10대 청소년들이 주고객인 쇼핑몰은 그들의 마음으로 슬로건을 만들고, 50대 이상 중장년층에게 제품을 파는 쇼핑몰은 그들 편에서 마음을 움직이는 슬로건을 만들어야 한다. 명심해야 할 점은 그럴싸한 미사여구를 찾는 게 아닌 기업과 쇼핑몰의 정체성을 반영하는 작업이라는 점이다.

여성 쇼핑몰을 한 번에 보여주는 지그재그의 슬로건은 "나를 위한 패션, 즐겨 찾기 쉽게", "넘치는 쇼핑몰 중 진짜 예쁜 것만 스마트하게!"이다. "셀럽의 스타일을 쇼핑하다"는 블로그, 인스타그램, 유튜브 등 흩어져 있던 개인 셀러들을 한곳에 모은 '에이블리'의 슬로건이다. 둘 다 쇼핑몰의 서비스 특성을 정확하게 반영한 멋진 슬로건이라는 평가를 받는다.

콘텐츠 제작, 캠페인 진행, 광고 진행 시 헤드라인과 서브카피, 상세설명 등에 광범위하게 사용되는 슬로건은 소비자로 하여금 왜 해당 제품이나 브랜드를 구매해야 하는지를 알려준다. 따라서 경쟁사가 쉽게 카피할 수 없는 자기만의 것, 즉 고유성이 담겨야 한다. "고객만족을 위해 최선을 다하는", "믿을 수 있는", "신뢰할 수 있는", "대한민국 No. 1" 같은 누구나 사용하는 일반적인 표현으로 슬로건을 정해서는 안 된다.

누구나 하는 이야기, 근거 없는 이야기, 1위 업체가 하는 이야기로는 소비자의 시선을 끌 수 없다. 1위 업체의 자리를 빼앗고자 그들의 슬로건을 차용해 도배를 해봐도 소비자는 1위만을 더 기억할 뿐이다. 슬로건은 벤치마킹이 아닌 차별성과 고유성을 주입해야 한다. 차별성을 강조하려 자극적이거나 과장되게 쓰는 것 또한 좋지 않다. 다소 투박하더라고 기업과 쇼핑몰의 메시지를 일관성 있게 전달하고, 제품에 대한 정확한 정보를 제시하는 게 중요하며, 근거를 가지고 리듬감을 담아 짧게 표현했을 때 가장 효과적이다.

소비자 설득을 위한 헤드라인

슬로건과 유사한 개념으로 헤드라인이 있다. 공통으로 사용하기도 하고 구분되기도 한다. 강상구·김병희 공저《현대 광고와 카피전략》에서는 헤드라인과 슬로건을 이렇게 구분한다.

"헤드라인은 보디카피의 바로 위나 맨 처음 눈에 띄는 곳에 위치한다. 주로 보디카피로 소비자의 주의를 유인하는 설득 광고의 요소이다. 반면에 슬로건은 어느 곳에나 위치하여 그 자체가 기억에 남도록 반복적으로 사용되는 이미지 광고라 할 수 있다. 그래서 슬로건은 소비자 입장에서 전달하는 내용을 마무리한다. 즉, 슬로건은 논리보다는 감정으로, 마음속으로 중얼거리는 것이 아니라 소리를 내어서, 결국 감정이 음으로 나타나는 것이다."

이 같은 헤드라인은 상품이나 서비스의 특징이 명확하게 전달되어야 한다. 많은 사랑을 받고 있는 애플워치를 예로 들어보자. "이런 시계 또 없습니다"라는 묵직한 헤드라인으로 포문을 연다. 그리고 "이 시계는 늘 깨어 있는 디스플레이를 가졌습니다", "취향대로 커스터마이징할 수 있습니다", "당신의 심장에 귀를 기울이는 앱들과 함께합니다"와 같은 메시지가 뒤따른다. 헤드라인과 서브카피로 시선을 잡고 다음 문장을 읽게 만든다. 처음부터 상품명이나 장황한 설명으로 들어가기보다는 고객의 마음을 사로잡는 상품의 특징, 효과 등을 짧은 문장으로 명쾌하게 표현한다. 애플의 이런 메시지는 많은 미디어에서 그대로 재사용되면서 강렬하고도 인상적인 울림을 준다.

　일반적으로 활용되는 헤드라인은 "30세 이하는 절대로 보지 마세요"처럼 목표고객에게 직접 호소하는 방식, "강남에 사시는 분들에게만 드리는 혜택"처럼 특정 지역의 우월감을 활용하는 방식, "30만 원 이상 구매고객에게 드리는 특전"처럼 조건을 달고 고객을 선별하는 방식, "내 친구는 어떻게 다이어트를 했을까?"처럼 고객에게 질문을 던지는 방식, "5kg이상 빠지지 않으면 100% 환불해 드립니다"처럼 구체적인 숫자를 명시하는 방식, "이모티콘 하나로 사랑을 전달할 수 있습니다"처럼 고객의 알뜰한 경제관념에 호소하는 방식, "응모자 전원 100% 경품 당첨"처럼 무료 및 선물과 할인을 강조하는 방식, "전단지 쿠폰을 가져오시면 10% 할인"처럼 기간과 장소와 상품을 한정하는 방식, "피부가 몰라보게 좋아졌어요! 삼성동 거주 김영미 씨, 35세"처럼 고객의 목소리를 직접 활용하는 방식, "100일 파티 장소 선택, 실패하지 않는 5가지 포인트"처럼 구체적인 노하우를 전달하는 방식, "헤어디자이너가 이 샴푸를 추천하는 3가지 이유"처럼 분명한 배경과 이유를 제시하는 방식 등이 있다.

　헤드라인뿐만 아니라 그것을 보완하는 소제목도 중요하다. 신문을 볼 때 처음부터 끝까지 기사를 정독하는 사람은 드물다. 소제목 정도만 훑다 관심 가는 기사만 읽는다. 소제목은 이처럼 전체를 읽지 않고도 작성자의 논지를 놓치지 않고 전체 내용을 파악할 수 있도록 하면서 독자들의 다른 곳으로의 이탈까지 방지하는 역할을 한다. 그러므로 고객의 시선을 한눈에 잡을 수 있는 헤드라인을 도출했다면 이를 보완하는 소제목에도 힘을 실어야 한다.

각각의 소제목은 하위의 내용을 일목요연하면서도 본문에 담긴 여러 개의 내용을 통합하는 동시에 복잡한 본문을 깔끔하게 정리해 주어야 한다. 그래서 소제목만 보고도 핵심 주제와 글의 중심 내용을 알고 제품을 정확히 찾을 수 있어야 한다. 소제목을 가장 효과적으로 사용하는 매체는 신문이다.

헤드라인에서 전달하고자 하는 메시지 못지않게 글자의 크기, 폰트, 색상, 배치 등도 고민해야 한다. 헤드라인은 활자가 커서 글자 수 대비 가장 큰 면적을 차지한다. 그렇다고 헤드라인에만 너무 치중하다 보면 상품의 중요한 특성이나 알려야 할 내용이 빠질 수도 있어 주의해야 한다.

리드카피, 본문 카피 및 요청 또는 제안

상품의 속성을 짧게 표현하는 헤드라인에 필요한 보충설명을 리드카피(Lead copy) 또는 '서브 헤드라인'이라고 부른다. 헤드라인이 제목이라면 부제의 역할을 하는 리드카피는 상품과 서비스를 구체적으로 설명하는 보디카피(Body copy)와 헤드라인을 연결하는 역할을 한다. 헤드라인으로 고객의 시선을 잡았다면 리드카피를 통해 상품이나 서비스에 대한 관심을 연장시킨다. 다이어트 상품이라면 구체적인 운동방법을 소개하거나 온라인 트레이너 제도 등 경쟁상품과 차별화된 효능 및 서비스를 소개하면서 헤드라인을 보완한다.

본문카피는 고객에게 상품이나 서비스에 대해 구체적으로 설명함으로써 구매로 전환되도록 설득하는 문장을 말한다. 사진과 이미지, 동영상 등과 함께 들어가면 보다 큰 효과를 발휘한다. 고객 설득은 정확하고 사실적이면서도 흥미롭고 단순하고 쉽게 표현하되 감성적으로 전달해야 한다. 상품의 품질이 상향평준화되면서 고객들은 기능도 기능이지만 감성 쪽에 더 귀를 기울이기 때문이다.

사람들이 많이 지나다니는 강남역에서 꽃을 파는 두 사람이 있다. 한 사람은 "장미꽃 사세요! 한 송이에 천 원입니다"라며 지나가는 연인들에게 꽃을 팔았고, 다른 사람은 "사랑 한 송이에 천 원입니다"라며 꽃을 팔았다. 사람들은 누구의 꽃을 더 많이 샀을까? "사랑 한 송이에 천 원입니다"라고 말하며 꽃을 파는 사람에게 더 많은 사람이 다가갔다. 앞사람은 판매자 입장에서, 뒷사람은 소비자 입장에서 꽃을 팔았고, 앞사람은 꽃이라는 제품을, 뒷사람은 꽃이 주는 물리적인 이익에 심리적인 이익까지 보태어 팔았다.

온라인 쇼핑몰은 장미꽃 판매와 같다. 판매자 입장에서 상품을 강요해서는 안 된다. 철저하게 고객의 편에서 자신이 팔고 싶은 상품을 바라보고 고객의 문제를 해결해 주어야 한다. 옷을 팔기보다는 멋진 스타일과 매력적인 외모를 팔아야 하고, 책을 팔기보다는 즐거운 시간과 유익한 지식을 팔아야 한다. 비행기 티켓을 판매하기보다는 목적지에 빠르고 안전하게 제시간에 도착할 수 있다는 믿음과 약속을 팔아야 한다.

온라인 마케팅은 고객이 상품이나 서비스를 구입하도록 이끄는 일이다. 따라서 상품설명에는 "지금 구매하세요", "상품소개서 다운로드" 같은 요청이나 제안이 들어가야 한다. 필요하다면 '20% 할인', '선착순 ○○명 무료 체험', '경품 제공' 등 고객들이 바라는 모든 기대를 충족시켜주면서 당당하게 구매행동을 요청한다. 고객의 마음을 끌어당길 수 있는 요소를 가미해 현실적인 혜택과 심리적인 이득을 총망라하면서 '미루지 말고 지금 당장 구매하라' 는 메시지를 넣어야 한다.

요청이나 제안 안에는 고객이 상품에 쉽게 접근할 수 있도록 온라인 쇼핑몰의 전화번호, 이메일, 오프라인 매장 주소, 찾아오는 방법 등을 자세히 안내함으로써 고객이 시간을 허비하지 않도록 해야 한다. 연결요소는 하나보다는 여러 개가 좋으며, 찾아오는 길 등의 안내는 지도의 목적지 주변 가까운 역이나 빌딩을 중심으로 화살표로 표시하면서 방향을 알려주는 게 좋다.

오직 한 사람만 설득한다는 마음

때로는 이미지 한 장이 모든 것을 설명하고 결정하기도 한다. 성형외과에서 사용하는 성형 전후 사진, 헬스장의 다이어트 전과 후 사진, 인테리어 업체의 리모델링 전과 후의 사진이 대표적이다. 더 이상의 말이 필요 없다. 배달 음식점의 각 메뉴와 주방 사진도 그중 하나다. 아무 설명 없이 먹음직한 음식 사진 한 장으로 배고픈 이들의 시선을 사로잡는다. 얼마 전부터는 제품에 따라 동영상 상품설명이 필수가 되었다. 사진이나 이미지, 동영상을 이용한 설명은 이처럼 소비자들의 이해를 돕고 구매로 이어지는 데 큰 역할을 한다.

상상의 나래를 펼칠 수 있도록 고객을 인도하는 설명도 필요하다. 이 역시 철저하게 고객 편에 서야만 가능하다. 아이폰을 예로 들면, "4배 더 넓은 장면을 담아내고, 극단적인 저조도 환경에서도 아름다운 이미지를 포착하며, 스마트폰 사상 최고 퀄리티의 동영상을 촬영할 수 있습니다"라고 설득한다. 고객이 얻을 수 있는 이익을 강조하면서 그 이익을 통해 새로운 세계를 상상하게 만드는 것이다.

상품에 신뢰감을 주는 데는 생산자의 이야기와 구매후기도 중요하다. 온라인 쇼핑몰을 찾는 고객들은 홈페이지에서 회사 소개와 비전, 조직도 등을 보고 싶어 하지 않는다. 그들의 목적은 상품에 대한 정보나 구매에 있다. 그러므로 상세설명에는 상품을 만드는 사람들의 이야기나 구매후기가 포함되어 고객들에게 어필할 수 있어야 한다.

과일이나 채소 등 농산물 같은 먹거리를 판다면 생산자 사진, 농장 위치, 재배과정, 연락처 등을 제공함으로써 믿을 만한 환경에서 생산된, 품질을 보장하는 상품임을 을 보여주어야 한다. 가공업체라면 주방시설, 생산과정, 만드는 사람들의 이야기를 통해 신뢰감을 심어준다. 또 "피부가 몰라보게 좋아졌어요! 삼성동 거주 35세 김영미 씨"처럼 이미 상품을 구매해 사용하고 난 고객의 후기는 다른 고객에게 신뢰감을 주어 자연스럽게 구매행동으로 이끈다. 사용후기 외에 고객들에게 신뢰감을 주는 데는 미디어를 통해 보도된 자료도 한몫한다.

그럼에도 상세설명 작성에 있어 절대적인 방법은 없다. 각자 처한 상황에 따라, 가용자원에 따라, 지역에 따라 최적의 방법을 찾는 게 중요하다. 다만, '하나의 목표고객을 대상으로 하고 있는가?', '콘셉트는 이것저것 장황하지 않고 명확한가?', '상품 소개가 한눈에 들어오는가?', '방송, 신문 등에 객관적으로 보도된, 신뢰할 수 있는 자료가 있는가?', '기간 한정, 수량 제한 등 고객이 참여할 만한 특전이 있는가?', '고객, 직원, 대표 등의 사진이 있는가?', '고객의 사용후기 등이 포함되었는가?', '과대광고나 거짓은 없는가?', 'A/S, 환불 등 제품보증에 관한 사항이 포함되어 있는가' 등은 꼭 체크해야 할 리스트에 담겨야 한다.

체크리스트에 들어가 있듯 허위 내용이나 과대광고는 절대 해서는 안 된다. '이월상품 90% 할인' 같은 게 대표적이다. 90% 할인이라고 해놓고는 정작 고르면 이벤트 대상이 아니라고 하는 식이다. 판매자는 '일부품목 한정'이라고 구석에 밝혀놓았으니 법적으로 아무 문제가 없다고 이야기할 수는 있으나 이는 고객의 기대치를 높여 놓고 정작 아무 혜택도 없는, 고객을 철저하게 기만하는 엄연한 행위다. 고객을 유인하려 사용한 이런 표현은 큰 실망으로 이어져 되레 구매전환과 재구매를 감소시키는 결과를 낳는다. "조인성 결혼"이라는 제목에 클릭했더니 "결혼! 아직은 생각 없다"라는 기사가 뜬다. 전형적인 낚시성 허위 기사다. '3개월 만에 10kg 감량' 같은 과대광고도 마찬가지다. 터무니없이 높은 기대치를 제시할 경우 고객만족도는 낮아질 수밖에 없다.

광고나 홍보의 목적은 궁극적으로 신뢰와 지속적 성장에 있다. 눈앞의 이익과 성과만 좇는 과대광고는 절대 안 된다. 허위 내용이나 과대광고로 '믿을 수 없는 쇼핑몰'이 되어버리면 그 어떤 노력으로도 신뢰를 회복하기 힘들다.

사회적 증거를 제시하라!

고객을 설득하는 방법 중에는 '사회적 증거' 제시가 있다. 사회적 증거란 '나와 비슷한 사람들이 하는 일을 옳다고 생각하고 따라 하는 것'을 말한다.

애리조나 주립대학 심리마케팅학과 교수인 로버트 치알디니(Robert B. Cialdini)는 미국에 있는 호텔체인 한 곳과 '사회적 증거' 관련 실험을 했다. 호텔 투숙객의 타월 재사용률을 높이기 위해 투숙객을 세 집단으로 나누고 세 종류의 메시지를 제시했다.

첫 번째 집단에게는 "타월을 재사용하면 환경보호에 도움이 됩니다"라는 메시지를 보여줬다. 투숙객의 35퍼센트가 타월을 재사용했다. 두 번째 집단에게는 "대부분의 투숙객이 타월을 재사용하고 있습니다"라는 사회적 증거를 제시했다. 44퍼센트가 타월을 재사용했다. 사회적 증거만으로 타월 재사용률이 9퍼센트나 증가한 것이다. 세 번째 집단에게는 "이 방에 머물렀던 대부분의 투숙객이 타월을 재사용했습니다"라는 메시지를 보여줬다. 그러자 재사용률이 49퍼센트까지 올라갔다. 그 이유는 '이 방에 머물렀던'이라는 투숙객과 관련성 높은 구체적인 사회적 증거를 메시지로 제시했기 때문이다.

이 실험은 어떤 의미가 있을까? 첫 번째는 소비자와 관련성 높은 사회적 증거일수록 설득에 도움이 된다는 점이다. 그리고 두 번째는 잘못된 가설로 마케팅 활동을 한다는 점이다. 자신을 호텔 투숙객이라고 가정해보자. 세 가지 메시지 중 어떤 메시지를 따를 것인가?

1) 타월을 재사용하면 환경보호에 도움이 됩니다.

2) 대부분의 투숙객이 타월을 재사용하고 있습니다.

3) 이 방에 머물렀던 투숙객 대부분이 타월을 재사용했습니다.

아마도 보통은 1번에 더 눈길을 보낼 것이다. 실제로는 2번과 3번에 반응하면서도 1번을 더 좋다고 선택할 때가 많다. 따라서 이 실험을 통해 알 수 있는 건 고객의 말을 무조건 믿는 게 아니라 그들의 행동을 관찰하고 분석하라는 것이다.

사회적 증거를 제시해 고객을 설득하는 방법에는 여러 가지가 있다. 첫 번째로 '인기가 많은 제품'임을 큰 소리로 말하는 방식이다. 'TV에 방영된 맛집'이나 '유명인 누구누구가 왔다 간 식당'이라는 홍보가 그런 예다. 또 의류와 신발 등 등산용품과 스포츠용품을 온라인 중심으로 판매하는 칸투칸은 "총 11,189,663개가 판매되었고 525,771개의 구매후기가 등록되었습니다"라는 사회적 증거를 제시한다. 이처럼 페이스북이나 인스타그램에서의 높은 조회 수, 많은 후기와 댓글, 공유 횟수 등도 모두 사회적 증거로 활용된다.

고객 마음에 브랜드를 심어라

이성보다 감성으로

'보는 것을 믿는 걸까, 믿는 것을 보는 걸까?'

철학적 질문이기도 하고 사람의 심리와 관련된 질문이기도 하다. 사람마다 생각이 다르니 정해진 답은 없겠지만 '믿는 것을 본다'는 건 많은 연구를 통해 증명되었다.

이런 현상은 우리 주변에서도 다양하게 목격된다. 예를 들어, 온라인 쇼핑몰에서 제품을 구입할 때 사람들은 자신의 입맛에 맞는 댓글만 선택해 읽을 때가 많다. 또 우리 아이가 공부를 잘하면 머리가 좋은 것이고, 이웃집의 아이가 공부를 잘하면 과외 때문이라고 생각한다. 보고 싶은 것만 보고, 듣고 싶은 것만 듣고, 믿고 싶은 것만 믿는다.

이는 기업 활동에도 중요하다. 보이지 않는 부분을 굳이 보려고 애쓰지 않는 사람들에겐 어떻게 보이는지가 중요하다. 세계적인 다이아몬드 기업 드비어스는 "다이아몬드는 영원히(A Diamond Is Forever)"라는 문구로 다이아몬드의 영원함을 각인시키며 '다이아몬드=영원한 사랑'이라는 믿음을 사람들의 마음속에 심는다. 수많은 광물 중 하나였던 다이아몬드의 가치가 지금처럼 높아지게 된 데는 드비어스의 역할이 컸다고 할 수 있다.

사례는 매우 많다. '사망확률 20%'와 '생존확률 80%', '15% 지방이 포함된 고기'와 '85% 살코기'라는 표현 중 어떤 것에 더 마음이 가는가? '생존확률 80%'와 '85% 살코기'를 더 선호한다고 한다. 같은 내용임에도 표현방식에 따라 결과가 달라진다. 주어진 정보는 똑같은데 자신의 믿음 체계에 적합한 정보만, 믿음에 따라 보이는 정보만 본다. 소비자들 대부분의 행동양식이 이렇다. 따라서 기업은 소비자들이 무엇을 믿고 있는지를 이해해야 한다. 소비자에게 상품의 특성을 하나하나 설명하고 평가하게 하는 것보다 소비자에게 믿음을 심어주는 게 먼저다.

사람들이 믿는 것을 먼저 보게 되는 이유는 정보처리상의 편파적 경향성 때문이다. 편파적 경향성이란 자기중심적으로, 자기에게 이로운 정보만, 기존의 태도를 완강하게 유지하려는 행위를 말한다. '자기중심성', '자기 고양의 욕구', '인지적 보수성'이라고도 한다.

'자기중심성'이란 자신과 관련된 정보를 중심으로 생각하면서 내가 좋아하는 것들은 남들도 좋아할 것이라 믿는 걸 말한다. 즉, 자기중심성 때문에 보고 싶은 것만 선택해 본다는 얘기다.

'자기 고양의 욕구'란 자신에게 이로운 정보만 유지하려는 태도를 말한다. 예를 들면, 애플의 맥북을 산 사람은 애플 제품 광고를 더 많이 본다. 자신의 노트북에 대한 정당성을 확보하려는 행동이다. 내가 쓰는 노트북이 사람들에게 사랑받고 높은 평가를 받으면 자신의 가치가 올라간다고 느낀다. 그렇게 맥북을 통해 애플 제품에 대한 긍정적 태도가 형성되면 그것이 나머지 애플 제품에 대한 평가로도 확장되는데, 이러한 경향성은 브랜드의 확장에도 활용된다.

'인지적 보수성'은 기존의 태도를 그대로 유지하려는 것을 말한다. 사람들은 쉽게 태도를 바꾸지 않는다. 기존의 태도를 바꾸려면 새로운 정보를 학습해야 하고, 이에 필요한 충분한 동기가 필요하다. 자신의 행동을 바꿔야 하는 동기가 충분하지 않다면 사람들은 굳이 생각을 바꾸려 하지 않는다. 결국, 사람은 자기가 가진 지식 안에 있는 정보를 우선적으로 처리하게 된다.

기업은 새 제품을 출시하면 소비자들이 구매에 나설 거라고 생각하지만 실상은 그렇지 않을 때가 더 많다. 그들은 지금까지 자신이 믿어온 부분에서 많이 벗어나지 않은 상태에서의 작은 변화를 원하며, 그것을 큰 변화보다 훨씬 더 잘 받아들인다. 소비자들이 무엇을 믿고 있는지 이해하면 기업은 그들에게 어떠한 제품으로 어떤 가치를 제공해야 하는지 알 수 있다.

기업은 고객에게 믿음으로 다가가야 한다. 믿음이 브랜드로 이어지기 때문이다. 어떤 옷을 입고 어떻게 화장을 하느냐에 따라 전혀 다른 사람이 되는 것처럼, 같은 제품도 어떤 브랜드로 인식되느냐에 따라 전혀 다른 제품이 될 수 있다.

비교대상을 바꿔라!

다이소에 가면 1천 원짜리 1장으로 구매할 수 있는 생활용품이 다양하게 진열되어 있다. 그런데 백화점에 가면 보기에 별 차이가 없어 보이는 상품이 다이소에 비해 10배 이상의 가격에 판매되고 있다. 차이점이라면 다이소의 상품은 '메이드 인 차이나'이고, 백화점에서 판매되는 상품은 '메이드 인 이탈리아'일 뿐이다. 물론, 이는 지나친 비약일 수 있으나 비슷한 상품을 더 높은 가격에 사는 사람들이 있다는 건 분명한 사실이다.

사람들은 인식했든 못했든 먼저 알게 된 정보 및 수치를 판단의 기준으로 삼는다. 대형마트 등에서 할인상품이나 1+1 이벤트 상품을 사본 경험이 있을 것이다. 정상가격에서 할인을 받았거나 1개의 가격에 한 개를 더 받았으니 싸게 샀다고 느끼기 마련이다. 그런데 생각해보자. 어떤 기준으로 싸게 샀다는 것이며, 기준 가격은 누가 정해준 것일까? 대형마트에서 제시하는 기준으로 싸게 샀다고 느낄 뿐 실제로는 싼 가격이 아닐 수도 있다. 1+1도 마찬가지다. 만약, 다 쓰지도 못할 상품이라면 1개 더 받은 건 싸게 산

것일까, 불필요한 지출을 한 것일까?

이러한 현상에 대한 설명이 '앵커링 효과(Anchoring Effect)'다. 배가 항구에 정박한 후 선원들이 닻(anchor)을 내리면 고정된 위치에서 쉽게 움직이지 않는 것을 비유한 표현이다. 이처럼 앵커링 효과란 우연히 습득한 숫자나 사물에 대한 인상이 사람들 머릿속에서 항구에 정박한 '배의 닻'과 같은 역할을 해 잘못된 판단을 하도록 유인하는 현상을 말한다.

앵커링 효과는 우리 주변에서 많이 확인된다. 동일한 원두로 내린 두 잔의 커피가 한 잔은 스타벅스 컵에, 한 잔은 빽다방 컵에 담겨 있을 때 사람들에게 그중 어떤 커피가 더 맛있는지, 어떤 커피가 비쌀지를 물으면 대부분 스타벅스 컵의 커피를 고를 것이다. 그러면서 스타벅스 잔 커피를 선호할 것이다. 사람들은 이렇게 앵커링을 기준으로 상품의 품질과 가격을 판단한다. 이는 앵커링 효과를 잘만 활용하면 상품을 더 비싸게 판매할 수 있다는 의미이기도 하다.

예를 들어보자. '4년근 인삼'과 '1460일의 정성으로 키운 인삼' 중 어떤 게 더 매력적으로 보이는가? 사실 4년과 1460일은 같다. 그런데도 1460일로 앵커링하면 사람들은 더 솔깃해한다. 이 효과는 여러 곳에서 응용 가능하다. 650ml 병에 담긴 유기농 요구르트의 1병 가격은 8천 원이다. 이 요구르트가 대형마트에서 판매될 때와 카페에서 판매될 때 사람들이 느끼는 차이는 뭘까? 동일한 요구르트임에도 대형마트에서는 비싸다고 느끼고, 카페에서는 적정한 가격으로 느낀다. 대형마트에서는 '대형마트에서 판매되는 요쿠르트'로 앵커링되고, 카페에서는 '카페에서 사 먹는 요쿠르트'로 앵커링되기 때문이다.

저렴한 가격으로 한 번 앵커링된 상품은 고가로 앵커링되기 어렵다. 다이소에서 수익률을 높이기 위해 1만 원 이상의 상품을 판매하기 시작하면 어떻게 될까? 대부분 저렴한 가격대의 상품만 골라 구매하거나, 어쩌면 다이소를 다시 찾지 않을 수도 있다. 사람들 마음속에 다이소는 몇천 원짜리 저렴한 생활용품을 파는 곳으로 앵커링되어 있기 때문이다.

실제로 일본의 유니클로가 신소재를 사용한 고부가가치 상품을 출시하면서 가격에서 가치로 전환을 시도한 적이 있다. 그런데 고객 수와 매출액 모두 크게 감소했다. 가격을 원래 수준으로 되돌렸음에도 고객 수는 쉽게 회복되지 않았다. 사람들 마음속에 유니클로는 '저가 의류'로 앵커링되었던 것이다.

앵커링 효과를 활용할 때는 소비자에게 어떤 정보를 먼저 보여주는지가 중요하다. 대형마트에서는 정상가격과 할인가격을 나란히 표기하는데, 정상가격을 먼저 제시하고 할인된 가격은 나중에 보여준다. "20,000원짜리 상품을 오늘만 19,000원에 판매합니다"라고 하면 사람들은 20,000원에 앵커링이 되어 실제로는 1,000원 할인에 불과함에도 아주 싸게 샀다고 인식한다.

이 같은 앵커링 효과는 개인의 소비활동에도 영향을 미친다. 스타벅스 리저브 매장은 다양한 원두와 숙련된 바리스타, 리저브 전용 추출기기, 고급스런 인테리어, 전용 머그, 음악 등 기존의 일반 매장과 차별화된 서비스를 제공하는 프리미엄 매장이다. 그럼 리저브 매장을 이용하는 고객은 누구일까? 바로 스타벅스 일반 매장을 이용했던 사람들이다. 스타벅스에서 커피를 마시게 된 후로 리저브 매장에서 훨씬 더 비싼 커피도 마시게 된 것이다. 단순한 커피가 아닌 스타벅스로 앵커링되었기 때문이다.

얻을 때 기쁨보다 잃을 때 슬픔이 더 크다

온라인과 오프라인에서 상품을 사다 보면 가격 중앙에 취소선이 그어진 상품을 볼 수 있다. 정가 20만 원인 블루투스 스피커를 149,000원에 판매하면서 정가를 나타내는 숫자 200,000에 취소선을 넣었기 때문이다. 일부 온라인 사이트에서는 할인행사가 곧 마감된다는 표시로 '남은 시간은 16시간 25분 3초, 2초, 1초……' 표시와 함께 줄어드는 시간을 보여준다.

이는 행동경제학의 '프로스펙트 이론(Prospect Theory)'을 이용한 마케팅 전략이다. 이 이론에 따르면 불확실한 상황에서 사람이 느끼는 이익과 손실은 '기준선'에 따라 달라질 수 있다. 취소선이 그어진 정가는 소비자에게 기준을 제시하고 저렴하게 판매하고 있다는 점을 강조하는 행위인 것이다.

할인행사 마감 시간 표시도 이익보다 손실에 반응하는 사람들의 심리를 이용한 전략이다. 남은 시간이 1초씩 줄어드는 걸 보면 빨리 참여해야 한다는 압박감을 느낀다. '지금 구매하지 않으면 앞으로 다시는 이 가격에 살 수 없을지 모른다'고 생각하면서 뭔가 손해 보는 듯한 감정에 빠진다. 싸게 사서 이익을 보겠다는 생각보다 지금 사지 않으면 손해를 볼지도 모른다는 메시지가 더 강렬하게 다가온다.

'프로스펙트 이론'은 이처럼 이익보다 손실에 반응하는 사람들의 심리를 반영한다. 그리고 같은 액수라도 이익을 봤을 때의 기쁨보다 손해를 입었을 때의 슬픔을 더 강하게 느끼는 이런 심리는 이익과 손실에 대한 중요한 사실 두 가지를 알려준다.

첫 번째, 이익은 합하기보다 나누는 게 사람들에게 더 큰 만족을 준다는 사실이다. 예를 들면, '10% 할인' 같은 통합된 이익보다는 '단골할인 5%', '이벤트 할인 3%', '쿠폰할인 2%'처럼 분리된 이익으로 제시하는 게 더 효과적이라는 뜻이다. 온라인 쇼핑몰에서 특정 카드로 결제할 때의 '10% 즉시 할인'과 '10% 캐시백 적립' 이벤트도 이익을 나누는 방식이다. 이익을 나누어 제시하면 소비자들은 받는 이익을 더 크게 느낀다.

두 번째, 손실은 나누기보다 합해야 사람들의 불만족을 줄일 수 있다는 사실이다. 경제가 어려워지면서 기업들은 매년 구조조정을 한다. 이때 '상반기에 100명, 하반기에 100명'씩 나눠 감축하기보다는 '한 번에 200명'을 감축해야 직원들이 고통을 조금이라도 덜 받는다. 고통은 두 번이 아닌 한 번만 받는 게 낫기 때문이다. 제주도나 부산 같은 관광지에서 상품을 2~3가지로 묶어 패키지로 판매하는 것도 손실을 합하는 방식이다. 장소별로 이용료를 지불할 때 느끼게 되는 마음의 손실을 최소화하는 전략이라고 볼 수 있다.

프로스펙트 이론에는 주의사항도 있다. 기업에서는 구매촉진을 위해 '신제품 10% 할인' 등과 같은 방식으로 다양한 행사를 진행하고, 행사가 종료되면 정상가격으로 회복시킨다. 그런데 소비자들은 세일이 끝나면 원래 당연했던 가격보다 비싼 가격에 산다고 느끼고 손해 보고 싶지 않은 마음에 구매를 미룬다. 세일행사와 가격할인의 가장 큰 목적은 신규고객 유입과 재고정리인데, 행사가 끝나면 대부분 판매량이 제자리로 돌아오며, 가격을 낮추어 판매했으니 손해 또한 감수해야 한다. 게다가 소비자들은 한 번 이상 세일이나 가격할인을 실시한 상품은 언젠가 다시 할인할 것이라 기대하고, 본래 가격을 지불하고 구매한 고객은 손해를 봤다고 생각하므로 주의해야 한다.

고객을 매혹하는 브랜드

기업들이 흔히 빠지는 함정 중 하나가 가격이다. 기업은 애초에 가격에서 자유롭기 어렵다. 그렇다고 저렴한 가격으로 성공하기도 어렵다. 비슷하게 향상된 품질과 다양한 제품들, 손쉽게 얻을 수 있는 넘쳐나는 정보에 의해 소비자들의 선택권이 커졌기 때문이다. 온라인 쇼핑몰은 저렴한 가격보다 합리적인 가격과 심리적인 만족이라는 가치를 원한다. 따라서 소비자가 만족할 수 있는 가치를 어떻게 찾아서 제공할지를 고민해야 한다.

브랜드는 기능적 가치 그 이상을 제공한다. 스타벅스, 애플, 나이키 같은 브랜드에는 제품의 기능뿐만 아니라 다양한 감정과 상징들이 숨어 있다. 소비자들은 자신이 원하는 감정과 상징을 찾아 기꺼이 비용을 내고 소비한다. 되고 싶은 내 모습이 특정 브랜드로 가능해진다고 생각하기 때문이다. 브랜드는 현재의 내 모습을 반영하면서 미래의 내가 바라는 이상형을 반영하기도 한다. 기업들이 브랜드에 다양한 스토리와 감성을 집어넣으려 노력하는 이유가 거기에 있다.

브랜드에는 많은 정보가 함축적으로 담겨 있다. 순발력, 힘, 열정을 원하는 소비자라면 나이키를 구매하고, 안정성이나 편안함을 원하는 소비자라면 뉴발란스를 선택할 가능성이 크다. 브랜드가 곧 그 사람이 된다. 사람들은 그렇게 브랜드를 통해 자신을 표현한다. 몰스킨에 메모하는 모습이나 스타벅스에서 커피 마시는 사진을 소셜미디어에 올린다. 이를 '사회적 지위의 간접 표명 심리'라고 한다. 외모든 재력이든 명성이든 재능이든 사람들은 타인에게 자신을 드러내고 싶어 한다.

브랜드는 다른 상품과의 차이를 식별하기 위해 붙여졌으나 구매의 효율성을 높여주기도 한다. 우리는 나이키라는 이유로, 스타벅스라는 이유로, 애플이라는 이유로 구매를 결정한다. 브랜드는 고객에게 일정한 품질을 보증하고 가치를 제공하겠다는 약속과 같다. 제품의 질보다는 브랜드로 차별화가 이루어지는 이유이기도 하다. 강력한 브랜드를 만들어가는 데는 그만큼 오랜 시간과 꾸준한 노력이 필요하다. 브랜드는 기업이 소비자에게 하는 차별적인 약속이다. 소비자들은 브랜드가 이야기하는 신뢰, 혁신, 우아함, 강함 등을 믿고 구매한다. 따라서 소비자들의 열렬한 호응으로 튼튼한 브랜드를 구축하면 하나의 카테고리에서 독점기업이 될 수도 있다.

소비자 편에서 브랜드가 중요한 이유는 구매에 따른 위험부담이 적고, 구매결정을 단순화시킬 수 있으며, 브랜드마다 내세우는 이미지와 상징적인 의미를 통해 자신의 표현 욕구를 충족시킬 수 있기 때문이다. 제품과 서비스가 넘쳐나는 시대에 소비자들은 너무 많은 선택지 앞에서 매번 새로운 정보를 찾기보다는 브랜드로 소비를 한다.

반면, 기업 편에서 브랜드가 중요한 이유는 차별화를 위한 가장 효과적인 수단이라는 데 있다. 비슷한 품질과 기능, 유사한 서비스 속에서 존재를 드러내는 브랜드는 소비자에게 정서적, 사회적 가치와 만족감의 차이를 선사하고, 소비자들은 브랜드가 제공하는 심리적 안정감, 사회적 자아 등을 아주 중요하게 생각한다. 그리고 이 같은 혜택이 클수록 소비자들의 브랜드 선호와 반복구매가 이어진다.

물론, 기업이 어떤 브랜드를 확고하게 구축하기까지는 많은 투자와 연구와 노력이 필요하지만, 성공하기만 하면 더 많은 걸 얻을 수 있다. 좋은 상품을 높은 가격에 판매할 수 있고, 마케팅 비용도 절감된다. 브랜드를 하나의 상품 카테고리로 확장할 수도 있다.

기업의 목표는 고객가치를 창출해 이윤을 만들어내는 데 있다. 그러므로 고객에게는 충분히 가치 있는 상품과 서비스를 제공하고, 이를 발판으로 더 좋은 상품과 서비스를 개발해 이익을 창출해야 한다. 아무리 뛰어난 상품도 고객이 그 가치를 알지 못하고 기업이 그들을 설득할 수 없다면 진흙 속의 진주나 마찬가지다. 상품의 가치를 담아 그 가치를 고객들에게 전달하는 중요한 매개체가 바로 브랜드다.

7장

고객을 어떻게
유입시킬 것인가?

01 | 검색이 안 된다면, 존재하지 않는 것!

퀴즈 하나! '악세사리'가 맞을까, '액세서리'가 맞을까? 모두 맞는 말이다. 물론, 외래어표기법 상으로는 '액세서리'가 맞지만 우리는 흔히 '악세사리'라고 말한다. 네이버 광고관리시스템에서 두 키워드를 비교하면 '악세사리'가 '액세서리'보다 최소 2배 이상 사용되고 있음이 확인된다.

이는 온라인 마케팅에서 중요 포인트 중 하나다. 내가 쓰는 언어와 상관없이 고객이 많이 찾는 단어가 무조건 맞는 것이다. 그래서 소비자가 어떤 키워드를 많이 검색하는지 '소비자키워드 조사'가 반드시 수반되어야 한다. 온라인에서 홈페이지, 쇼핑몰, 블로그 등 무엇을 사용하든지 키워드를 찾아보는 활동은 중요한 기본작업이다.

우연이든 본인이 직접 찾아갔든 상관없이 쇼핑몰, 웹사이트, 블로그 등을 방문한 사람은 자신의 흔적을 로그(log)라는 형태로 남기고 떠난다. 이 로그파일을 분석하면 그가 어떻게 들어왔는지, 어디를 어떻게 돌아다녔는지, 오래 머문 페이지는 어디인지, 어디서 빠져나갔는지 등 방문패턴을 모두 알 수 있다. 특정 프로그램 지식이나 전문지식 없이도 누구나 아주 쉽게 활용 가능하다.

온라인 쇼핑몰에서 네이버의 영향력은 절대적이다. 네이버 스마트스토어를 중심으로 네이버쇼핑, 네이버페이, 네이버 멤버십 등 대부분의 생태계를 확보하고 있기 때문이다. 필자가 실제 운영하는 온라인 쇼핑몰의 로그분석 자료를 보아도 네이버의 고객유입 비율은 압도적이다. 따라서 네이버만 참조해도 소비자키워드에 관한 정확한 데이터를 얻을 수 있다.

소비자키워드 조사는 소비자와의 머리싸움이다. 소비자는 특정 제품을 구매할 때 제품 자체를 검색하기도 하지만 브랜드, 사용상황, 니즈 등에 따라 다양한 형태로 검색한다. 스마트폰을 구매하려는 소비자가 '스마트폰'이라고 검색하기도 하고 '아이폰' 또는 '갤럭시S'처럼 브랜드를 검색하기도 하는 게 그 예다.

소비자가 어떤 키워드로 검색하는지는 아무도 가르쳐주지 않는다. 오로지 쇼핑몰 운영자의 몫이다. 소비자가 우리 제품을 구매하기 위해 어떤 키워드로 검색하는지 스스로 알아내야 한다. 그리고 내 고객이 될 것 같은 키워드, 즉 목표고객이 검색할 만한 키워드를 찾아내야 노력과 비용 대비 큰 효과를 거둘 수 있다. 그렇게 도출된 키워드를 바탕으로 네이버 '광고관리시스템'을 찾으면 지난 1개월 동안 해당 키워드 조회 수를 친절하게 가르쳐준다.

또 다양한 검색어 조사가 필요한데, 그 이유는 검색어를 많이 찾아낼수록 저렴한 비용으로 새 방문자를 유입시킬 수 있기 때문이다. 일반적으로 검색어가 다양할수록, 사람들이 많이 찾지 않는 검색어일수록, 상품명과 동일한 단어를 사용하지 않는 검색어일수록 비용이 낮아지며, 네이버나 다음, 구글 등을 활용하면 다양한 키워드를 찾을 수 있다.

소비자키워드 조사 도출 예

방법	설명
대표 키워드	해당 쇼핑몰에서 판매하고자 하는 제품을 대표하는 키워드 예) 여성의류 쇼핑몰의 경우 '스커트', '청바지', '정장' 등
확장 키워드	'단어+대표키워드' 또는 '대표키워드+단어'의 형태 예) 청바지 쇼핑몰의 경우 '리바이스 청바지', 'CK 청바지', '일자 청바지' 등
브랜드 키워드	해당 제품의 대표적인 브랜드명 예) 아이폰, 갤럭시S
유행/스타일	드라마나 연예인을 통해 유행하고 있는 키워드 예) 조인성 스타일, 김남주 스타일
상품 Needs	상품과 관련된 니즈로 소비자의 제품구매 이유 예) 화장품 쇼핑몰의 경우 '깨끗한 피부', '여드름 치료' 등
썸트렌드	인스타그램, 유튜브, 블로그 등 소셜미디어 연관어 예) 다이어트의 경우 '운동', '건강' 등

방법	설명
대표 키워드	
확장 키워드	
브랜드 키워드	
유행/스타일	
상품 Needs	
썸트렌드	

　대표키워드, 확장키워드, 브랜드키워드, 유행/스타일, 상품 Needs, 썸트렌드 등을 바탕으로 위 양식에 자신이 판매하고 있는 제품 관련 키워드를 자유롭게 적어보자. 이 작업 역시 정답을 요구하는 것이 아니므로 편한 마음으로 작성하면 된다.

　소비자가 많이 찾을 것 같은 키워드가 조사되었다면 이제 경쟁 쇼핑몰을 분석해야 한다. 경쟁쇼핑몰은 1차적으로는 아이템스카우트와 네이버 등을 활용해, 2차적으로는 위의 양식에 작성한 특정 키워드를 검색하는 형태로 찾아낼 수 있다. 특정 키워드를 입력하면 키워드광고 영역 외에 블로그, 카페, 지식검색 등에 경쟁

쇼핑몰이 나온다.

경쟁쇼핑몰을 찾았다면 쇼핑몰을 방문해 타이틀 태그와 메타 태그에 어떤 키워드가 배치되어 있는지, 제품설명에는 어떤 키워드가 사용되었는지 꼼꼼히 메모한다. 경쟁쇼핑몰에 사용된 키워드 외에 사용자 실수에 기반한 오타와 영문으로 잘못 검색한 경우 및 특정 이벤트성 키워드(빼빼로데이, 성년의 날, 어버이날 등) 등도 도출해본다.

그다음은 조사해서 나온 키워드를 소비자가 얼마나 검색하는지 네이버 광고관리시스템에서 조회 수를 확인해 본다. 특정 키워드를 검색하면 검색 시점을 기준으로 최근 한 달 동안의 조회 수 확인이, 해당 키워드를 클릭하면 1년치 검색량 확인이 가능하다. 크리스마스, 추석선물 같은 시즌성 키워드는 해당 시점의 조회 수를 기록한다.

경쟁쇼핑몰 키워드 사용현황 조사

방법	설명
경쟁쇼핑몰 사용 키워드	
소비자 실수	
이벤트성 키워드	

소비자키워드 조사 양식

대표키워드	조회 수	확장키워드	조회 수	브랜드키워드	조회 수

유행 키워드	조회 수	Needs	조회 수	이벤트 키워드	조회 수

연관 키워드	조회 수	추천 키워드	조회 수	기타	조회 수

02 | 검색 서비스에도 기준이 있다

우리가 '검색엔진'이라고 부르는 네이버, 구글 등에는 사람과 같은 눈이 없다. 검색엔진이라는 이름처럼 기계일 뿐이다. 그렇다면 그것들은 어떤 기준으로 검색결과를 보여주는 걸까?

검색엔진이 이해할 수 있는 것은 웹페이지를 만들 때 필요한 기본 언어인 HTML과 텍스트뿐이다. 사진과 동영상을 보아도 그게 어떤 사진인지, 어떤 동영상인지 모른다. 적어도 현재의 기술 수준으로는 그렇다. 그렇다면 검색엔진이 HTML과 텍스트 위주의 검색결과를 보여줄 때 우선순위를 어떻게 정할까? 동일한 두 개의 문서를 어떤 기준으로 1등과 2등으로 나눌까? 그 기준을 알 수 있다면 내가 운영하는 쇼핑몰이 소비자에게 좀 더 많이 노출될 수 있지 않을까? 궁금증이 꼬리에 꼬리를 문다.

온라인 쇼핑몰 입장에서 검색엔진을 통한 노출은 고객유입과 브랜드 인지도 향상에 도움이 된다. 단기적으로는 키워드광고를 활용해 고객을 유입시킬 수 있으며, 장기적으로는 쇼핑몰 인지도를 높일 수 있다. 우리는 뭔가가 궁금하면 먼저 검색엔진에서 검색하고, 광고든 검색이든 상단에 노출된 것을 클릭한다. 검색되지 않으면 없는 것과 같다.

따라서 웹페이지를 만들 때는 크게 2가지 관점을 주목해야 한다. 하나는 사람이고, 다른 하나는 검색엔진이다. 사람을 위해서는 사진촬영도 하고, 상세설명도 잘 작성하는 등 많은 노력을 기울인다. 하지만 더 중요한 건 검색엔진이다. 키워드광고를 하지 않는 이상 검색엔진이 검색을 해주지 않으면 소비자를 만날 수 있는 길도 없기 때문이다.

기본에 충실하자

어떤 일이든 기본이 중요하다. 공부도 사업도 사람 관계도 모두 기본에 충실해야 한다. 기본의 중요성은 아무리 반복해도 지나치지 않다. 빨리 성장하고 싶은 마음에 기본을 무시하고 단기적인 처방만 한다면 장기적으로 살아남지 못한다. 온라인마케팅에서의 기본은 검색엔진최적화다. 검색엔진최적화(SEO, Search Engine Optimization)는 검색엔진 내에서 특정 웹사이트의 순위를 높이기 위해 그 웹사이트의 내용을 적절히 조정하는 것을 말한다.

많은 온라인 쇼핑몰이 온라인마케팅을 하고 있으나 검색엔진최적화에는 충실하지 못하다. 그보다는 대부분 단기적으로 빠른 효과를 볼 수 있는 키워드광고에 집중한다. 하지만 키워드광고는 광고가 클릭될 때마다 비용을 지불해야 하므로 방문자가 확보된다는 기쁨보다 광고비 부담이 더 크다. 더구나 광고를 진행하는 키워드에만 관심을 가짐으로써 실질적인 방문자 접속정보는 파악하기 어렵다. 구글 애널리틱스는 세계적으로 가장 많이 사용되는 무료 로그분석 프로그램임에도 이를 제대로 활용해 온라인마케팅을 진행하는 곳은 많지 않다.

검색엔진최적화가 고려된 사이트나 쇼핑몰은 검색을 통해 지속적인 방문자 확보가 가능하다. 키워드광고처럼 하나의 단어가 아닌 여러 개의 키워드로 방문자를 유입시킬 수 있어 장기적으로는 더 효과적이다. 온라인마케팅의 기초체력인 검색엔진최적화를 통해 무료로 얻게 되는 트래픽과 키워드광고, 블로그, 페이스북 등 다양한 채널을 통합적으로 활용한다면 원하는 마케팅 목적을 달성할 수 있다.

처음부터 업종 대표키워드를 상위에 노출시키려 애쓸 필요는 없다. 이미 실력 좋은 경쟁자들이 해당 키워드는 다 선점한 상태라고 보아야 한다. 욕심내지 말고 가벼운 마음으로 검색량을 높여나간다. 앞의 방법으로 키워드 점유 비율을 체크하고, 얼마나 증가시켜 나갈지 결정하면 된다. 여기서 경험이 중요하다. 열심히 했음에도 성과가 낮게 나오는 이유는 경쟁이 심한 대표키워드만 공략했기 때문이다. '강남맛집' 같은 대표키워드보다는 '강남데이트장소' 같은 유사키워드를 공략해야 효과적이다. 대표키워드는 경쟁이 심해 처음부터 공략하면 한계에 부딪힌다.

내부검색엔진최적화 요소

온라인 쇼핑몰이 수행할 수 있는 검색엔진최적화는 모든 영역에서 이루어져야 한다. 쇼핑몰의 메인페이지는 물론이고 상세페이지와 게시판 답변 등에서 검색엔진이 좋아하는 형태로 만들어져야 한다. 검색엔진최적화는 내부검색엔진최적화와 외부검색엔진최적화가 있다. 내부검색엔진최적화는 내부적인 콘텐츠가 얼마나 검색엔진이 좋아하는 형태로 만들어졌는가를 뜻하고, 외부검색엔진최적화는 나 이외의 다른 사이트에서 나를 얼마나 신뢰하고 있는가를 말한다.

내부검색엔진최적화 중에 가장 중점적으로 활용되면 좋은 곳이 '타이틀 태그 자리'다. 웹사이트 제목에 해당하는 곳으로 이곳에 소비자가 많이 찾는 키워드를 배치한다. 타이틀 태그 위치, 즉 제목을 작성할 때는 쓸모없는 인사말이나 그럴싸한 문구가 아닌 소비자가 많이 찾는 키워드를 넣어야 검색엔진이 검색을 해줄 수 있다(앞에서 언급했듯 네이버와 다음 등 국내 포털은 자체 에디터를 통해 편집 과정을 거친다. 이 과정에서 글의 중요도가 결정되므로 이 기준은 절대적이지 않을 수 있다).

다음은 일반적으로 통용되는 내부검색엔진최적화 요소다. 웹페

내부검색엔진최적화 요소

내부 위치	활용방법
타이틀(title)	HTML 태그 중 〈title〉 태그에 해당하는 곳으로 제목을 의미한다. 소비자 키워드 조사 중 가장 조회 수가 많은 대표키워드를 기입한다
메타(meta)	• Description TAG : 검색결과를 사용자에게 보여줄 때 Description TAG 내용을 출력해 준다. 따라서 소비자들이 반응할 수 있는 형태로 작성되어야 한다 • KewWords TAG : 중요한 키워드는 앞에 그리고 반복해서 스팸으로 인식되지 않게 대표키워드 위주로 작성한다
웹페이지 내용 최초 250글자	본문 내용 중 최초의 250글자가 특히 중요하므로 동영상, 이미지 등은 내용설명을 한 후에 업로드하는 게 좋으며, H1~H6의 글자 크기의 조절과 키워드 반복 횟수, 반복 거리를 조정해 글을 작성한다
H1~H6	텍스트 단락의 제목으로, 적절한 크기로 글자의 중요도를 표시하면 검색될 확률이 높아진다
strong	웹 페이지에서 강조하고 싶은 글씨를 강조할 때 사용하는 태그로 글자 크기, 색깔 등을 바꿔 웹페이지를 작성하면 검색될 확률이 높아진다
키워드 반복 횟수	• 핵심 키워드의 반복 횟수 • 예) 애견용품 판매, 애견분양처럼 '애견'이라는 키워드를 반복해서 사용
단일 키워드 반복 거리	하나의 키워드가 전체 웹페이지 안에서 분포해 있는 거리를 의미
복합 키워드 거리	2개 이상의 단어로 구성된 키워드에서 각 단어 간 거리를 의미
img alt	사진을 설명하는 태그로 검색엔진은 이미지를 읽을 수 없으므로 이미지 업로드 시 설명 문구를 필히 삽입해야 함
a hret	검색엔진은 링크된 주소로 찾아가서 더 이상 링크가 없을 때까지 추적해 모든 웹페이지의 정보를 수집함
내부 링크 인기도	내 사이트에서 내 사이트의 다른 페이지로 링크를 건 횟수로, 가장 중요하다고 생각되는 페이지를 다른 페이지에 많이 링크시키면 됨
타사이트 링크	웹페이지에서 링크시켜 놓을 때 검색결과에 좋은 영향을 미침(이것은 구글의 페이지링크 방식으로 좋은 웹사이트일수록 많은 사람이 참조할 것이라는 전제가 있음. 네이버, 다음 등 국내 검색포털은 검색결과를 사람이 개입해 편집하므로 절대적으로 맞는 건 아님)

이지를 작성할 때 선행된 '소비자키워드 조사'를 바탕으로 해당 위치에 키워드를 배치하면 검색결과에 좋은 영향을 미칠 가능성이 크다. 유의해야 할 것은 하나의 키워드를 반복적으로 사용하면 스팸으로 인식될 수 있다는 점이다. 예를 들어, '악세사리, 악세사리, 악세사리'라고 키워드를 반복해 넣으면 스팸으로 인식되어 검색에서 배제된다. '악세사리'라는 키워드로 쇼핑몰이 검색되길 원한다면 반복이 아닌 '여성용 악세사리, 귀여운 악세사리, 최신유행 악세사리'처럼 다른 단어와 조합하는 형식이 좋다.

외부검색엔진최적화 요소

외부검색엔진최적화는 쇼핑몰 사이트 외부에서 검색엔진이 좋아할 만한 방법을 찾는 일이다. 다른 웹사이트(홈페이지, 쇼핑몰, 블로그, 카페 등)에서 해당 쇼핑몰을 얼마나 많이 링크하고 있는지, 클릭은 많이 되는지 등 쇼핑몰 외부에서 일어나는 활동을 말한다.

검색엔진최적화는 하나의 스킬일 뿐이다. 온라인 쇼핑몰에서 정말 중요한 건 소비자를 이해하고 소비자가 궁금해하는 콘텐츠를 제공하는 일이다. 스킬에만 너무 열중한 나머지 고객을 등한시한다면 해당 쇼핑몰을 이용하는 사람은 점점 줄어들 수밖에 없다. 어차피 콘텐츠를 생산해야 한다면 검색엔진이 좋아할 수 있는 형태로 작성하는 게 좋다. 소비자에 대한 이해와 더불어 소비자가 좋아하는 콘텐츠 제공이 가장 중요하다.

외부검색엔진최적화 요소

외부요소	활용방법
사이트 도메인	검색키워드가 도메인에 들어가면 유리함
HTML 파일의 이름	HTML/php/asp 파일의 이름으로 파일 이름에 검색키워드가 포함되어 있으면 유리함. 운영하는 블로그에 글을 쓸 때 생성되는 고유의 주소(퍼머링크)를 특정 키워드로 하는 것도 하나의 방안
최신페이지	최신 정보를 선호하는 네티즌의 성향에 따라 최신 웹페이지일수록 유리함
페이지의 나이	웹페이지가 얼마나 오래전부터 존재해 왔는지를 평가
링크 인기도	다른 웹사이트에서 내 사이트를 링크 걸어둔 정도. 검색엔진에 등록된 이후 시간이 흐르면 흐를수록 페이지의 나이와 링크 인기도가 매우 큰 영향을 미침
클릭 인기도	검색엔진 검색 결과 페이지에서 실제로 네티즌이 많이 클릭할수록 유리함
각 포털에 따름	똑같은 내용의 블로그 페이지라 해도 네이버의 검색엔진에서는 네이버 블로그가, 다음의 검색엔진에서는 다음의 블로그가 유리함

03 떼려야 뗄 수 없는 광고와 홍보

전체적으로 제품 수가 적고 판매자도 몇 안 된다면 판매 걱정을 안 해도 되지만, 제품 종류와 수량이 많고 판매자도 많으면 상황은 달라진다. 소비자는 너무 많은 종류로 인해 어떤 제품을 사야 할지 몰라 혼란스럽고, 판매자도 소비자들의 선택을 받아야 하므로 어려움을 겪게 된다.

이제는 누가 봐도 제품과 서비스가 넘쳐나는 시대다. 생산성은 높아지는 데다 글로벌화로 제품은 더욱 저렴하게 생산된다. 게다가 업종 간 파괴 현상으로 경쟁은 갈수록 심해진다. 이런 시대에 살아남으려면 본질적으로 경쟁력을 갖추고 나를 적극적으로 알려야 한다. 아무리 좋은 제품이 있어도 소비자가 모르면 아무 소용이 없다.

상황에 따라 방법은 다르겠지만 그래서 광고와 홍보는 필연적이며 소비자에게도 도움이 된다. 수많은 제품 속에서 자신에게 꼭 맞는 걸 얻을 수 있다면 이는 광고가 아닌 정보가 되기 때문이다. 광고는 네이버쇼핑 광고나 구글애즈처럼 돈을 들여 소비자의 선택에 영향을 끼칠 목적으로 진행되는 것을 말한다. "나는 당신을 정말 사랑해!"라는 의도된 메시지를 일방적으로 내보내는 방식이다. 이처럼 광고는 제품이 필요한 사람에게 직접 다가간다는 장점이 있다. 반면, 홍보는 따로 돈을 들이지 않으면서 자주 만나는 친구나 가족, 회사 동료 등 지인의 입을 빌리는 것과 같다. "내 말을 믿어봐! 그 남잔 정말 괜찮은 사람이야!"라고 절친이 이야기하면 훨씬 더 신뢰가 가는 식이다. 페이스북과 인스타그램, 블로그 등의 소셜미디어를 통해 정보와 영향을 주고받는 데에는 '아는 사람'을 이용한 홍보가 포함돼 있다.

온라인마케팅은 고객유입, 구매전환, 재구매로 나누어 접근해야 한다. 고객유입은 광고 및 검색, SNS 등을 통해 고객을 온라인 쇼핑몰에 유입시키는 것이며, 구매전환은 쇼핑몰을 찾은 사람의 구매를 말한다. 구매전환은 일반적으로 상품 구매를 뜻하지만, 업종에 따라 고객의 리드정보(이메일과 전화번호 등)를 확보하거나 기업소개서 다운로드 등도 속한다. 재구매는 말 그대로 한 번 구매한 사람이 재방문을 통해 다시 상품을 구매하는 것이다.

고객유입은 이처럼 돈을 들이든 지인들에게 부탁하든 다양한 방법으로 고객을 끌어들이는 행위로 온라인에서 고객을 유입시키는 방법은 다음의 세 가지로 나뉜다.

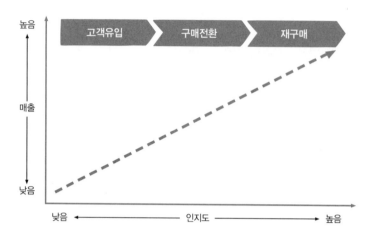

고객유입, 구매전환, 재구매 프로세스

첫 번째는 목표고객이 정해졌고 그들이 많이 이용하는 채널을 알고 있다는 전제하에 비용을 들여 광고를 하는 방법이다. 쇼핑몰이든, 상품광고든, 키워드광고든, 인플루언서를 통하든, 전단지를 뿌리든 해야 한다.

두 번째는 블로그, 이미지, 동영상, 뉴스 등 다양한 채널을 이용해 검색엔진에서 검색될 수 있도록 하는 방법이다. 광고만으로 고객을 유입시키기에는 한계가 있다. 네이버, 구글, 인스타그램 등에서 검색될 수 있도록 다양한 콘텐츠를 제공해야 한다.

세 번째는 소셜미디어를 활용하는 방법이다. 사람들은 자신의 경험을 자랑처럼 소셜미디어에서 공유하는데, 진정성을 갖고 대화하고 관계를 형성한다는 게 소셜미디어의 주요 포인트다.

고객유입, 구매전환, 재구매 활동 중 간과하기 쉬운 게 구매전환이다. 구매전환에는 가격, 품질, 서비스 수준, 소비자 평가 등의 다양한 요소가 있다. 쇼핑광고와 키워드광고로 고객을 아무리 많이 유입시켜도 판매상품의 경쟁력이 없다면 구매로 연결되지 않는다. 따라서 온라인마케팅을 진행하기 전에 제품의 품질에 문제는 없는지, 고객이 만족할 만큼의 서비스가 제공되고 있는지, 한 번 방문한 고객을 잘 관리할 수 있는지 등 제반사항이 점검되어야 한다. 제대로 준비되어 있지 않은 상태에서 마케팅을 진행하면 비용만 낭비된다.

구매전환은 판매자의 태도와도 연관이 있다. 온라인상의 문의로 해결되지 않으면 직접 전화를 걸어올 때가 있는데 어떻게 응대하느냐에 따라 구매로의 전환율이 달라진다. 친절하게 인사하고, 밝게 웃고, 자주 오는 고객에게는 서비스도 챙겨 주는 오프라인 매장처럼 온라인도 사람 사는 공간으로 인식해야 한다.

고객을 재구매로 연결시키는 건 매우 중요하다. 사업이 잘되는 곳은 단골이 많다. 자주 오는 고객에게 고마움을 표시하며 서비스도 제공하고, 감사의 말도 건네고, 내용이 알찬 쿠폰도 제공하는 등 신경을 써야 한다. 신규고객 의존도가 높은 온라인 쇼핑몰은 재구매에 더욱 관심을 쏟아야 한다. 새로운 고객이 유입된다는 건 그만큼 광고비나 콘텐츠 제작에 공을 들이고 있다는 의미이기도 하기 때문이다. 또한, 끊임없이 새로운 고객을 유입시키기에는 한계가 있다.

고객유입, 구매전환, 재구매 관점에 따라 광고와 홍보방법도 달라야 한다. 쇼핑몰 인지도가 낮고 직접적인 매출 증가가 시급한 상황이라면 비용을 들여 광고를 해야 한다. 소비자는 자신의 소비 패턴을 바꿀 이유가 없다. 그러므로 목표고객이 주로 사용하는 채널에 적극적으로 광고해 그들에게 존재를 알려야 한다.

매출과 인지도가 조금씩 높아지는 단계라면 광고보다는 고객과의 관계 강화에 중점을 둔다. 광고는 비교적 단기간에 기대하는 효과를 얻을 수는 있으나 수익률에 영향을 미칠 뿐만 아니라 노출되는 순간 경쟁사의 견제를 받기 쉬워 계속하기 어렵다. 고객과 관계를 형성할 수 있는 블로그, 페이스북, 인스타그램 같은 소셜미디어를 통해 내 존재를 알리면서 고객과 지속적인 커뮤니케이션 활동을 해야 한다.

광고는 돈이 들어가는 반면 직접적인 효과를 기대할 수 있고, 홍보는 돈이 들지 않으나 효과를 기대하기까지는 오랜 시간이 필요하다는 차이를 인식하고 각각의 상황에 따라 접근해야 한다.

오프라인에서는 고객을 끌어들이기 위한 활동으로 간판, 쇼윈도, 전단지, 현수막 등을 활용하고, 온라인에서는 쇼핑광고와 키워드광고, 블로그, 페이스북, 인스타그램 등을 활용한다. 만약, 온라인과 오프라인 매장을 함께 운영 중이라면 오프라인을 등한시하는 우를 범해선 안 된다. 사람들은 여전히 오프라인에서 살아가고 있으므로 오프라인은 아주 중요한 한 축이다. 어떤 의미에서 보면 온라인은 오프라인을 연결시켜 주는 역할에 불과하다. 오프라인이 중요하다는 기본 전제를 바탕으로 온라인에 접근해야 한다. 다만, 정보를 찾고, 구매를 결정하고, 공유하는 활동 전반에서 온라인의 영향력이 커져 갈 뿐이다.

광고를 통해 고객을 확보하라

키워드광고에 소요되는 비용이 지속적으로 증가하고 있음에도 많은 쇼핑몰이 광고를 진행하는 이유는 목표고객에 확실히 다가가는 효과를 로그분석과 광고효과보고서 등으로 확인할 수 있기 때문이다. 전통 미디어 매체인 TV, 신문, 잡지, 라디오는 광고 효과 측정이 어려웠으나 인터넷 광고는 소비자에 대한 정보를 비교적 정확하게 측정할 수 있다. TV, 라디오처럼 '판매자가 고객을 찾아' 나서는 게 아니라 '찾아오는 고객'에게 광고를 노출한다는 점에서 이전보다 훨씬 적극적이고 적중률이 높다.

키워드광고의 종류는 과금부과 방식에 따라 CPC(Cost Per Click) 광고와 CPM(Cost Per Millenium) 광고로 분류된다. CPC 광고는 사용자가 키워드광고를 클릭해 방문한 수만큼 광고비를 지불하는 방식으로 종량제 광고라고도 하는데, 네이버 파워링크 등이 대표적이다. CPM 광고는 클릭 수가 아니라 노출 수를 기준으로 광고비를 지불하는 방식으로 정액제 광고라고도 한다.

CPC 방식과 CPM 방식은 고객유입 수와 구매전환률에 따라 장단점을 가진다. 고객유입도 많고 구매율도 높은 키워드는 CPC 방식과 CPM 방식 모두에 적합하다. 이때의 키워드는 쇼핑몰과 판매제품의 성격이 정확하게 반영된 키워드다. 고객유입은 많으나 쇼핑몰 내에서 구매율이 떨어지는 키워드는 CPM 방식이 적합하다. 해당 키워드에 대한 수요는 있지만 키워드와 쇼핑몰의 성격이 잘 맞지 않거나 경쟁 쇼핑몰에 비해 가격이나 서비스 등이 뒤떨어지는 상황일 때 활용한다.

고객유입이 많은 편은 아니나 구매율이 높은 키워드는 CPC 방식이 적합하다. 이런 건 세부키워드일 때가 많으며, 쇼핑몰 성격과 매칭 정도가 높은 키워드다. 많은 온라인 쇼핑몰이 활용해야 할 방식 중 하나다.

마지막으로 고객유입이 적고 구매율도 낮은 키워드는 광고를 집행해서는 안 된다. 쇼핑몰의 성격과는 맞지 않으므로 키워드를 과감히 포기하고 다른 키워드를 발굴해야 한다.

CPC, CPM 광고의 특징

고객 유입	구매 전환	내 용	적합한 광고방식
↑	↑	쇼핑몰과 판매제품이 잘 맞는 키워드	CPM, CPC
↑	↓	• 해당 키워드에 대한 수요는 있으나 쇼핑몰 성격이 잘 맞지 않는 키워드 • 서비스의 질적인 면에서 신뢰도가 낮고, 경쟁 쇼핑몰에 비해 가격과 서비스 경쟁력이 부족	CPM
↓	↑	쇼핑몰 성격과 잘 매칭되는 키워드로 세부키워드인 경우가 많음	CPC
↓	↓	키워드와 쇼핑몰 간 성격이 맞지 않으므로 다른 키워드를 발굴해야 함	적합한 형태 없음

쇼핑몰 생태계를 장악한 네이버

온라인 쇼핑몰의 경우에는 네이버의 영향력이 가장 크다. 자사몰과 스마트스토어를 동시에 운영해 보면 스마트스토어의 매출액이 절대적으로 높음을 알 수 있다. 그러다 보니 자사몰보다 네이버에 집중하는 게 낫겠다는 생각이 들기도 한다. 하지만 자사몰의 힘을 키워야 온라인 쇼핑몰의 미래가 있다. 현실적으로 네이버에서 활용 가능한 것들을 활용하면서 중장기적으로 벗어나는 전략을 취하는 게 좋다.

네이버 광고는 크게 쇼핑광고나 파워링크처럼 키워드를 중심으로 광고를 노출해주는 '네이버 광고'와 잠재고객을 세밀하게 타기팅해서 네이버 밴드와 카페 등에 배너광고 형태로 노출하는 '성과형 디스플레이 광고'로 구분된다.

쇼핑검색광고는 상품구매 전 검색으로 탐색하는 이용자에게 광고주의 상품과 메시지를 홍보하기에 가장 효과적인 쇼핑특화 검색광고 상품으로, 네이버 통합검색의 쇼핑 영역과 네이버 쇼핑검색결과 페이지에 노출된다. 쇼핑광고의 가장 큰 장점은 상품을 구매하려는 사람들에게 노출되므로 구매전환율이 높다는 점이다. 반면, 노출되는 자릿수 제한과 광고비가 높게 책정된다는 단점도 있다.

네이버 쇼핑광고는 광고주가 유입되는 키워드를 결정하지 않고 제거하는 방식으로 운영된다. 파워링크처럼 키워드를 선택하는 게 아니라 상품을 선택하면 시스템이 키워드를 결정해주고, 광고주는 유입되는 키워드 중 효과가 낮은 키워드를 제거한다. 물론, 상품을 업로드한 카테고리와 상품명 등은 검색키워드에 분명 영향을 미친다. '원목 3단 서랍장'보다 '원룸꾸미기 원목 3단 플라스틱 서랍장'이 더 많이 검색된다는 말이다. 따라서 네이버 쇼핑광고를 처음 집행하는 사업자라면 유입되는 키워드의 전환율을 확인하면서 성과가 낮은 키워드를 제거해 가는 한편, 업로드 카테고리와 상품명을 잘 이용해야 한다.

네이버 검색광고는 쇼핑광고와 달리 검색결과 화면의 파워링크, 비즈사이트, 검색탭 등에 노출되는 상품이다. 검색결과에 의해 보여지므로 광고주 입장에서 볼 때 정밀한 노출이 가능하다.

온라인 쇼핑몰에 적합한 키워드 찾아내기는 키워드광고의 기초이자 가장 중요한 단계다. 키워드 선택은 '소비자키워드조사'에서 실시했던 대표키워드를 바탕으로 세부키워드로 확장하는 형태로 진행한다. 대표키워드 10개와 세부키워드 100개를 찾은 후 둘을 조합하면 1,000개의 키워드가 나온다. 엑셀을 활용하면 간단하다.

오른쪽 표는 홈트레이닝 장비를 온라인으로 판매하는 사업주가 키워드광고를 위해 세부키워드로 확장한 것이다. B2에 있는 '홈트레이닝'이 대표키워드고, A열은 대표키워드 앞에 붙일 단어들이다. 엑셀에서 글자와 글자를 붙일 때는 '&'를 사용한다. 그리고 특정 값을 변하지 않게 하려면 '$'를 넣어주면 된다. 위의 '=A3&$B$2' 함수는 B2의 값을 동일하게 유지하면서 A열의 글자

세부키워드 확장방법

	A	B	C
1	(앞)붙일 단어	대표키워드	(앞)붙일 단어+대표키워드
2	요가	홈트레이닝	요가홈트레이닝
3	헬스		=A3&B2
4	피티		피티홈트레이닝
5	필라테스		필라테스홈트레이닝
6	크로스핏		크로스핏홈트레이닝
7	복싱		복싱홈트레이닝
8	점핑		점핑홈트레이닝
9	다이어트		다이어트홈트레이닝

값을 붙이라는 수식이다. 이렇게 대표키워드 하나에 앞뒤로 다른 키워드를 붙여 확장하면 생각보다 많은 키워드 도출이 가능하다.

그렇다고 모든 키워드의 효율이 높은 건 아니다. 따라서 그물을 촘촘히 치듯 검색포털에 뭐라고 입력해도 광고로 노출될 수 있도록 만들어야 한다. 그 후 광고관리시스템에서 제공하는 통계보고서 기능을 확인하면 보다 세밀하게 전략 수정도 가능하다.

키워드광고는 대표키워드보다는 세부키워드로 진행해야 비용 대비 효과가 높다. 노트북을 예로 들면, 관심이 있을 때는 '삼성컴퓨터', '엘지노트북', '애플' 등으로 검색하다가도 필요한 정보를 습득한 후 살 때가 되면 '엘지 그램 15인치'처럼 구체적인 키워드로 검색한다. 그래서 대표키워드는 검색량은 많으나 구매전환율이 낮고, 세부키워드는 검색량은 적으나 구매전환율이 높다.

세부키워드를 계속 강조하는 이유는 비용 대비 효과가 높기 때문이다. 예를 들어, 용산에서 노트북 및 주변기기를 판매하는 사업자가 키워드광고를 진행하기 위해 소비자키워드조사를 통해 '컴퓨터'라는 키워드를 찾아냈다고 치자. 그럼 '컴퓨터'라는 키워드광고를 진행하면 될까? 안 된다. 앞서 말했듯 '컴퓨터'는 업종 대표키워드로써 검색하는 사람은 많으나 광고비용이 비싸고 쇼핑몰 방문 후 구매로 이어지는 비율은 낮기 때문이다. '컴퓨터'라는 키워드는 컴퓨터를 구매하기 위함인지, A/S를 받기 위함인지, 컴퓨터 관련 보고서를 쓰기 위함인지 알 수 없다. 이에 비해 '컴퓨터'라는 대표키워드를 확장해 '용산컴퓨터싼곳', '용산컴퓨터업체추천' 등과 같이 세부키워드로 광고를 진행하면 비용 대비 효과가 높아진다. 세부키워드는 대표키워드에 비해 검색량은 적지만, 구매 의사가 어느 정도 결정된 고객을 만나게 해준다.

'성과형디스플레이광고'는 타깃 집단이 명확할 때 효과적이다. 네이버는 카페와 밴드를 중심으로 오래전부터 커뮤니티를 위한 서비스를 제공하고 있다. 등산동호회, 캠핑동호회 같은 커뮤니티는 취미와 관심사가 비슷한 사람들이 모인 곳이다. 캠핑용품을 판매하는 온라인 쇼핑몰이라면 다른 곳을 찾기보다 네이버 카페와 밴드에 광고를 집행하는 게 가장 효과적인 방법일 수 있다. 성과형디스플레이광고에서는 연령, 성별, 지역, 관심사 등을 세밀하게 나눠 타기팅해 준다.

네이버 이외의 영역을 공략하는 구글

200만 웹사이트와 65만 앱을 확보하고 있는 'Google Display Network(GDN)'는 구글애즈시스템을 활용해 고객이 가는 사이트마다 광고가 노출되도록 함으로써 정교한 타기팅이 가능하도록 해준다.

GDN은 관심 기반 마케팅 시스템으로 관심분야가 일치하는 사용자에게 배너광고를 도달시킨다. 광고 관련성을 높이기 위해 강력한 문맥 타기팅에 사용된 기술을 바탕으로 사용자의 관심 카테고리를 생성시키는데, 이를 활용하면 사용자가 직접 자신의 관심분야를 정의할 수도 있다.

네이버와 다음을 제외한 대부분의 웹사이트에서 만나게 되는 광고는 사용자의 쿠키값을 바탕으로 한 노출이다. 광고주의 웹사이트 페이지에 추적 코드를 설치, 그 페이지를 방문한 고객의 목록을 작성해 해당되는 고객에게 배너를 보여준다. 그러므로 구글 디스플레이 네트워크에서는 클릭당 광고료를 지불하는 CPC 방식이 최적의 가격에 최대의 효과를 누릴 수 있다. 타 플랫폼에서 보기 어려운 다양한 분석을 리포트로 제공한다는 점도 매력적이다. 이는 구글 디스플레이 네트워크를 활용하면 고객에 대한 도달 범위를 확장해 새로운 고객을 얻고, 기존의 고객을 유지하고, 판매를 촉진하고, 브랜드 인지도를 높일 수 있다는 말이다.

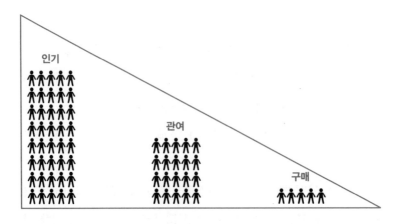

인구통계 타기팅	게재 위치 타기팅	관심사 타기팅	유사유저 타기팅
성별	디스플레이, 네트	방문하는 사이트	웹사이트를 방문한
연령	워크, 웹사이트 중	들과 수백만 개	유저들과 유사한
	광고 게재 위치	의 웹 신호들로	인터넷 사용패턴을
위치 및 언어 타기팅	선택	분석 및 분류한	가진 유저들을 타
국가		관심사	기팅
지역	문맥 타기팅		
도시	선택한 키워드 또	구매의도 타기팅	리마케팅
위치와 언어	는 주제를 바탕으	관련 상품가격	웹사이트를 방문했
	로 적절한 위치 선	및 리뷰 조회자,	거나 광고영상을
	정	온라인 쇼핑을	본 사람들에게 다
		즐겨 하는 유저	시 한 번 광고를 노
	주제 타기팅	그룹	출시켜 구매전환
	특정 주제와 관련		유도 및 브랜드 강
	된 여러 페이지		화
			장바구니에 물건을
			넣었지만 구매하지
			않은 고객, 구매 이
			후 30일이 지나도
			재구매나 재방문을
			하지 않은 고객

다양한 타기팅과 매체를 제공하는 구글

타기팅 옵션	사용방법	필요한 경우	목표
문맥 타기팅	• 뉴스 기사나 콘텐츠와 관련된 키워드가 포함된 곳에 배너광고 노출. 예를 들어, '꽃배달' 키워드를 설정하면 콘텐츠 내에 '꽃배달' 키워드가 있을 경우 배너를 노출	특정 주제에 대한 사이트를 방문하는 사람들에게 광고를 노출하고자 하는 경우	직접 반응
게재위치 타기팅	광고 소재에 맞는 사이트와 가장 효율적인 게재위치를 선택해 배너광고 노출.	특정 환경에 있는 타깃 잠재고객에게 광고를 노출하려는 경우	브랜딩
주제 타기팅	다양한 주제와 그에 따른 세부 주제들을 모아두는 한편 주제들과 가장 관련성 높은 URL을 매칭	특정 유형의 콘텐츠에 관심 있는 다수의 잠재고객에게 광고를 노출하려는 경우	브랜딩, 직접 반응
관심분야 타기팅	특정 스포츠의 열성 팬처럼 사용자의 관심분야를 중심으로 광고 노출	특정 주제에 대해 열성적으로 자료를 검색할 정도의 관심을 가진 사용자에게 광고를 노출하려는 경우	브랜딩, 직접 반응
리마케팅	웹사이트를 방문하지만 구매에는 도달하지 않는 사람들을 타기팅	온라인 쇼핑몰에 관심을 보인 적이 있는 사용자에게 광고를 노출하려는 경우와 브랜드 충성도를 높이기 위해 광고를 노출하려는 경우	직접 반응 및 중장기 브랜딩

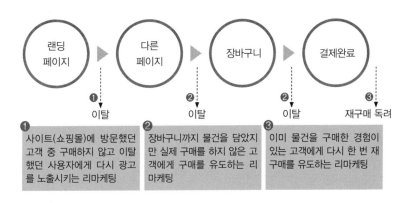

① 사이트(쇼핑몰)에 방문했던 고객 중 구매하지 않고 이탈했던 사용자에게 다시 광고를 노출시키는 리마케팅

② 장바구니까지 물건을 담았지만 실제 구매를 하지 않은 고객에게 구매를 유도하는 리마케팅

③ 이미 물건을 구매한 경험이 있는 고객에게 다시 한 번 재구매를 유도하는 리마케팅

쇼핑을 강화하는 카카오

온라인 쇼핑몰에서 카카오(다음 포함)의 중요도는 그리 높지 않았다. 카카오톡 선물하기는 규모가 큰 사업자 중심이었고, 다음 검색광고는 네이버에 비하면 사용자도 성과도 높지 않았다. 그런데 카카오톡을 중심으로 온라인 쇼핑시장을 강화하면서 중소규모 사업자에게 카카오는 새로운 기회요인이 되고 있다.

대표적으로 '구독ON'을 들 수 있다. '카카오구독ON'은 실생활에서 정기적으로 사용하는 구독형 상품(정기배송, 멤버십, 렌털)을 카카오톡 내에서 쉽고 빠르게 주문하고 결제, 계약할 수 있는 플랫폼이다. 카카오구독ON에 입점하면 파트너사의 상품 등록부터 빌링, 워크 오더, 고객관리까지 가능한 백오피스 'Kakao SSP(Subscription Service Platform)'를 함께 제공한다.

입점 파트너사는 파트너사의 카카오톡 채널을 활용해 개별 판매를 진행할 수 있으며, 카카오와 협의해 카카오구독ON 채널에서 상품을 노출하고 판매할 수 있다. 나아가 카카오의 다양한 비즈니스 유닛을 활용하면 광고부터 고객관리까지 논스톱 연결이 가능하다.

정기구독 서비스는 다른 유통사나 플랫폼 업체들이 판매자 상품을 사입해 정기배송을 하는 것과 달리 판매자가 직접 솔루션을 활용해 맞춤형 정기구독 시스템을 설정할 수 있도록 했다. 구독서비스 성장세가 예상보다 빠르게 전개되면서 구독ON의 활용가치는 더 커질 것으로 보인다. 물론, 네이버와 쿠팡도 자사의 플랫폼에 구독서비스를 포함하면서 대응 중이다.

카카오구독ON과 함께 광고 플랫폼의 성장세도 눈여겨볼 만하다. 카카오는 카카오모먼트를 통해 카카오비즈보드, 디스플레이 광고, 동영상 광고, 메시지 광고 등을 집행할 수 있도록 했다. 카카오모먼트의 첫 번째 장점은 전 국민이 사용하는 카카오톡이라는 점이다. 카카오톡은 모든 연령대의 전 국민이 이용하는 서비스인만큼 핵심 고객을 빠르게 찾아내 공략할 수 있으며, 카카오톡과 카카오의 핵심 서비스 및 주요 파트너 서비스 등 다양한 페이지에 노출된다.

두 번째는 카카오의 서비스에서 확보한 데이터를 기반으로 맞춤 타깃, 모먼트, 데모그래픽, 상세 타깃 등 다양한 오디언스 설정을 통해 최적의 장소에 광고를 노출할 수 있다는 점이다.

세 번째는 광고주가 원하는 랜딩으로 방문 극대화 및 광고주의 비즈니스에 대한 관심을 구매, 참여, 설치 등의 행동으로 전환을 유도, 광고주의 동영상 광고를 많은 사람이 조회하도록 함으로써 홍보 및 브랜딩을 강화하고 목표별 최적화를 통해 광고성과를 높여준다는 점이다.

네 번째는 효과적인 브랜딩이 가능한 동영상 소재, 직관적인 이미지 소재, 이용자의 카카오톡으로 전달되는 메시지형 소재까지 다양한 크리에이티브를 주목도 높게 전달한다는 점이다.

키워드광고를 위한 쇼핑몰 점검

키워드광고는 '판매자가 고객을 찾아' 광고하는 게 아니라 검색을 통해 '찾아오는 고객'에게 광고를 노출한다는 점에서 적극적이고 적중률이 높다. 하지만 치열한 경쟁으로 광고단가는 계속 상승하는 반면, 다양한 방법으로 정보를 습득하는 소비자의 증가로 광고효과는 점점 낮아져 간다. 소비자가 검색하는 키워드에 맞게 광고를 노출한다는 점에서 TV, 신문, 잡지 등에 비해 경쟁력은 월등하나 점차 높아지는 비용에 광고주는 부담을 갖기 마련이다.

장기적으로는 네이버, 구글, 카카오(다음), 페이스북 등의 광고를 모두 진행하는 게 좋지만 그러면 비용이 너무 많이 들어가므로 처음에는 네이버광고를 먼저 진행하는 게 좋다.

키워드광고 진행은 그에 앞서 운영 중인 쇼핑몰을 점검해야 한다. 광고를 보고 아무리 많은 고객이 방문해도 쇼핑몰이 준비되어 있지 않으면 매출로 연결되지 않는다. 따라서 소비자들은 쇼핑몰에서 제공하는 콘텐츠는 충분한지, 링크가 깨지지는 않았는지, 회원가입은 정상적으로 수행되는지 등을 경쟁 쇼핑몰과 비교하면서 꼼꼼히 점검해야 한다. 처음 오픈한 쇼핑몰은 구매후기나 질문과 답변 등의 자료가 축적되어 있지 않으므로 초기에는 이벤트 진행도 필요하다.

키워드광고 진행에는 당연히 광고비용이 발생한다. 일반적으로 파워링크의 클릭률은 2% 내외이며, 2% 중에서도 구매로 이어지는 비율은 평균 1%를 넘지 못한다. 고객이 쇼핑몰에 방문하는 것과 방문한 고객이 제품을 구매하는 건 전혀 다른 문제다. 쇼핑몰에 500명이 유입되어 10명이 구매하는 것보다는 100명이 유입되어 10명이 구매하는 게 효과적인데, 여기에는 얼마나 준비된 쇼핑몰인지 아닌지도 영향을 미친다.

캠페인→광고그룹→소재

네이버, 구글, 페이스북(인스타그램), 카카오(다음) 등의 광고는 캠페인→광고그룹→소재 형태로 구성되어 있다.

캠페인은 광고전략에 있어 중요한 부분으로 광고를 통해 달성하려는 목표를 확실히 하는 작업이다. 즉, 더 많은 사람에게 콘텐츠 도달시키기, 구매로의 전환 유도하기 등 목표가 무엇인지를 결정하는 일이다.

광고그룹은 타기팅과 관련된 것이다. 나이, 성별, 지역, 시간대, 관심사 등 목표로 하는 고객군과 광고 노출 매체 등을 타기팅할 수 있다. 최근에는 이 기술이 고도화되어 목표로 하는 고객군을 정확하게 찾아낸다.

소재는 보여주고자 하는 광고의 내용이다. 네이버, 다음, 구글 등에서 광고를 진행할 때 작성해야 할 광고소재는 쇼핑몰 제목(광고제목), 쇼핑몰 설명(광고문안), 쇼핑몰 URL, 랜딩페이지가 있다.

광고를 몇 번 진행해보면 캠페인과 광고그룹은 전이나 후나 별 차이 없이 대부분 동일하다. 가장 많이 변하고 실제 성과에 영향을 크게 미치는 부분은 바로 소재다. 소재를 어떻게 작성하느냐에 따라 클릭률이 결정되므로 쇼핑몰 제작 및 설명 시에는 고객이 클릭할 수 있도록 작성되어야 한다.

• 클릭률을 높이려면 검색어와 광고문안의 관련성이 명확하게 표현되도록 하되, 특히 광고문안의 제목에 검색어를 정확히 포함시켜야 함 • 검색어와 관련된 판매정보를 넣고 관련성이 떨어지는 정보는 제외한다	• 검색어를 광고문안과 제목에 포함시켰는가? • 광고문안이 검색어를 잘 설명하고 있는가? • 유용한 판매정보와 특장점을 포함했는가?(할인정보, 배송정보, 해당 제품 및 서비스의 브랜드명, A/S정보, 판매조건 등)

네이버 파워링크 광고는 1등에서 10등까지는 광고단가가 두 배이상 차이 난다. 주목도가 가장 높은 1등 위치가 좋긴 하나 구매전환이 꼭 보장되지는 않으므로 신중할 필요가 있다. 재미있는 사실은 10등에 노출되어도 1등보다 더 많은 클릭을 받을 수 있다는 점인데, 이는 사이트 제목과 설명, URL로 구성된 광고문안을 어떻게 작성하느냐에 달려 있다. 시선을 끄는 독창적인 제목과 설득력 있는 문안으로 소비자들의 선택을 받아야 한다. 멋진 광고문안은 품질지수에 영향을 미쳐 키워드광고 경쟁력을 높여준다.

구매결정에 신중할 수밖에 없는 고가제품이나 고객의 정체성을 표현해주는 고관여 제품은 가격보다는 전문성과 감성적 접근이 필요하다. 유기농 식품이라면 '100% 무농약'을 강조하고, 어린이

집이라면 '아이의 안전보호'를 강조하는 것처럼 말이다. 반면, 사람들이 습관적으로 구매하거나 무엇을 사용해도 비슷비슷한 저관여 제품이라면 가격할인과 옵션, 무이자할부 등을 강조하는 게 효과적이다.

사이트 설명은 주어진 글자수를 최대한으로 사용하면서 고객 질문에 답변하는 형태가 좋다. '가로수길 맛집'이라고 검색한 사람이라면 음식 맛 또는 데이트 장소에 대한 기대와 의문을 품고 있을 것이다. 따라서 광고주는 검색한 키워드를 보고 고객이 진짜로 원하는 게 뭔지 알아차려야 한다. 이를 기반으로 '연인을 위한 독립공간' 혹은 '서울시 맛집 선정업체' 같은 문안이 들어가야 한다. 고객이 검색한 키워드에 맞는 대답이 포함되어야 클릭을 받는다.

검색창에서 '여성의류'라고 검색했을 때 광고문안에 '여성의류'가 들어 있으면 볼드 처리되어 굵게 보인다. 이는 검색하는 키워드와 광고문안의 일치성을 높여 소비자 주목도와 품질지수에 긍정적 영향을 미친다. 뿐만 아니라 광고관리시스템에서 '키워드삽입' 기능으로 제목과 본문에도 볼드 처리가 가능하다. 이때 중요한 건 자연스럽게 연결되어야 한다는 점이다. 무리하게 끼워 넣은 키워드는 부자연스럽기 마련으로 클릭률이 낮다.

고객이 처음으로 만나는 곳, 랜딩페이지

랜딩페이지는 고객이 키워드광고를 클릭한 후 보게 되는 온라인 쇼핑몰의 첫 화면으로 검색키워드와 연관성을 고려해 설정되어야 한다. 세부의 상세페이지로 랜딩을 걸면 구매전환율이 높다는 사실을 알고 있음에도 관리가 번거로워 연관성이 가장 높은 페이지로 일괄 설정하는 경우가 많다. 그러나 번거롭더라도 랜딩페이지를 정확히 설정해야 성과를 높일 수 있다.

상세페이지의 내용에 따라 다르긴 하나 검색하는 키워드와 연관성 높은 페이지로 바로 연결되면 머무는 시간이 길어지고 반송률 및 이탈률이 줄어든다. 따라서 인지도 및 구매전환율 상승과 매출증대가 목표라면 랜딩페이지 최적화를 해야 한다.

상세페이지 콘텐츠 또한 사람들이 보고 싶은 내용을 중심으로 기대감을 충족시킬 수 있어야 한다. 어렵게 유치한 고객을 첫 페이지에서 만족시키지 못하면 7초 이내에 이탈하고 만다. 사람들의 인내심은 그리 길지 않다. 따라서 키워드광고는 쇼핑몰 메인화면보다는 해당 제품과 서비스를 안내하는 상세페이지로 데려다줘야 한다. 고객이 관심을 두는 건 자신이 찾는 개별 상품이지 온라인 쇼핑몰이 아니다. 실제로도 메인페이지보다는 상품 리스트 페이지가, 상품 리스트 페이지보다는 상품 판매 페이지가 랜딩페이지로 설정된 경우 구매율이 약 1.6배 정도 더 높게 나온다는 통계자료도 있다.

의료정보처럼 정확성이 요구되는 경우라면 더욱 검색키워드에 맞는 랜딩페이지가 필요하다. 특히, 사용자의 의도가 명확해지는 세부키워드로 내려갈수록 매칭이 더욱 중요하다. 검색하는 사람은 결과에 대한 예상과 기대치를 어느 정도 갖고 있으므로 검색광고 성공의 키는 콘텐츠 매칭에 있다. 고객의 의도가 명확히 반영된 세부키워드일수록 쇼핑몰 상세페이지로 연결돼야 실제 구매로 연결된다.

소비자가 입장한 첫 번째 페이지에는 제품 사진과 가격, 제품의 특징, 사이즈, 색상, 재고 여부, 배송비 등이 한눈에 들어오게 표시되어 있어야 한다. 키워드광고가 그럴싸해 방문해 보니 너무 허술하거나 관련 정보가 부정확해 믿음을 주지 못하면 고객은 쇼핑몰을 빠져나가고 만다.

광고와 랜딩페이지의 효과 측정을 위한 방법은 테스트뿐이다. 네이버, 다음, 구글 등에서 제공하는 광고효과보고서, 쇼핑몰 자체 로그분석자료 등을 참조하면 랜딩페이지가 적합하게 설정되었는지 점검이 가능하다. 랜딩페이지 테스트는 한 번에 하나의 변수를 바꿔가면서 비교하는 과정을 거친다. 이때 같은 그룹 내에서 동시에 여러 개의 테스트를 진행하면 정확한 자료를 확보하기 어려우므로 랜딩페이지는 동일한 상태에서 키워드를 바꾸어 가는 형태로 효과를 측정한다.

최적화된 랜딩페이지 설정은 하룻밤에 이루어지지 않는다. 광고캠페인을 시작하기 전에 현재 테스트하고 있는 다양한 변수들을 이해하고 어떻게 성공을 측정할지 클릭 수, 노출 순위, 이동경로에 대해 명확한 아이디어를 가지고 있어야 한다. 언제든 비교할 수 있는 준비를 갖춘 상태로 신중한 테스트와 꼼꼼한 분석과정을 거치지 않고는 성공적인 검색광고캠페인을 만들어내고 유지할 수 없다.

광고성과는 어떻게 측정할까?

온라인 쇼핑몰을 오픈하고 광고를 집행한 후에는 네이버 애널리틱스, 구글 애널리틱스, 페이스북(인스타그램) 픽셀, 카카오 픽셀 & SDK 등을 통해서 광고성과를 측정할 수 있다. 이벤트를 수집하면 분석한 데이터를 바탕으로 구매전환 가능성이 높은 사용자를 찾아 광고를 노출하고, 실제 성과를 볼 수 있다.

그렇다면 온라인 쇼핑몰 운영을 시작하기 전에는 광고성과를 어떻게 예측할 수 있을까? 광고비를 얼마나 집행해야 원하는 효과를 거둘 수 있을까? 알기 어렵다. 키워드광고는 지속적인 개선과 발전과정을 거쳐야 하므로 시작 단계에서 모든 것을 계획하기에는 한계가 있다.

지속적인 개선은 구글애즈, 네이버, 카카오 등에서 집행한 광고효과보고서와 쇼핑몰 자체 로그분석 데이터를 활용해 방문 고객에 대한 정보를 수집하면 가능하다. 그리고 로그분석 서비스로는 구글 애널리틱스가 가장 많이 활용된다.

온라인 쇼핑몰 준비단계에서 가장 쉽고 간단하게 광고효과를 측정하는 방법은 광고비 대비 매출액이다. 네이버 광고관리시스템에서 특정 키워드를 검색해보면 월간 검색 수와 월평균 클릭 수

광고 데이터(광고효과보고서)	쇼핑몰 로그분석 데이터
몇 번이나 광고가 노출되었는가?	누가 방문했는가?
몇 번의 클릭이 발생했는가?	얼마나 많이 방문했는가?
실제 클릭비용은 얼마인가?	어떤 경로를 통해 방문했는가?
클릭을 통해 상품의 구매는 얼마나 발생했는가?	우리 쇼핑몰에서 무엇을 했는가?

를 보여주는데, 제시되는 연관 키워드를 선택하면 월간 예상실적을 확인할 수 있다. 예를 들어, '방울토마토' 키워드광고를 진행했다고 치고 찾아보니 PC와 모바일 합계 조회 수가 한 달에 55,000회 수준이었다. 월간 예상실적 시스템이 제안하는 평균 클릭비용을 390원으로 가정하면 18,994회 노출에 316회의 클릭을 받아서 123,000원 정도의 비용이 든다. 물론, 광고주별로 품질지수가 다르므로 광고 금액에는 차이가 날 수 있다. 이렇게 광고를 클릭해 유입된 고객의 5%가 실제로 제품을 구매하고, 객단가를 30,000원으로 가정해보면 예상 매출액이 나온다.

키워드광고 운영 노하우

대표키워드에서 세부키워드로 확장한 후 상세설명과 랜딩페이

키워드광고 집행에 따른 예상매출액 산출

키워드	조회수 (월)	클릭당 비용(원)	클릭 수	구매전환 (명)	1인 객단가	광고비용 (원)	매출액 (원)
방울 토마토	55,000	390	316	15.8	30,000	123,000	474,000

총 광고비용 :
총 매출액 :

지를 명확히 하는 일이 키워드광고의 핵심이다. 키워드광고를 진행할 때 참조해야 할 몇 가지 팁이 있다.

첫째, 키워드광고는 매출에 따라 공격과 방어를 유연하게 해야 한다. 여름휴가 시즌이라면 '휴가철 공항패션', '휴가철 반바지' 같은 관련 키워드를 미리 운영하는 게 좋다. 시즌 내내 공격적으로 광고를 진행하기보다는 매출 증감속도에 따라 공격과 방어가 필요하다. 휴가를 준비하는 6월부터 7월까지는 공격적으로 진행하고, 휴가가 끝나는 8월에는 한두 번 입자고 옷을 사는 사람이 많

성공하는 쇼핑몰 사업계획서

지 않으므로 방어가 필요하다. 이때 다음 시즌 키워드광고를 준비해야 한다.

둘째, 시기에 따라 키워드광고를 달리해야 한다. 대부분의 업종은 시기에 큰 영향을 받는다. 꽃집은 5월에 수요가 많고, 식당은 연말 모임을 얼마나 유치하느냐에 따라 전체 매출이 달라진다. 이처럼 성수기와 비수기가 구분되는 업종은 성수기 매출이 1년을 좌우하기도 한다. 따라서 시기적 영향을 많이 받는 업종이라면 목표고객층에 맞는 키워드광고가 더욱 필요하다. 예를 들어, 동네 꽃집이라면 어버이날, 스승의날 등에 맞는 상세페이지를 만든 후 각각의 세부키워드로 광고를 진행한다. 무조건 메인페이지로 유입시키면 대부분은 이탈하고 만다. 특별한 기간엔 1+1이나 선물 증정 이벤트를 병행하는 것도 좋다.

셋째, 상대적으로 판매가격이 높다면 다양한 사전작업이 필요하다. 예를 들어, 사람들은 '강남맛집'으로 검색해 광고를 클릭하기도 하고, 블로그 리뷰도 찾아 읽어본다. 하나의 정보로만 의사결정을 하지 않고 다양한 방식으로 교차해 결정한다. 키워드광고를 통해 정보를 얻었더라도 블로그나 지역 정보 등의 서비스에 노출이 되지 않으면 의사결정을 미룬다. 따라서 이벤트나 프로모션은 철저한 분석에 의한 예산에 맞춰 계획성 있게 진행해야 소기의 성과를 얻을 수 있다.

넷째, 그룹핑으로 키워드를 관리한다. 화이트데이, 밸런타인데이, 크리스마스처럼 특정 기간에 진행하는 키워드그룹부터 연중

광고를 진행하는 그룹까지 각 이벤트별로 키워드를 모아 관리해야 한다. 특정 시즌에 임박해 부랴부랴 관련 키워드로 광고를 진행한다면 효과가 낮을 수밖에 없다. 검색포털에 따라 차이는 있으나 검수기간이 있어 그 기간을 보내고 나면 시즌 후반으로 들어서는 경우가 많기 때문이다. 길게는 특정 시즌 한 달 전, 늦어도 보름 전에는 검수과정을 끝마치고 광고를 진행해야 한다.

다섯 번째, 사회적 이슈와 트렌드에 주목한다. 언론에 특정 사건이 이슈화되면서 수요에 갑자기 영향을 미칠 때가 종종 있다. 긍정적 이슈로 수요가 증가한다면 관련 키워드를 빨리 선점해 광고를 진행하고, 부정적 이슈로 수요가 감소되면 더 빠르게 부정적 이슈에 대응이 될 만한 콘텐츠로 상세설명을 보완하고, 클릭률 높은 대표키워드 중심으로 광고노출을 제한해야 한다.

여섯 번째, 키워드 클릭단가를 최적화해야 한다. 클릭단가의 조정은 키워드 확장, 순위 차별화, 시간대별 순위 탄력 운영 등으로 가능하다. 키워드 확장은 대표키워드의 비중을 줄이고 클릭단가가 비교적 낮은 세부키워드를 확장해 단가를 맞추는 방법이다. 그러면 키워드 개수가 증가하면서 광고비용은 증가하나 클릭당 단가는 낮아짐으로써 낮은 비용으로 더 많은 구매를 이끌어 전체 ROI(투자 대비 수익)를 낮추는 효과가 있다. 키워드별 순위 차별화는 단가가 높은 대표키워드의 순위는 하향시키고 세부키워드는 상위로 조정하는 방식으로, 대표키워드는 10등 정도의 낮은 순위로 노출해 비용을 절약하고, 구매비율이 높은 세부키워드는 1~2

등에 노출되도록 한다. 시간대와 요일별로 순위를 탄력 운영하는 방식은 구매전환율이 가장 높은 시간대와 요일에는 높은 순위를 유지하고, 구매전환율이 낮은 시간대와 요일에는 낮은 순위로 탄력적으로 광고를 운영하는 방식인데, 모든 키워드에 적용하기보다는 핵심 키워드 위주로 별도의 그룹을 만들어 관리하는 형태를 취하는 게 좋다.

광고는 수익률을 높여야 한다

키워드광고를 진행 중이라면 계정을 점검해 투자 대비 수익인 ROI를 향상시켜야 한다. 기본은 키워드그룹 전략의 활용으로, 수십 개에서 수만 개의 키워드를 하나의 그룹이 아닌 그룹별로 관리하는 게 일반적이다. 주력 비주력, 카테고리, 입찰, 매체, 예산, 스케줄, 지역 등의 기준으로 그룹을 관리하면 광고관리가 쉬워진다. 키워드 입찰, 순위, 온·오프 설정, 지역설정, 노출 페이지 등을 그룹별로 적용할 수 있다.

그룹설정은 제품 카테고리가 다양할 때 주력 키워드와 비주력 키워드로 그룹핑 가능한 제품들을 묶고 메인 제품들을 효율에 따라 분류하는 작업이다. 여성의류를 판매한다면 '여성의류_고효율', '여성의류_기타'와 같이 분류해 각각 관리한다.

매체에 따른 그룹전략도 필요하다. 네이버의 경우 검색 네트워크, 콘텐츠 네트워크, 모바일 네트워크로 매체를 구분한다. 그리고 검색 네트워크는 다시 파워링크/비즈사이트, SE 검색, 모바일 검색, 네이버 통합검색 외, 검색파트너로 세분화해 노출 여부를 결정할 수 있다. 콘텐츠 네트워크는 지식인, 블로그, 콘텐츠 파트너에 노출 여부를 결정할 수 있다. 모바일 네트워크는 지식인에 노출된다. 광고관리시스템>보고서>맞춤보고서에서 보고서 종류를 사이트 보고서로 선택하고 통계기간을 설정하면 매체별 보고서 확인이 가능하다. 만일 액세서리를 판매하는 사업주가 검색 네트워크 중 모바일 검색의 클릭률이 높고 파워링크의 클릭률이 낮다면 파워링크는 광고를 OFF하고 모바일 검색에 더 집중해야 효과적이다. 별것 아닌 듯 보이나 자신에게 유리한 매체를 적절히 선택하는 것만으로도 클릭 수가 달라진다.

시간대별로도 그룹전략을 설정할 수 있다. 만일 키워드광고를 통해 전화문의가 많은 업종이라면 직원들이 퇴근하는 시간에는 광고를 OFF하는 게 좋다. 네이버에서는 그룹별 노출기간, 요일, 시간대 설정이 되는데, 고객이 가장 많이 접속하는 시간대를 모를 때는 예산을 들여 1주일 정도 시간대별 노출 및 클릭률을 확인하면 알 수 있다. 업종에 따라 소비자가 검색하고 움직이는 시간이 다르다. 모든 사람이 9시에 출근해 6시에 퇴근하는 삶을 살진 않기 때문이다.

계정점검은 아주 기본적인 ROI 점검요소다. 키워드광고를 진행하다 보면 체계적인 관리의 필요성을 느낀다. 이를 위해 네이버는 광고주의 수익률 개선을 위한 데이터로 기본보고서, 요약보고서, 맞춤보고서를 제공한다. 기본보고서로는 기간별, 요일별, 매체별 실시간 지표 확인이 가능하고, 요약보고서에서는 그룹별, 키워드별, 기간별 비교 기능과 그래프로 추이 등을 확인할 수 있다. '맞춤보고서'에서는 원하는 기간에 따라 계정 사이트, 그룹, 키워드, 지역, 시간 맞춤 설정이 가능하다. 내가 등록한 키워드가 얼마나 노출되고 클릭되었는지, 키워드별 구매전환은 어느 정도인지 등의 광고효과 데이터를 조회하고 분석할 수 있다.

이때 고객의 전환을 구체적으로 알기 위해서는 스크립트 설치가 필요하다. 전환이란 광고주가 원하는 고객의 행동을 숫자로 표현하는 것으로 직접적인 제품의 판매뿐 아니라 전화상담일 수도 있고, 이메일 문의 건일 수도 있다. 이렇게 업종에 따라 전환을 정의한 페이지로 고객이 도달하면 전환으로 간주하는데, 여기에 사용되는 전환분석 스크립트란 전환페이지에 도달한 고객이 어느 광고를 통해 도달했는지 파악하기 위해 만든 프로그램 소스를 말한다. 즉, 내 사이트의 전환페이지 소스 내에 스크립트가 삽입되어야 구체적인 전환분석이 가능하다는 뜻으로, 보통 에이스카운터 같은 로그분석 업체에서 서비스를 제공한다. 네이버는 대행사와 계약을 통해 광고관리시스템의 '관리도구>프리미엄로그분석'에서 전환스크립트에 대한 서비스를 무료로 제공한다. 물론, 사업주가 해당 서비스를 신청해야만 제공받을 수 있으며, 전환분석 스크립트를 삽입할 경우 보고서에서 전환 수, 전환율, 전환당 비용 등의 확인이 가능해 구체적인 광고수익률을 알 수 있다.

조금만 공부하고, 조금만 연구하면 광고비를 최적으로 사용할 수 있음에도 낯선 용어와 관련 프로그램 사용이 어려워 방치할 때가 많다. 네이버, 구글, 다음 등에서 다양한 보고서를 제공하지만, 이중 ROI 향상을 위해 구체적으로 살펴봐야 할 지표는 CTR과 CVR이다.

CTR(Click Through Rate)은 노출 대비 클릭된 횟수로 클릭률을 의미한다. 광고효과의 첫 번째 단계이자 성과를 내기 위한 필요조건인 CTR은 '클릭 수÷노출 수×100'으로 계산한다. 광고가 1천 번 노출되었을 때 20명의 사람이 클릭했다면 '20÷1000×100=2'로 CTR은 2%가 된다.

CVR(Conversion Rate)은 클릭해서 들어온 방문자가 광고주가 지정한 행위를 얼마나 했는지 나타내는 비율이다. 일반적으로 '전환율'이라고 한다. 방문자가 사이트에 방문한 것도 의미는 있지만, 광고주가 볼 때는 구매 또는 장바구니에 제품 담기 아니면 회원가입이라도 해야 의미가 부여된다. 전환율인 CVR은 '전환 수÷클릭 수×100'으로 계산한다. 전환율이 높다는 말은 회원가입, 제품 구매 등의 행위가 많음을 의미하는데, 당연히 전환율이 높은 곳이 매력적인 곳이다.

위에서 정의한 CTR과 CVR로 ROI를 향상시키는 방법은 각각 다르다. 오른쪽 표를 통해 알 수 있듯 CTR과 CVR이 모두 높을 때가 가장 이상적이다. 클릭률도 높고 전환율도 높기 때문에 ROI도 높게 나온다. CTR은 높고 CVR이 낮다면 방문자가 클릭해서 만나는 페이지의 콘텐츠를 점검하거나 랜딩페이지를 변경해야 한다. CTR은 낮고 CVR이 높다면 광고문안을 변경하거나 입찰가 상향조정이 필요하다. 광고문안과 클릭률은 품질지수와 매력도 향상에 도움이 된다. 마지막으로 CTR과 CVR이 모두 낮다면 광고를 진행하지 말아야 한다.

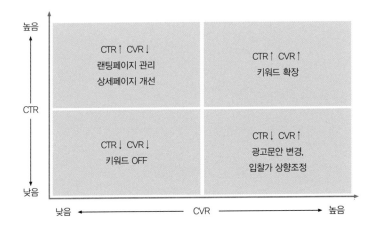

8장

재구매와
성과측정

01 | 재구매가 많아야 돈이 벌린다

온라인 쇼핑몰은 일반적으로 개인이 작게 시작해 어느 정도의 매출이 발생하면 가족이나 친구들이 같이하게 되며, 규모가 더욱 커지면 기업형으로 성장한다. 이 같은 단계를 거치는 쇼핑몰의 운영 초기에는 성공적인 고객유입이 제일 중요하나 안정화 단계에 접어들면 회원들의 재구매율 향상이 가장 중요한 요소가 된다.

온라인 쇼핑몰에서 고객이 구매를 결정한 후에는 결제, 배송, 상품수취, 반품 또는 교환, 고객 클레임 처리 등으로 순서가 이어진다. 이 과정에서 고객만족도를 높이면 재방문을 통한 재구매 확률이 높아진다. 상품에 대한 만족도는 기본이다. 상품 자체의 품질이 떨어지면 고객관리든 뭐든 소용이 없다. 또 효과적인 회원관리와 함께 고객의 만족도 향상에 주력해야 한다. 회원관리는 쇼핑몰을 지속적으로 상기시키며, 높은 고객만족도는 기분 좋은 구매경험을 갖게 한다. 재구매는 이처럼 과거의 경험과 미래에 대한 기대에 기초해 현재의 쇼핑몰에서 다음에 또다시 제품을 구매하려는 행위다.

온라인 쇼핑몰들이 흔히 저지르는 실수 중 하나는 기존고객보다 신규고객을 찾는 데 훨씬 많은 시간을 할애한다는 점이다. 하지만 신규고객을 유치하려면 키워드광고 등을 지속해 실시해야 한다. 비용이 만만치 않게 들며 수익의 상당 부분을 갉아먹는다. 반면, 한 번 이상 구매한 고객이 재방문해 재구매를 하면 광고비용이 들지 않으므로 그만큼 이익이 된다.

고객을 끌어들이기 위해 각종 이벤트나 경품행사를 자주 여는 대형 종합쇼핑몰은 특정 품목의 상품만 취급하는 전문몰에 비해 많은 상품을 구비하고 있어 방문율이 상대적으로 높다. 하지만 그렇게 하기 어려운 규모가 작은 전문몰에서 고객의 재방문을 높이는 데는 입소문을 적극적으로 활용하는 방법이 좋다. 한 번 이상 구매한 고객을 감사 인사 등을 통해 감동시킴으로써 고객이 스스로 나서서 쇼핑몰을 홍보한다면 그 효과는 엄청날 것이다. 입소문에 의해 쇼핑몰을 찾은 고객은 쇼핑몰에 기본적인 신뢰를 가지며, 가격에 대해서도 민감하게 반응하지 않는다.

온라인 쇼핑몰 방문고객의 회원가입 요소

온라인 쇼핑몰에서 회원을 모으는 일은 쉽지 않다. 대부분의 쇼핑몰이 비슷한 전략을 사용하다 보니 차별화가 안 된다. 자금이 부족해 대규모 이벤트나 광고 집행도 어렵고 내부 인력도 충분치 않으니 현실적으로 단기간에 회원을 폭발적으로 증가시키기는 매우 힘들다.

특정 카테고리에 전문화된 온라인 쇼핑몰은 소비자들이 원하는 콘텐츠나 서비스를 발 빠르게 제공하는 게 가장 큰 성공요인이 될 수 있다. 쇼핑몰은 운영하다 보면 대개 회원 수가 점차 늘어난다. 하지만 중요한 건 초기다. 이때는 회원 수가 적으므로 다양한 홍보활동을 통해 고객을 유입시켜야 하는데 검색엔진 이용, 블로그와 페이스북 등 SNS의 적극적인 활용, 도메인과 즐겨찾기 등을 통한 직접방문 등이 있다. 물론, 쇼핑몰을 방문했다고 바로 회원가입을 하거나 자신의 정보를 거리낌 없이 제공하지는 않는다. 방문한 고객을 회원으로 가입시키려면 몇 가지 요소가 필요하다.

첫째, 제품과 관련된 충실한 콘텐츠 제공이다. 고객은 제품에 대한 정보를 얻기 위해 쇼핑몰을 방문한다. 따라서 제품에 대한 충실한 정보는 말할 것도 없고, 관련 콘텐츠 정보를 제공해야 회원가입 확률이 높아진다. 이때 관련 콘텐츠에 신경 써야 한다. 여성의류 쇼핑몰에서 연예인 뉴스나 일기예보 등 판매제품과 아무 상관 없는 시선 끌기 콘텐츠는 별 도움이 안 된다.

둘째, 쇼핑몰 내에서 인간적인 정을 느낄 수 있어야 한다. 아무리 온라인 쇼핑몰이라도 인간의 온기와 훈김이 필요하다. 블로그가 인기를 얻는 이면에는 인간적인 관계가 자리잡고 있다. 사람들은 오프라인처럼 온라인에서도 정을 느끼고 싶어 한다. 오프라인 매장에서는 판매사원의 친절에 감동을 받기도 하나 온라인 쇼핑몰에서는 그런 감동을 전하기 어렵다. 구경하다 그냥 나가면 그만인 공간일 뿐 정보를 제공하거나 생각을 공유할 필요도, 제품을 구매할 이유도 없다. 그럼에도 쇼핑몰에서 '정'을 나누기에 최적의 장소가 있다. 게시판이다. 표준말, 깍듯한 인사, 정중한 표현을 선호하는 고객도 있겠지만 그러면서 정을 느끼기는 어렵다. 너무 딱딱하고 정중한 어조보다는 사투리나 장난 섞인 유쾌한 말투가 더 정감이 간다. 하지만 쇼핑몰의 신뢰와 관련된 부분이나 입장을 밝혀야 할 때는 격조 있는 목소리로 대처해야 한다.

셋째, 고객의 불만을 깨끗이 해소시켜야 한다. 쇼핑몰에 불만을 가진 고객은 말없이 떠나기보다는 어떤 형태로든 자신의 의견을 밝히려 한다. 고객게시판, 이용후기게시판, 이메일, 전화 등으로 불만을 이야기하면 다른 고객은 쇼핑몰의 대응을 예의주시한다. 대응이 적절하면 고객충성도는 더욱 높아지지만 그렇지 않으면 떠나버린다. 쇼핑몰 입장에서는 비슷한 일이 반복되면 짜증 나 고객의 불만을 무시하기도 한다. 따라서 자주 반복되는 질문은 FAQ를 만들어 답하는 한편 새롭게 반복되는 질문은 계속 FAQ에 업데이트해야 한다.

넷째, 방문고객에게는 작은 것이라도 혜택이 필요하다. 미끼 없는 유혹에 혹할 고객은 없으며, 사람들은 공짜 선물을 좋아한다. 작지만 센스 있는 사은품 하나로도 마음을 움직이기만 한다면 고객은 경쟁쇼핑몰이 아닌 우리 쇼핑몰에서 구매한다.

믿음 가는 쇼핑몰 구축

쇼핑몰에서 제품을 구매할 때 소비자가 가장 불안을 느끼는 부분은 결제와 관련된 사항이다. 온라인상의 거래에 대한 불신이 예전보다 많이 나아졌음에도 소비자는 여전히 마지막 결제단계에서 망설이게 된다. 뉴스에서 본 인터넷 거래 사기 사건, 정품이 아닐 수도 있다는 의심, 혹시 하자 있는 제품을 받게 되지는 않을까 불안을 느낀다.

정부에서는 소비자 보호를 위해 '에스크로' 등의 결제방식을 실시하고 있으나 불안감을 해소시키기에는 역부족이다. 결국, 쇼핑몰의 몫이 돼버린 결제에 대한 소비자의 불안을 없애는 방법을 알아야 한다.

첫 번째, 사업자의 신원을 쇼핑몰 초기화면에 볼 수 있게 한다. 사업자등록번호, 대표자 성명, 사업장 주소, 연락처, 통신판매업 등록번호 등이 포함된다.

두 번째, 에스크로제와 보증보험을 홍보해 소비자들이 안심하고 제품을 구매할 수 있게 한다. 판매자를 믿고 안심하고 거래할 수 있다면 결제단계에서 망설일 이유가 없다. 홍보로 에스크로와 보증보험에 대한 이해가 없는 소비자의 이해를 도움으로써 불안감을 감소시킨다.

세 번째, 쇼핑몰을 운영하는 오프라인 주소, 운영자 사진, 쇼핑몰 운영 블로그 등을 제공한다. 블로그는 쇼핑몰에서 제공 못하는 개인적인 일기 형식의 콘텐츠로 소비자의 신뢰도 향상에 도움이 된다.

넷째, 전화응대에 적극적으로 임한다. 소비자는 쇼핑몰에서 물건을 구매할 때나 구매가 완료된 후에라도 궁금점 해소를 위해 전화를 거는 경우가 있다. 이때 전화를 받지 않거나 응대가 서툴고 불친절하면 의심을 사게 된다. 전화를 받지 못할 때는 휴대폰 착신을 설정하는 등 늘 고객의 전화에 대비해야 한다.

다섯째, 게시판을 철저히 관리한다. 고객은 쇼핑몰에서 구매를 결정하기 전에 게시판의 글이나 다른 고객의 후기를 꼼꼼하게 확인하는데, 전문 쇼핑몰에서 게시판은 구매결정에 큰 역할을 한다. 그동안 상품을 구매한 고객들의 구매후기, 상품평, 불만사항 및 쇼핑몰 측의 대응을 볼 수 있는 게시판은 상품이나 몰을 평가하기에 아주 좋다.

이벤트를 활용한 고객관리

온라인 쇼핑몰에서 실시할 수 있는 이벤트는 할인이벤트, 사은품 이벤트, 신상품 출시 이벤트, 기획전, 사용후기, 적립금 지급 등이 있다.

할인이벤트는 가격 비교가 어려운 수공예품, 액세서리, 식품,

과일류 등에 적합한 방식이다. 주의할 점은 행사를 너무 남발하거나 신규고객 유입만 바라고 해서는 안 된다는 것이다. 가격을 할인할 경우 기존에 구매한 고객은 손해 본 기분이 들며, 너무 잦으면 할인가격을 원래 제품가격으로 인식해 쇼핑몰을 신뢰하지 못한다. 할인이벤트는 모든 제품에 적용하기보다는 특정 제품이나 구매하는 제품과 연관성 있는 제품을 추가로 구매할 때 실시하는 게 좋다. 이때 직접적인 가격할인보다는 카드 무이자 할부행사 등이 고객의 구매결정에 더 큰 도움이 될 수 있다. 가격이 비싸 망설여지는 제품도 카드 무이자 할부행사라면 구매로 연결될 가능성이 커진다.

사은품 이벤트는 백화점 같은 오프라인 매장에서 자주 사용하며 5만 원 이상, 10만 원 이상, 100만 원 이상 등 특정 가격 이상 구매한 고객에게 그에 상응하는 사은품을 지급하는 방식으로, 사은품을 받으려면 소비자는 그 가격을 채워야 한다. 이 방식은 4만 원어치 살 사람이 5만 원 이상을, 9만 원어치 살 사람이 10만 원 이상을 사게 만든다. 하지만 사은품이라고 시시해서는 안 된다. 타겟층에 맞는 매력적인 것이어야 한다. 그리고 지급한 사은품은 당연히 판매한 상품의 마진보다 낮은 단가여야 한다.

신상품 출시 이벤트는 신상품을 알리는 데 목적이 있다. 신상품은 대개 기존 제품보다 출시가격이 비싸므로 가격보다는 장점을 부각시키면서 무료 샘플 사용, 이벤트 응모자 중 추첨을 통한 상품 제공, 이용후기를 통한 추첨 등 다양하게 활용한다.

기획전은 상품기획력을 갖추고 있다는 전제하에 소호몰(SOHO mall)이 이용하기에 가장 적합한 방식으로, 고객이 원하는 상품을 모아 시기적절하게 실시해야 한다. 경쟁 쇼핑몰과 비슷한 형태의 기획전, 시즌이 지난 상품 등으로 이벤트를 진행하면 큰 효과를 보기 어렵다.

사용후기 이벤트는 상품을 사용해보고 후기를 올린 고객을 대상으로 사은품이나 마일리지, 적립금 등을 지급하는 방식으로, 고객에게 필요하고 '가용 가능한 점수'를 지급하는 게 중요하다. 실제로 사용 가능하며 혜택을 느낄 수 있어야 한다는 뜻이다. 예를 들면, 사용후기를 멋지게 적어 올린 고객에게 마일리지 3,000점을 지급하는 것으로는 고객을 유인하기 어렵다. 3,000점을 사용하기 위해 돈을 더 들여 어떤 제품을 구매해야 한다면 고객은 3,000점을 혜택이라고 생각지 않기 때문이다.

구매금액에 따라 일정액을 적립해주는 마케팅도 활용해볼 만하다. 적립금 지급은 재구매 기간이 짧고 반복적인 상품에 적합한 이벤트로, 1년에 한 번 정도 구매하는 제품에는 안 맞는다.

이벤트 기획서

1. 이벤트 목적

정량적		정성적	

2. 대상제품 (대상서비스)

3. 대상고객

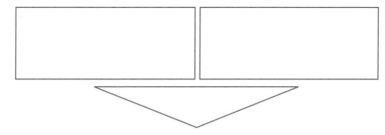

4. 판촉내용(3W1H)

구분	주요 내용	참고사항
언제		
어디서		
무엇을		
어떻게		

1. 행사명

주제목	
부제목	

2. 실시기간

3. 실시장소

4. 시간 운영 및 운영계획

구분	시간 운영	구체 운영계획	담당자
오전			
오후			

세부추진일정

구분	내용	담당자															확인
준비																	
홍보																	
실행																	
결과 분석																	
특이 사항																	

02 재방문을 유도하는 고객관리

고객의 재방문을 유도하려면 그들에게 필요한 정보를 제공하거나 적당한 시점에 스팸으로 인식되지 않을 만큼의 메시지 전송이 필요하다.

생일이나 기타 기념일에 고객에게 이메일, SMS 등으로 축하 메시지를 보낼 때는 이메일 또는 휴대폰 SMS 중 하나만 사용해야 효율적이며, 틀에 박히지 않은 체온이 느껴지는 따뜻하고 진솔한 문안이어야 한다. 메시지는 고객의 생일이나 기념일을 축하하는 의미로 보내기도 하지만 궁극적으로는 잊지 말고 쇼핑몰을 방문해달라는 뜻이므로 고객을 조금이라도 귀찮게 해서는 안 된다. 중복된 메시지를 여러 번 받게 되면 스팸을 남발하는 쇼핑몰로 인식되어 오히려 역효과가 날 수도 있다.

이메일을 통한 신상품, 기획전, 특가상품, 마일리지 사용안내 등 뉴스와 정보의 주기적인 제공은 고객에게 쇼핑몰을 다시 한 번 환기시켜 재방문을 유도한다. 쇼핑몰과 관련된 이메일에는 고객에게 유용한 정보가 포함되어 있어야 스팸으로 처리되지 않는다. 이메일 수신 중 스팸으로 처리되거나 열어보지도 않고 휴지통으로 직행하는 메일들은 고객이 필요성을 느끼지 못하거나 그 횟수가 너무 많아 귀찮다고 생각한 것들이다. 쇼핑몰 관련 정보를 제공할 때는 고객 편에서 작성해야 한다.

상품 포장도 재방문에 영향을 미친다. 배송과정에서 제품이 파손되거나 상하지 않도록 하는 안전하고 튼튼한 포장은 상품을 더욱 돋보이게 함과 동시에 쇼핑몰의 신뢰도를 높여준다. 따라서 포장에는 몇 가지 주의사항에 신경을 써야 한다.

첫째, 택배사의 분류작업과 운반과정에서 제품이 파손될 수 있으므로 상자 자체가 견고해야 한다. 둘째, 상품 크기와 상자 크기는 맞추는 게 좋다. 그리고 에어캡이나 스티로폼 팩 등으로 제품의 흔들림이 없게 한다. 셋째, 가죽 의류나 가죽 핸드백, 벨트, 버클, 유리제품 등 긁히거나 파손의 위험이 있는 상품은 특히 주의해야 하며, 부직포나 면과 같은 부드러운 소재를 이용해 1차 포장을 한 후 상자에 담는다. 넷째, 주문자와 주문상품, 배송지가 맞는지 주문자 정보를 꼼꼼히 확인하고 계산서, 영수증, 사은품 등 함께 보내야 할 것 중 빠트린 게 없는지 체크한다. 배송 실수로 인한 손해는 의외로 크므로 정확한 배송을 위해 주의를 기울여야 한다.

상자 안에 감사의 뜻으로 휴대폰 액세서리나 양말, 사탕 등을 넣어 보내는 건 이미 많은 쇼핑몰에서 사용하는 전략이다. 사은품은 쇼핑몰과 연관성이 있으며 고객이 고맙게 느끼면서 실용성이 있어야 효과적이다. 또 제품을 효과적으로 사용하는 방법, 제품에 대한 부가정보, 교환 및 반품과 클레임 관련 안내, 구매 혜택 정보도 넣어 보낸다. 판매자가 정성껏 쓴 감사 편지도 좋다.

고객불만 처리와 해결방안

고객불만이란 쇼핑몰에서 이루어지는 모든 행위 및 현상, 결과가 고객에게 만족스럽지 못함을 말한다. 불만 처리의 권한 및 의무는 쇼핑몰 운영자에게 있다. 쇼핑몰 운영자는 고객으로부터 불만이 제기되면 신속하고 정확하게 응대해야 한다. 불만 처리는 빠르면 빠를수록 좋다.

감정을 앞세우거나 고객을 기다리게 하는 시간이 길어질수록 고객불만은 누그러뜨리기 힘들다. 대부분의 고객불만은 사전에 막을 수 있는 내용이므로 발생하는 즉시 신속하게 원인을 찾아 근본적으로 해결해야 한다. 그래야 다시는 같은 불만이 생기지 않는다. 100% 완벽하게 고객이 만족하기는 어렵다. 불만 건수를 하나씩 줄이려는 노력이 필요한데, 그러려면 온라인 쇼핑몰 관계자가 고객불만 처리방법을 잘 숙지하고 있어야 한다.

고객의 불만 처리 단계와 해결방안

단계	세부내용
성실한 태도	• 고객의 불만을 없애기 위해 항상 수첩과 필기도구를 준비, 꼼꼼히 기록한다. 그렇게 할 때 그의 불만을 더 깊이 알 수 있고 고객도 신중한 태도를 취한다
감정 해소	고객의 마음을 이해하고 살펴서 화를 가라앉혀 주면 불만사항도 의외로 쉽게 해결된다
고객의 말을 성실하게 듣고 변명하지 않음	• 고객이 불만을 제기해도 변명하지 않고 듣는다(화가 나서 전화한 고객에게 자꾸 변명하는 건 "우리는 잘못이 없습니다"라고 하는 것과 같다) • 불만 제기를 마친 고객에게 더 할 말이 없는지 물어서 남은 불만도 털어놓게 한다 • 마음속 불만을 다 털어놓으면 만족감으로 스스로 위안받고 불만을 철회하는 고객도 있다
호의를 잊지말 것	끝까지 호의를 잃지 않으면 상대도 변한다
고객의 잘못을 지적하지 않는다	• 고객의 말이 불합리해도 지적하지 않는다(논리적으로 고객을 이기더라도 그의 화를 풀 수는 없다) • 아무리 불합리한 점이 있어도 "당신 잘못입니다"라는 말은 하지 않는다
고객의 불만을 통해 배운다	• 불만을 제기하는 고객은 적극적이고 세상일에 관심이 많은 사람일 것이다 • 고객을 이해하려는 자세와 감사함을 잊지 않는다. 고객의 불만을 통해 무엇을 배울 것인가?

고객의 불만 해결방안	고객에게 해서는 안 될 행동
• 고객 입장에서 생각, 진심 사과 • 변명하지 않음 • 고객의 요구에 즉각 응함 • 자신감과 자제력을 키움 • 잠재적인 가능성이 있는 상황을 없앰 • 불편사항이 있으면 먼저 사과한 다음 무슨 일인지 확인함 • 책임을 전가하지 않음 • 문제를 즉각 수정함 • 문제를 조사하고 기록함	• 비웃음 • 기다리게 함 • 클레임을 건 고객을 서서 기다리게 함 • 대수롭지 않게 여김 • 장난으로 생각함 • 말을 가로막음 • 무시함

단계	세부내용
1단계 불만 들음	• 불만을 끝까지 듣는다 • 관심을 갖고 귀를 기울인다 • 편견(선입견)에 사로잡히지 않는다 • 문제점을 메모한다
2단계 불만 원인 분석	• 불만의 핵심 내용을 파악한다 • 핵심적인 것부터 배열해 본다 • 다른 사례들과 비교해 비슷한지 살핀다 • 즉시 대답할 수 있는지, 처리 가능한지 검토한다
3단계 해결책 찾아냄	• 회사방침에 맞는지 재검토한다 • 권한 밖의 일일 때는 책임자의 지시에 따른다
4단계 해결책 알림	• 끝까지 친절하게 납득시킨다 • 선(先) 보고가 어려우면 먼저 조치한 후 보고한다
5단계 결과 점검	• 일을 처리한 후에는 결과를 점검한다 • 점검 결과에 대해 사업주에게 보고한다

온라인 쇼핑몰 CS 담당자의 역할

온라인 쇼핑몰 CS(Customer Satisfaction) 담당자는 한마디로 서비스를 제공하는 사람이다. 그런 만큼 무조건적인 친절이 아닌 고객의 편에서 공감하려는 자세가 필요하다. 온라인 쇼핑몰에 고객의 전화나 이메일, 메신저 등의 문의가 많다는 건 상세페이지의 설명이 부실하다는 뜻이다. 어쩌면 제품의 품질에 문제가 있을지도 모른다. 따라서 불만을 표시한 고객에게는 감사의 마음을 가져야 한다. 뭔가 불만족스러울 때 사람들은 대부분 아무 말 없이 떠난다. 그런데 불만을 얘기해 준다는 건 문제를 가르쳐주는 것과 마찬가지니 꼭 부정적으로만 받아들일 필요가 없다.

물론, 살다 보면 진상 고객을 만날 때도 있으므로 CS에는 스트레스가 따른다. 하지만 상품을 판매했다면 그에 따른 책임을 져야 한다. 무조건 친절만 강조하기보다는 매일 어느 정도 시간을 내어 서로 전화하면서 훈련을 해보는 게 좋다. 그것만으로도 고객을 대하는 언어가 달라진다.

고객 응대 관련 일들은 내부 교육으로도 충분히 가능하다. 온라인 쇼핑몰 전체나 CS 담당자를 위해서도 내부적으로 가이드 라인을 세워 제공해야 한다. 그리고 중요한 사항은 온라인 쇼핑몰 운영정책에 명시해서 고객들도 알 수 있게 해야 한다.

고객 응대 화법

화법	내용	예
바른 경어 사용	경어 사용으로 고객에 대한 존중을 나타낸다	• 잠깐 기다려요 →잠시만 기다려주세요 • 에! 확인 안 되시는데요 →확인되지 않습니다
청유형 사용	명령형이 아닌 청유형으로 대화한다	• 잠깐 기다리세요 →잠시만 기다려주시겠어요? • 다시 한 번 말씀해 주세요. →다시 한 번 말씀해 주시겠어요?
쿠션언어 사용	정중하게 양해를 구한다	• 죄송합니다만, 번거로우시겠지만, 실례지만, 괜찮으시다면… →죄송합니다만, 주민번호를 말씀해 주시겠습니까? →괜찮으시다면, 상품을 다시 보내드릴까요?
긍정화법 사용	부정적으로 말하기보다 가능한 방법을 제시한다	• 오늘은 안 됩니다 →0일까지는 가능합니다 • 그렇게는 안 됩니다 →한번 알아보겠습니다
Yes But 화법 사용	고객의 의견이나 진술이 잘 맞지 않을 때 '틀렸다', '아니다' 반박하지 않고 일단 인정하고 반론을 제기한다	→아, 그렇군요, 그 말도 맞습니다만… →네, 그렇게 생각할 수도 있습니다, 그렇지만…
아론슨 화법 사용	긍정에서 부정으로 흐르는 말보다 부정적 내용을 말하고 긍정적 의미의 말로 마무리해 긍정적인 감정을 강조한다	○○하지만 ○○할 수 있습니다
정중한 표현	최대한 정중하게 말한다	• 그렇습니다, 그렇지 않습니까, 그렇다고 할 수 있겠죠? • 전에 통화했던 분 기억하세요? • 고객님이 직접 구매하셨나요?

상황별 서비스 응대 매뉴얼

고객 응대 상황	표준화 응대 언어	표준화 응대 태도
전화를 받을 때	"안녕하십니까? ○○고객센터입니다. 무엇을 도와드릴까요?" "행복을 디자인하는 ○○○○의 ○○○입니다"	1. 벨 3회 이상 울리기 전 2. 밝고 신뢰감 가는 음성
늦게 받았을 때	"늦게 받아 죄송합니다. ○○고객센터입니다"	상황에 맞는 생기 있는 목소리
바쁠 때	"죄송하지만 잠시만 기다려 주시겠습니까?" "기다리시게 해서 죄송합니다. 다시 한 번 말씀해 주시겠어요?"	1. 고개를 약간 숙이고 손을 모은다 2. 고객에게 먼저 다가가는 자세
고객 문의	"네~ ○○○ 때문에 전화 주셨군요."(복창) "제가 내용을 확인해 본 후 말씀드리겠습니다. 죄송하지만 잠시만 기다려주시겠습니까?" "기다려주셔서 감사합니다."	1. "~구요"가 아닌 "~입니다"처럼 적극적인 어투 사용 2. 친밀감과 신뢰감 형성 (small talk) 3. 성의 있는 답변
고객 정보 질문	"실례지만 아이디와 성함과 연락처를 좀 알려주시겠어요?" "네, 감사합니다."	쿠션언어 사용
배송지연	"오래 기다리시게 해서 죄송합니다. ○○이 인기 품목이어서 입고가 지연되었는데, 오늘 출고 예정이니 늦어도 ○일까지는 도착 가능합니다."	1. 가급적 정확한 날짜를 언급 2. 최대한 양해를 구한다
교환요청	제품에 문제 있을 때 "고객님, 어떤 제품으로 교환해 드릴까요? 네, ○○제품으로 보내드리도록 하겠습니다. 택배는 착불로 보내주시면 됩니다, 번거롭게 해드려 정말 죄송합니다."	1. 하자 제품에 대한 사과 2. 재발 방지 약속
	고객 요청 "네, 고객님. ○○ 때문에 교환을 원하시는군요. 교환은 가능합니다만 배송비를 지불해주셔야 하는데 괜찮으시겠어요?"	1. 사전 기준 공지가 중요 2. 상황에 대한 설명 3. 정중한 요청

반품요청	제품에 문제 있을 때 "고객님 그러셨군요, 정말 죄송합니다. 저희에게 착불로 제품을 보내주시면 확인 후 결제를 취소하겠습니다." "혹시 마음에 드는 다른 제품은 없으십니까?"	1. 정중한 사과 2. 대체상품으로 유도
품절 시	"고객님, ○○제품은 안타깝게도 현재 품절입니다. ○일 이후 재입고 예정이니 다시 한 번 방문해 주시겠어요?" "재입고되면 바로 안내 문자 보내드릴까요?"	재방문 유도
마지막 인사	"더 궁금하신 점은 없으십니까?" "다른 궁금하신 사항이 있으면 전화 주시고요, 즐거운 하루 되시길 바랍니다." "감사합니다, 안녕히 계십시오."	1. 끝까지 친절하게 마무리 2. 고객보다 2초 늦게 끊는다

고객 욕구에 따른 서비스 단계

사전 서비스	• 홈페이지의 정보제공 • 온라인, 전화상담 • 샘플, 상품 무료체험 • 무료반품, 교환 쿠폰 제공	실제 서비스 체감 이전 단계에서 측정되는 서비스 활동(Before Service)
현장 서비스	• 배송정보 제공 • 제품 포장과 설명(카드) • 원하는 서비스와 상품 수급	실제로 제품을 통해 체감하고 경험하는 서비스 활동(On Service)
사후 서비스	• 리콜, 해피콜, DM 발송 • 관리 유지 위한 어드바이스 • 안심보장제도	제품을 구매, 이용한 후의 지속적 관리(After Service)

목소리에도 표정이 있다! 친절한 음성

밝게	따뜻하게	신뢰감 있게
• 안녕하십니까? • 감사합니다 • 좋은 하루 되십시오	• 무엇을 도와드릴까요? • 잠시만 기다려주시겠습니까? • 오래 기다리셨습니다	• 네~ 잘 알겠습니다 • 바로 확인해 드리겠습니다 • 그럼요, 충분히 이해합니다

화난 고객 응대 프로세스

불만이 있는 고객 대부분은 불만을 직접 말하지 않고 거래를 중
단하는데, 그중 96~97%는 지인 9명 정도에게 불만사항을 전달한

불만 처리 단계	고객은 항상 옳다	① 사과하라 • 죄송하다는 말이 비난받아 마땅하다는 의미는 아니다 • 고객을 비난하는 기회로 사용하면 안 된다 ② 경청과 공감 • 메모 이용 • 위로와 이해의 말 "솔직하게 말씀해 주셔서 감사합니다." "많이 속상하시겠어요. 죄송합니다." ③ 해결책 모색 • 정중한 자세 • 고객에게 대안 제시와 기회 제공 • 감사의 표현 "덕분에 저희가 그 문제점을 개선할 수 있었습니다." "감사합니다." ④ 신속한 해결 • 고객과의 약속은 성실히 이행 ⑤ 결과 확인 및 사후관리 • 이행 중, 이행 후 고객만족도 확인 "확인해 보시겠습니까?" "더 필요하거나 궁금하신 점이 있으면 언제든 말씀해 주십시오." "지난번에 말씀하신 부분은 바로 조치했습니다."
상대방의 감정이 격해 있을 때	감정을 진정 시킨다	① 진정시키기, 가라앉히기 • 자극—멈추고—반응 • 생각하고 • 선택하고 • 자극—즉각적 반응=다툼 ② 주도적인 태도 필요 ③ MPT 기법 사용 • Man—누가 • Place—어디서 • Time—언제

다. 고객불만이란 다르게 표현하면 제품과 서비스의 문제점을 개선, 품질 향상을 위한 좋은 정보이자 고객과의 유대 강화 및 공감으로 고정고객을 만들 수 있는 절호의 기회이며, 만족스럽게 해결되면 재구매와 구전효과로 이어진다.

공감이란 다른 사람의 느낌, 생각, 태도를 함께 또는 대신 느끼는 걸 말한다. "예, 무슨 말씀인지 잘 알겠습니다.", "정말 죄송하게 되었습니다.", "어떤 기분이신지 충분히 이해됩니다." 같은 공감만으로도 고객의 분노를 진정시킬 수 있다.

03 방문고객 정보를 알려주는 로그분석

사업을 이끄는 경영자의 직감과 통찰력은 매우 중요하다. 두 가지를 모두 갖춘 경영자들은 자신을 믿고 때로는 무모해 보이는 새로운 일에 뛰어들어 보란 듯이 실력을 증명해 보이기도 한다. 온라인 쇼핑몰은 그에 더해 각종 통계와 구체적인 정보를 통한 측정이 가능하다. 그것도 공짜로 말이다.

쇼핑몰 방문자는 자신의 방문을 로그(Log)라는 형태로 남기고 떠난다. 이 로그파일을 분석하면 방문자가 어떤 경로로 들어왔는지, 어떤 키워드를 이용했는지, 어떤 페이지를 봤는지, 얼마나 머물다 나갔는지, 최종적으로 빠져나간 페이지가 어디인지 등 방문자의 행동 데이터를 모두 얻을 수 있다.

쇼핑몰을 운영하면서 로그분석을 하지 않는다면 그야말로 눈을 감고 사업을 하는 것과 같다. 암흑 속에서 어디로 가야 할지 방향을 잡지 못한 채 불빛이 보이기만 바라며 무조건 달리는 위험한 행위다. 온라인 쇼핑몰 사업주는 사업의 의사결정과 방향설정을 감(感)으로 하기보다는 정확한 데이터를 기반으로 해야 한다. '열심히'도 중요하지만 '잘하는' 게 더 중요하다.

온라인 쇼핑몰에는 솔루션 내에서 제공하는 로그분석 기능이 있다. 최근에는 솔루션이 더 좋아져 유료서비스를 받지 않아도 된다. 물론, 에이스카운터나 로거 등 유료서비스는 좀 더 정교한 데이터 확보라는 장점이 있고 활용가치도 충분하다.

구글 애널리틱스(analytics.google.com)는 온라인 쇼핑몰 로그분석을 무료로 제공한다. 로그분석 서비스 이용절차도 간단하다. 해당 홈페이지에 가입한 후 쇼핑몰 사이트를 추가하면 로그분석 추적코드가 생성된다. 이 코드를 자사 쇼핑몰 주소가 있는 곳에 삽입하면 끝이다. 웹에 대한 기초 지식이 없으면 다소 어려움을 겪을 수도 있으나 그렇다 해도 주변의 도움을 조금만 받으면 된다. 구글 해당 홈페이지에 상세히 안내된 서비스 절차를 확인해도 가능하다.

로그분석을 통해 알아낸 쇼핑몰 방문자, 방문경로, 방문행위, 쇼핑몰 활용 등 심층적인 정보들은 쇼핑몰 운영 및 마케팅 전략에 적극적으로 활용할 수 있다. 로그분석은 일반분석과 통제분석으로 구분하는데, 일반분석은 로그데이터를 기반으로 쇼핑몰 현황분석에, 통제분석은 메뉴 및 디렉토리 데이터 연동에 따른 마케팅 및 전환율 분석에 활용한다.

쇼핑몰 현황 분석을 위해서는 고객방문 활동을 측정할 수 있는

로그분석 방법의 특징

분석방법	분석, 측정 분야	설명
일반분석	트래픽 분석	방문자 및 페이지뷰 등의 증감 추세와 재방문 횟수 분석
	페이지, 디렉토리 분석	쇼핑몰 내의 인기 페이지와 디렉토리 위주 분석
	방문경로 분석	쇼핑몰을 인지해 접속하게 된 경위 및 검색엔진 키워드 등 분석
	방문자 분석	방문자의 지리통계학적 분석과 표준시간대 등 분석
	내비게이션 분석	쇼핑몰 내 이동경로 및 특정 페이지 내 링크/콘텐츠의 관심도 분석
	시스템 분석	방문자의 OS, 화면 해상도, 브라우저 등 시스템 요소 분석
통제분석	마케팅, 캠페인 분석	키워드광고 등에 관한 관심도 분석
	콘텐츠, 상품 분석	쇼핑몰 내 콘텐츠, 상품의 관심도와 그 변화 추세 등 분석
	시나리오 (전환율) 분석	회원 가입률, 장바구니 전환율, 구매율 등 사이트 기획의도 및 캠페인 효과 분석

히트(Hit), 페이지뷰(Page view), 방문(Visit), 방문자(Visitor), 순방문자(Unique User), 세션(Session) 등의 기본적인 측정 단위를 이해해야 한다.

온라인 쇼핑몰 로그분석 데이터 중 페이지뷰-방문자-고객의 다양한 반응에 따른 쇼핑몰의 현상을 분석하고 문제점을 찾아 적극적인 대응을 모색해야 한다.

로그분석 특정 지표들

히트	히트는 방문자가 쇼핑몰에 접속했을 때 연결된 파일의 숫자로 한 페이지를 전송할 때 그 안에 포함된 그래픽, HTML 등의 모든 파일을 히트로 계산한다
페이지뷰	페이지뷰는 하나의 HTML 문서를 보는 것이며, 인터넷 사용자가 쇼핑몰에 접속해서 본 페이지를 페이지뷰로 계산한다
방문	쇼핑몰에 접속해 일련의 페이지들을 연속적으로 접속했을 때 이를 하나의 방문으로 기록해 계산한다
세션	방문자 수는 엄밀히 말해 실제 방문한 사람의 수는 아니며, 쇼핑몰 내에서 일정 시간 움직임이 있던 활동을 하나의 단위로 하여 그 수를 측정한다
순방문자	일반적으로 쇼핑몰 방문자를 분석하는 기준으로 사용되며, 해당일에 동일한 방문자가 중복해 방문한 횟수를 제외한 값을 기준으로 측정된다

페이지뷰-방문자-고객의 상관관계

페이지	방문자	고객	현상	대응방법
↑	↑	↑	적절한 마케팅과 쇼핑몰 운영	고객군별 취약점 분석, 수익연계
↑	↑	↓	서비스는 적절하나 마케팅 취약	가망고객 유입전략
↑	↓	↑	마케팅에 의한 일시적 현상	서비스 개선을 통한 재방문 유도
↑	↓	↓	마케팅 취약, 고정사용자에 의한 서비스 집중	마케팅 강화, 집중사용 포인트 분석, 사용자층 확대 전략
↓	↓	↑	마케팅 활동에 의한 일시적 현상	서비스 개선을 통한 재방문 유도
↓	↑	↓	기존 사용자 중심 방문 증가 원인 잠재	마케팅 강화, 서비스 개선
↓	↓	↑	마케팅은 적절하나 서비스 취약	쇼핑몰 리뉴얼 필요함
↓	↓	↓	마케팅, 서비스 취약	쇼핑몰 철수 전략 검토

로그분석 때 분석방법과 범위 설정을 위해 많이 사용하는 방법이 방문자 관점, 페이지 관점, 시간 관점, 경로 관점이다.

로그분석 방법 및 범위

구분	설명	분석 내용
방문자 관점	로그분석 기간 동안의 방문자 트래픽 증가 추이 및 방문 소요시간 등의 방문자 이용행태 분석에 활용	• 페이지뷰 현황 추이 분석 • 방문자 현황 추이 분석 • 순방문자 현황 추이 분석 • 방문 소요시간 추이 분석 • 프로모션 및 마케팅 관련 • 페이지뷰, 방문자, 순방문자 현황 추이 분석
페이지 관점	로그분석 기간 동안의 쇼핑몰 이용행태 분석	• 처음 접속 페이지 분석 • 마지막 접속 페이지 분석 • 인기 페이지 분석 • 디렉토리 분석
시간 관점	로그분석 기간 동안의 시간, 요일, 날짜별 반응 분석에 활용	• 가장 많이 방문하는 시간 분석 • 가장 많이 방문하는 요일 분석 • 시간별, 요일별 반응 분석 • 날짜별 현황 분석(방문, 시간, 페이지, 경로 관점) • 유입경로(검색엔진 등) 분석
경로 관점	방문 경로에 따른 각 단계별 전환분석에 활용	• 이벤트 페이지별 경로 전환율 분석 • 목표 단계별 경로 전환율 분석 • 검색엔진 등의 유입경로 분석 • 최적 채널(사이트) 분석

쇼핑몰 운영자의 로그분석 활용

로그분석 데이터는 있는 현상만 보여준다. 그 현상 안에서 의미 있는 정보를 찾아내는 일은 온라인 쇼핑몰 운영자의 몫으로 다음의 내용들은 지속적으로 분석해야 한다.

- 이벤트/캠페인 진행 후 방문자가 증가했는가? 또 실제 매출로 연결되었는가?
- 쇼핑몰 방문자의 평균 페이지뷰 및 쇼핑몰에 머문 시간은 어느 정도인가?
- 재방문 비율은 얼마이며, 재방문해서 머무는 시간은 증가하고 있는가?
- 가장 오래 머문 페이지는 어디인가? 왜 그곳에 오래 머물렀는가?
- 쇼핑몰 방문자는 어느 지역이 많은가?
- 특정 페이지 내 어떤 링크(콘텐츠)를 선호해 클릭하는가?
- 방문자는 쇼핑몰 내에서 어떠한 경로로 이동하는가? 그것은 쇼핑몰 운영자의 의도와 일치하는가?
- 어떤 콘텐츠와 상품 카테고리를 가장 많이 둘러보는가? 이는 실제 매출로 이어지는가?
- 어떤 제품을 가장 많이 보는가? 그 제품의 구매 추이는 어떠한가?

성공하는 쇼핑몰 사업계획서

- 방문자 중 로그인한 고객의 비율은 어느 정도인가?

- 방문자 중 회원등록과 이벤트 참여 비율은 어느 정도인가?

- 장바구니에 상품이 담기는 비율과 최종 구매 비율은 어떤가?

- 어떤 단계에서 방문자가 구매를 포기하는가?

9장

사업타당성 분석

01 거래에 사용되는 언어, 가격

네이버, 카카오톡, 유튜브 등은 사용자들에게 무료로 서비스를 제공한다. 돈을 받지 않아도 광고 유치나 다른 파트너와 수익모델을 만들기 때문이다. 무료 서비스는 사용자들이 이들에게 자신의 정보와 관심사를 제공하는 대가인 것이다.

웹과 모바일에서 제공되는 무료 서비스를 제외하면 거의 모든 비즈니스가 유료로 거래되는데, 무료든 유료든 거래에 사용되는 언어는 '가격'이다. 가격을 통해 제품을 비교하거나 구매 여부를 결정한다. 물론, 가격은 거래의 과정에서 보내는 메시지 중 하나에 불과하다. 제품을 구매할 때 느끼는 만족감처럼 더 깊은 가치가 관여될 때도 많다. 그럼에도 제품과 서비스가 넘쳐나는 시대에 한 사람 한 사람이 자신이 진정 무엇을 원하는지 알아내기 전까지는 가격이 거래과정의 언어가 될 수밖에 없다.

수익을 창출해야만 유지가 가능한 온라인 쇼핑몰의 수익은 가격을 통해 실현된다. 신제품 개발, 유통망 확보, 프로모션 등은 모두 비용을 발생시키는 데 반해 가격은 수익에 직접 영향을 미치면서 기업의 이익을 결정한다. 따라서 온라인 쇼핑몰은 '고객이 어떤 가치를 위해 돈을 지불하는지', '현재는 무엇을 위해 돈을 지불하는지', '어떻게 지불하는지', '경쟁사는 누구인지', '시장에서 우리의 현재 위치는 어디인지' 등에 대해 분석한 후 적절한 가격을 결정해야 한다.

성공의 필수조건 가격전략

기업마다 성공에 대한 정의가 다르겠지만 일반적으로 시장점유율, 영업이익, 이익에 따르는 성장 등이 지표로 사용된다. 이때 가격전략이 그 성공이라는 목표를 달성하는 데 중요한 역할을 한다.

시장점유율은 가격을 낮게 책정해 구매를 이끌어내는 방식이다. 이 전략의 근거는 '규모의 경제'와 '경험곡선'으로 설명된다. 규모의 경제는 생산규모가 커질수록 원가가 낮아지는 것을 말하고, 경험곡선은 생산량이 많아질수록 작업이 숙련되어 원가가 낮아지는 것을 말한다. 저가 정책을 사용하면 수익은 적으나 매출이 빠른 속도로 증가하는데, 그래서 생산량이 많아지면 규모의 경제와 경험곡선 효과가 나타나 원가가 하락하고 수익도 올라간다는 게 시장점유율의 논리다. 저가를 통한 시장점유율 확대는 단기적인 이익이 희생되므로 충분한 자본이 있을 때 가능하며, 장기적인 안목이 요구되는 가격정책이다.

영업이익은 외형보다는 내실을 다지는 가격정책이다. 매출이 높아도 이익이 없으면 기업은 유지될 수 없다. 영업이익이 높다는 말은 그만큼 기업이 잘 운영되고 있다는 증거다. 영업이익을 개선하려면 원가절감 또는 보다 나은 전략을 수립해야 한다.

이익과 온라인 쇼핑몰의 성장은 별개일 수 있다. 현재는 이익률이 높아도 기업이 성장하지 못하면 머지않아 어려움을 겪게 된다. 과거에 뿌린 씨앗으로 열매를 따 먹으면서 내년 농사는 짓지 않는 것과 같다. 이익에 따르는 성장은 과거에 뿌려놓은 씨앗으로 열매를 수확하는 동시에 내년을 위해 추가 투자나 고객을 확보하는 가격전략을 통해 실현된다.

제조원가 분석

제품이나 서비스의 가격구조는 시장에 공개되는 판매가격(List Price)을 기준으로 '할인 프로그램(Promotion)'과 '실판매가(Sales Price)'로 구성되어 있으며, 실판매가는 다시 '이익(Margin)'과 '원가(Cost)'로 구성된다.

온라인 쇼핑몰이 직접 상품을 제조해 판매한다면 제조원가부터 계산해야 한다. 제조는 보통 원가를 기반으로 가격을 산정하는데, 원가를 구성하는 요소로는 제조원가와 판관비 등이 있다. 그리고

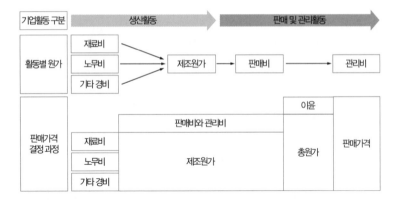

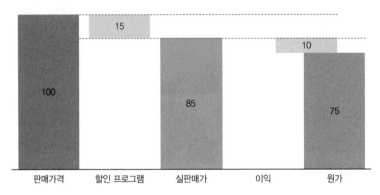

제조단계의 원가구조와 예

경비에는 고정적으로 지급되는 고정비와 생산량 등에 따라 달라지는 변동비가 해당된다.

오른쪽 표는 제조원가 식별을 위한 것이다. 소수점 첫째 자리까지의 원가 식별은 불가능하나 대략적으로라도 원가를 식별해야 판매가격을 설정할 수 있다. 이 표에 원가구조를 한번 작성해보자.

구분		월(1개월), 단위(원)
재료비		
인건비	급여 및 상여	
	4대 보험	
	퇴직급여	
	소계	
변동비	복리후생비	
	여비·교통비	
	접대비	
	수선비	
	보험료	
	물류비(창고비)	
	소모품비	
	지급수수료	
	대여료	
	물류비(배송비)	
	판매장려금	
	판매보증비	
	소계	
고정비	통신비	
	감가상각비	
	지급임차료	
	차량유지비	
	경상연구개발비	
	교육훈련비	
	도서인쇄비	
	사무용품비	
	광고선전비	
	판매촉진비	
	대손상각비	
	건물관리비	
	무형고정자산상각	
	잡비	
	이자비용	
	소계	
	비용 총계	

유통단계의 원가분석

상품을 다른 곳에서 사입해 판매하는 온라인 쇼핑몰의 원가는 상품 그 자체가 원가다. 동대문 도매상에서 5,000원에 매입해 왔다면 그것이 매입원가다. 여기에 판매를 위한 광고비, 인건비, 재고비, 물류비 등의 판매관리비와 온라인 쇼핑몰의 이윤을 책정하면 판매가격이 된다.

가격 결정 전 해야 하는 질문들

신제품 가격을 결정하는 데는 초기에 높은 가격을 책정했다가 시간이 지남에 따라 가격을 내리는 방법과 초기에 낮게 책정해 시장점유율을 확대하는 방법이 있다.

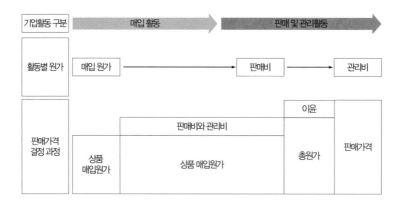

유통단계의 원가구조

'초기 고가전략'은 가격이 높음에도 구매하려는 소비자가 많을 때, 가격이 비싸면 품질도 좋으리라고 인식할 때, 가격이 높음에도 경쟁사의 시장진입 속도가 느린 독점시장일 때 가능하다. 이를 위해서는 특허 등으로 경쟁자의 진입이 제한되거나 열혈 사용자층이 확보되어 있어야 한다. 기본적인 경쟁력을 갖추지 못한 상태에서 가격만 높이는 것은 올바른 전략이 아니다.

'시장침투 가격전략'은 소비자들이 가격에 민감하게 반응할 때, 생산량이 많아질수록 제조원가와 유통비용이 급격히 낮아질 때, 저가 전략으로 경쟁자의 시장진입을 방어할 수 있을 때 사용한다. 또 틈새시장에 빠른 속도로 진입하면서 경쟁자의 시장진입을 어렵게 할 때 및 경쟁자의 진입이 예상되고 경험곡선효과가 크게 나타날 때, 가격의 수요탄력이 큰 제품에 사용하면 효과적이다.

온라인 쇼핑몰의 판매가격을 결정할 때 질문해 보아야 할 첫 번째는 '소비자가 이 제품이나 서비스에서 어떤 가치를 얻는가?'이다. 예를 들면, 스타벅스 커피 원재료인 커피콩은 2~3센트에 불과하나 여기에 스타벅스에서 제공하는 오렌지색 조명, 초록색 로고, 미국식 카페테리아 등의 경험요소가 추가되면 5,000원이 넘는다. 1,000원이라도 싸게 구매하려고 몇 시간씩 인터넷을 검색하는 사람들이 스타벅스에서는 5,000원을 기꺼이 지불한다. 이들은 '커피 맛'이라는 가치보다 '스타벅스에서 커피를 마시는 경험과 만족감'에 더 큰 가치를 느끼기 때문이다.

두 번째는 '비슷한 가치를 주는 다른 제품이나 서비스가 있는가?'이다. 소비자에게는 늘 다양한 선택지가 있다. 친구들과 온라인 게임을 하면서 놀 수도 있고, 축구화를 신고 축구를 하며 놀 수도 있다. 전혀 다른 카테고리지만 '재미있게 논다'라는 가치로 놓고 보면 게임회사와 축구화회사는 경쟁자일 수도 있다.

세 번째는 '고객들이 제품과 서비스에 얼마를 지불하고 있는가?'이다. 목표고객을 가장 빨리 확보할 수 있는 가격대가 얼마인지 아는 것은 중요하다. 동일한 카테고리에서 경쟁하는 제품과 서비스뿐만 아니라 산업의 경계를 벗어나 전혀 다른 형태의 대체상품과 서비스까지 점검해 보아야 한다. 남성용 화장품을 새로 개발한 회사라면 남성이 피부관리실에서 화장품 외의 뭔가로 피부관리를 받을 때의 효용과 가격을 살펴보는 게 산업의 경계를 벗어난 방법이다. 이 질문에 답을 해보았다면 이제 자신에게 냉정해져야 한다.

우리 제품과 서비스가 고객에게 제공하는 가치를 따져보면 수십 가지일 수도 있다. 하지만 그중 세 가지를 제외하고는 모두 무시해야 한다. 기업도 고객도 수십 가지에 동시에 집중할 수 없다. 가장 핵심이 되는 가치를 선택해 그것에 집중해야 한다. 그리고 고객에게 제공하는 핵심가치를 중심으로 어떻게 정보를 찾고 선택에 이르는지 분석해야 한다. 소비자를 새롭게 학습시키기는 어렵다. 기존의 소비방식을 이해하고, 그 속에 우리가 제공하고 싶은 해결책을 녹여내는 게 현명한 방법이다.

마지막으로 '고객이 자신의 문제를 해결하려고 할 때 가격은 어떻게 생각할까?'에 대한 대답도 필요하다. 핵심이 되는 세 가지 가치 하나하나에 고객이 지불하리라 예상되는 가격을 산정해 본다. 세 가지 가치를 모두 연결할 수 있는 논리를 만들고 각각을 위한 대체 가격을 합산하면 목표가격의 윤곽이 나온다.

기업이든 개인이든 공들여 만든 제품과 서비스에서 이익을 볼 자격은 충분하다. 하나의 제품과 서비스를 시장에 내놓기까지는 실패의 위험을 감수하면서 오랜 시간의 노력과 돈을 투자해야 한다. 따라서 제품과 서비스가 충실하다면 이익을 얻을 자격이 있다. 그런데 여기서 더 중요한 건 결과물이다. 그저 그렇고 그런 제품과 서비스라면 소비자들은 선택하지 않는다. 그들은 공정성이나 윤리성이 아닌 철저하게 자신의 필요에 의해 상품을 구매한다.

품질이나 디자인에 따른 가격설정

제품계열에 대한 가격설정은 제품의 품질이나 디자인의 차이에 따르는 가격설정이다. 의류매장에 가보면 캐시미어, 울, 실크, 리넨 등의 다양한 소재에 따라, 디자이너가 누구인지에 따라 가격이 다르다. 기업은 소비자들이 이러한 가격 차이를 제품의 품질 차이로 인식하는지 확인해야 한다. 그리고 가격 차이를 품질 차이로 인식할 수 있도록 각 제품의 가격 차이를 분명히 해야 한다. 또 고가의 제품일수록 가격에 대한 소비자의 만족도가 떨어지므로 가격 차이를 크게 두어야 효과적이다.

제품계열 가격설정은 하향연장과 상향연장으로 변경되기도 한다. 고급품만 판매하던 회사가 현재 품목보다 낮은 품질과 가격의 제품을 추가하는 것을 제품믹스 중 '하향연장'이라고 부른다. 애플이 저가 스마트폰인 아이폰SE 제품을 출시한 것과 같다. 사전에 저가품 시장을 선점해 경쟁사의 진출을 막은 것이다. 하향연장은 이처럼 타 기업이 선점한 고가시장을 피해 저가시장으로 침투할 때, 고가시장의 성장률이 낮아 고가시장의 명성으로 그 아래 저가시장에 진출하려고 할 때 사용된다.

반면, 기업이 현재의 품목보다 더 높은 품질과 가격의 제품을 추가하는 것을 상향연장이라고 한다. 주로 고가시장의 성장률이 높거나 마진율이 높을 때 도입된다. 상향연장은 경쟁가격이 적은 독점시장이나 다른 제품과 명확한 차별점이 있을 때 활용 가능하다.

사양제품에 대한 가격설정

사양제품에 대한 가격설정은 기본제품에 다양한 옵션 및 액세서리를 추가해 판매하는 것을 말한다. 애플에서 판매하는 MacBook Air는 기본사양으로 구입할 수도 있으나 프로세서, 메모리(RAM), 저장용량, USB SuperDrive, 디스플레이 등 하드웨어 사양을 높여 구매할 수도 있다. 다른 제조회사에서 기본적으로 제공되는 마우스와 케이블 등의 액세서리도 추가로 구매해야 한다.

일반적으로 기본제품에 대해서는 낮은 가격을 책정하고, 사양제품에 대해서는 상대적으로 높은 가격을 책정한다.

종속제품에 대한 가격설정

프린터는 잉크 없이 사용할 수 없고, 면도기는 면도날 없이 사용할 수 없다. 이렇게 특정 제품과 함께 반드시 사용되는 제품을 종속제품이라고 한다. 종속제품은 프린터나 면도기처럼 제품의 본체는 가격을 낮추어 자사의 시장 안으로 끌어들인 다음 사용에 필요한 소모품으로 수익을 창출한다. 대표적인 기업인 질레트와 HP는 함께 사용하는 두 제품 중 주력제품의 가격은 낮게 책정해 매출규모를 늘리고, 부속 소모품의 가격은 높게 책정해 수익을 높인다. 다만, 소모품 모델은 소비자가 제품을 구입하기 쉽게 판로를 확보함으로써 고객 이탈을 방지해야 하고, 소모품과 유지보수는 장기간에 걸쳐 지속적으로 제공이 가능해야 한다.

묶음 제품에 대한 가격설정

묶음 제품에 대한 가격설정은 기본제품과 선택사양, 서비스 등을 묶어 하나의 가격으로 제시하는 방법이다. 대다수의 패스트푸드점이 이 방식을 사용한다. 햄버거, 감자튀김, 음료수를 세트로 주문하면 각각을 따로 살 때보다 저렴하다. 중요 포인트는 개별 품목의 가격을 소비자가 쉽게 확인할 수 있도록 표시해야 한다는 점이다. 세 품목의 묶음가격이 세 가지 개별 품목의 가격을 합한 것보다는 싸고 그중 두 가지를 합한 가격보다는 비싸게 설정해 묶음 구매를 유도한다. 고객들은 햄버거 하나만 개별 가격으로 구매하기도 하지만 대부분 세트로 주문하기 때문이다.

묶음 제품은 신문, 잡지, 온라인 교육수강권, 모바일 음악서비스 등에서 다양하게 활용되고 있다. 잡지를 정기구독하면 매월 구입보다 저렴하고, 모바일 음악서비스도 3개월 이상 결제하면 한 달씩 이용할 때보다 저렴하다. 기업들은 묶음과 개별 가격을 동시에 제시하면서 소비자들에게 선택권을 주지만 훨씬 저렴한 묶음으로 소비자들의 구매를 유도한다. 이런 식의 가격결정으로 기업은 묶음 판매를 하지 않을 때보다 총이익을 증가시키고, 소비자는 저렴한 가격으로 다양하게 구매하는 이점을 누린다. 기본제품에 다른 옵션이나 서비스를 추가해 싸게 파는 특성을 가진 묶음 판매는 다른 제품과의 단순비교가 어렵다. 또한, 경쟁기업과의 비교 횟수를 줄이면서 고객들에게 끌려다니지 않을 수 있다.

가격은 가치를 중심으로 결정된다

기업은 많은 시간과 노력을 투자해 신제품을 개발한다. 그런데 가격결정은 보통 늘 해오던 방식대로 원가를 조금 높여 잡거나 일정 수준의 이윤을 확보하는 선에서 결정해 버린다. 어떤 때는 경쟁업체의 제품 가격과 비교해 비슷하게 맞추기도 하고, 경험에 의한 통찰력을 믿고 직감에 의존하기도 한다.

신제품의 가격결정은 기업의 수익과 밀접한 연관을 지님에도 이에 대한 심도 있는 고민이 부족한 게 현실이다. 가격결정에 있어 황금률이나 실질적인 지침이 없으니 당연하다. 경영자뿐 아니라 연구개발 부서나 마케팅 부서에서도 가격결정은 가장 골치 아픈 문제 중 하나다.

가격은 기업과 소비자의 입장 및 경쟁사를 고려해 결정할 수 있다. 원가에 적정 이윤을 더해 결정하는 게 기업의 입장이라면 제품을 소비하면서 얻는 가치를 기반으로 한 결정이 소비자 입장이다. 그리고 경쟁사의 제품가격을 참고한 가격결정이 경쟁자 입장이다.

목표 판매량과 목표 이익이 제시되는 경우에는 보통 원가 중심으로 가격을 결정하는데, 단기간에 시장점유율을 확대하려 할 때 주로 사용된다. 원가 중심은 원가에 적정한 이윤을 더해 판매가격을 결정하는 방법, 기업이 설정한 목표 이익 달성 수준에서 결정하는 방법, 미리 결정된 목표 이익에 총비용을 더해 결정하는 방법이 있다. 그런데 원가에 기반을 둔 가격결정은 경쟁사에서 가격을 내리면 따라 내려야 함으로써 이익의 증가 없이 매출만 늘어나거나 지나친 출혈경쟁으로 모두가 손해를 보는 결과를 낳기도 한다. 메모리 반도체 분야에서 삼성전자와 일본 기업들이 진행한 치킨게임과 같다. 삼성전자는 이익을 극단적으로 줄이거나 손해를 보면서까지 시장점유율을 높이며 일본의 경쟁업체를 압박했다. 결과적으로 일본의 메모리 반도체 업체들은 파산 또는 사업을 접어야 했고, 메모리 반도체 시장은 삼성전자가 독식하는 결과를 낳았다. 원가 중심의 가격 결정은 이처럼 규모의 경제를 달성할 수 있는 기업에서 사용되는 방식이다.

경쟁 중심 가격결정은 다시 시장가격 중심의 가격결정과 경쟁입찰에 의한 가격결정으로 구분된다. 시장가격 중심의 가격결정은 시장의 경쟁상황이나 제품의 특성에 따라 경쟁제품의 가격을 토대로 결정하는 방법이다. 애플의 아이폰 제품이 시장에 새로 출시될 때마다 통신회사들은 자사 제품의 가격결정을 최대한 늦추기도 하고, 다른 가격대의 상품을 출시하기도 한다. 경쟁입찰에 의한 가격결정은 정부기관에서 사용하는 경쟁입찰이나 소비자들이 모여 판매자들 간의 경쟁으로 가격을 낮추는 역경매 방식이 대표적이다. 경쟁입찰은 가격을 높이면 이익은 커지나 성공확률은 낮아진다. 따라서 결국 경쟁기업의 반응을 고려해 정확히 그 값을 추정해야 한다.

가치 중심 가격결정이란 고객이 느끼는 제품의 가치를 중심으로 가격을 결정하는 방식을 말한다. 뮤지컬 등의 공연 티켓이 2층보다는 무대 바로 앞자리가 비싸고, 평일보다는 주말이 더 비싼 것과 같다. 목표고객이 제품과 서비스에 어느 정도의 가치를 부여하고 있는지 조사해 이를 중심으로 가격을 결정한다. 가치 중심 가격결정은 경쟁제품 및 원가를 모두 고려한다는 점에서, 또한 소비자 중심으로 가격을 결정한다는 점에서 많은 기업이 채택 중이다. 하지만 가치 중심으로 가격을 결정하기 위해서는 제품과 서비스에 대한 명확한 차별점이 존재해야 한다. 비슷한 제품과 서비스에 가격만 높이는 건 가치 중심이 아니라는 뜻이다. 제품과 서비스 면에서 타사의 제품에 비해 확실한 차별성과 장점을 보여줄 때 비로소 소비자들로부터 인정받는다.

판매제품의 가격 산정을 위해서는 제품 매입가에 세금, 결제수수료, 포장비, 배송비, 사은품, 기타 경비 등 소요비용에 재고비용, 광고비용이 반영되어야 한다.

예상매출액 산정

온라인 쇼핑몰의 예상매출액 산정은 사업주의 능력 및 아이템에 따라 다양한 변수가 존재한다. 마케팅 예산을 얼마나 집행하느냐에 따라 큰 차이를 보일 수도 있다. 오른쪽은 여러 가지 변수를 제외하고 간략하게 원가 및 예상매출액을 산정해보는 표다.

검색어 조사는 '소비자 키워드조사'에 기반해 선정하고, 월 조회 수는 네이버의 '광고관리시스템'을 활용한다. 네이버 광고관리

제품명	매입가	비용						광고비	재고비	판매가격
		세금	PG 수수료	포장비	배송료	사은품	기타 경비			

*제품명 : 판매하는 제품명을 기입한다.

*매입가 : 직접 제조원가, 도매처 공급가 등 매입비용을 적는다.

*세금 : 판매가 대비 부가세는 10%, 소득세는 2% 발생한다.

*PG 수수료, 카드수수료 : 일반 전문쇼핑몰의 경우 3.5%(부가세 포함 3.85%).

*포장비 : 박스, 박스테이프, 스티커, 상품 인도 및 철회서 등 모두 포함한 가격.

*배송료 : 택배업체에 따라 차이는 있으나 일반적으로 2,500원~3,000원.

*사은품 : 구매고객에게 지급하는 사은품 비용.

*기타 경비 : 전화, 인터넷 등 쇼핑몰 운영에 필요한 기타 잡비.

*광고비 : 판매금액 대비 10% 내외로 산정('예상 광고비 산정' 참조).

*재고비 : 업종에 따라 상이하나 판매금액 대비 5~10% 산정.

시스템에서는 특정 키워드에 대한 매월 조회 수 1년 자료를 제공하므로 전체를 더해 12로 나누어 월평균 조회 수를 산정하면 비교적 정확한 계산이 가능하다.

검색어	조회 수 (월)	예상 클릭 수	예상 구매전환	1인 객단가	예상 매출	비고
예상 총매출 :						

*검색어 : 키워드광고를 집행할 키워드로 '소비자 키워드조사'에 기반한다.

*조회 수(월) : 네이버 '키워드스테이션' 조회 검색 수+(네이버 '키워드스테이션' 조회 검색 수×0.3).

*예상 클릭 수 : 키워드와 T&D에 따라 상이하나 일반적으로 노출 대비 2% 내외.

*예상 구매전환 : 쇼핑몰에 따라 상이하나 일반적으로 총 방문자 중 2% 내외.

*1인 객단가 : 해당 제품을 판매할 때 한 명이 평균적으로 구매하는 금액.

*예상 매출 : 1인 객단가×예상 구매전환.

*예상 총매출 : 키워드광고를 통해 발생한 총매출.

예상 광고비 산정

온라인 쇼핑몰의 예상 광고비 산정은 '(키워드 조회 수×예상 클릭률)+클릭비용'으로 계산한다. 네이버 광고관리시스템을 활용하면 특정 키워드별로 클릭비용과 예상순위를 확인할 수 있다(키워드 클릭단가는 광고주의 품질지수에 따라 다르게 책정되므로 개별적으로 확인해야 한다). 키워드광고 클릭률은 광고문구에 따라 달라지나 일반적으로 2~3% 내외로 산정된다.

검색어	조회 수(월)	네이버	다음	구글	총비용 (예상)	비고
예상 총 광고비용 :						

손익분기 계산

온라인 쇼핑몰이 실제 손익분기점을 넘기려면 1~2년 정도의 기간이 소요된다. 하지만 1년 이상 쇼핑몰을 운영하지 못하고 퇴출되는 곳이 대부분이다. 온라인 쇼핑몰 매출액을 바탕으로 손익분기는 다음과 같이 계산한다.

온라인 쇼핑몰은 운영 초기에 매출액이 예상보다 적게 나올 때가 많다. 손익계산서 양식상에서 12개월 후의 매출액을 100%로 놓고 회원 수 증가, 쇼핑몰 인지도 상승 등을 고려해 3개월 시점은 12개월 후 매출액 대비 20%, 6개월 후는 40%, 9개월 후는 60% 형태로 계산하는 방식을 취한다.

자금 소요계획 및 조달계획

온라인 쇼핑몰 창업에는 많든 적든 자금이 필요하다. 쇼핑몰 구축 및 초기 물품 구입비용 등 자금이 어떻게 사용되고, 어떻게 조달할 것인지에 대한 사항도 점검이 되어야 한다.

손익분기 계산 표

3개월 후	6개월 후	9개월 후	12개월 후
매출액			
매출원가			
매출 총이익			
일반관리비 　－인건비 　－광고비 　－재고비 　－기타 잡비			
영업이익			
영업외 손익 　－이자비용 등			
경상이익			
법인세 등			
당기순이익			

*매출액 : 예상매출액 기입.

*매출원가 : 제품 매입원가+비용(세금, 포장비, 택배비 등).

*매출총이익 : 매출액－매출원가.

*일반관리비 : 쇼핑몰 운영자의 인건비, 키워드광고비, 재고비(5~10%), 기타 잡비 등. 인건비에는 본인 인건비 포함.

*영업이익 : 매출 총이익－일반관리비.

*영업 외 손익 : 소요 비용을 은행 등에서 차입한 경우 지출할 이자비용 등.

*경상이익 : 영업이익 · 영업 외 손익.

*법인세 등 : 법인사업자의 경우 지출해야 하는 비용.

*당기순이익 : 경상이익－법인세 등.

자금 소요계획

구분	내용	비용	기간	총금액(1년 기준)
시설자금 (구축비용)	도매인 등록		최초	
	통신판매업 신고		최초	
	쇼핑몰 제작		최초	
	카드결제 및 에스크로		최초	
	상품 초기 사입		최초	
초기 구축 비용				
운영자금	홍보비		1년	
	통신비		1년	
	포장, 배송비		1년	
	재고 보관비		1년	
	업데이트 상품		1년	
	기타 비용		1년	
	인건비		1년	
1년 운영자금 합계				

자금조달계획

구 분		기조달액	연도별 추가 조달액			총조달액	비고
			1년차	2년차	3년차		
자 본 금	본인 투자금						
	동업자금						
	투자자						
	소계						
차 입 금	정부지원금						
	은행차입금						
	기타						
	소계						
	총계						

성공하는 쇼핑몰 사업계획서

사업 진행에 따른 리스크 요인

온라인 쇼핑몰 운영을 시작하면 계획과 달리 예상치 못한 일들이 많이 발생한다. 사업 시작 전 사업 진행에 따른 위험요인을 미리 대비한다면 쇼핑몰은 안정적인 성장이 가능하다. 리스크는 어느 한 부분이 아니라 자금조달, 인력수급, 고객유입, 구매전환, 재구매 등 사업 전반에서 발생한다. 각각의 항목에 발생할 수 있는 리스크에는 무엇이 있는지 메모하면서 그에 대한 대안을 작성해보도록 한다. 예를 들어, 고객유입을 위해 블로그에 글을 작성했는데 결과적으로 저작권을 침해했다든지, 계속적인 클레임으로 재구매가 발생하지 않을 때는 어떻게 할지 등 여러 가지 리스크 요인을 알아보고 그에 대한 대안을 생각해본다.

구분	리스크 요인	대안
자금 조달		
인력 수급		
고객유입		
구매전환		
재구매 유도		
기타 사항		

마치는 글

제조업체가 유통까지 잘하기는 쉽지 않다. 제조는 연구개발을 중심으로 품질관리와 생산관리가 중요하고, 유통은 고객에게 판매할 수 있는 접점을 다양하게 갖추어 놓고 규모의 경제를 통해 저렴하게 판매하는 것이 중요하기 때문이다. 제조에서 요구하는 역량과 유통에서 요구하는 역량이 이처럼 달라 제조기업이 유통까지 잘한 사례를 찾아보기 어렵고, 유통기업이 제조까지 잘한 사례 역시 마찬가지다.

현장에 있다 보면 '제조가 중요할까, 유통이 더 중요할까?'라는 생각을 많이 하게 된다. 소비자들은 제품을 구매하므로 1차적으로는 제조가 중요하다. 하지만 아무리 좋은 제품도 소비자가 구매할 수 없으면 의미가 없으니 유통도 중요하다. 따라서 '제조가 중요한가, 유통의 중요한가?'는 잘못된 질문이다. 그럼에도 제조와 유통은 서로 더 중요하다며 매일매일 현장에서 갈등을 빚는다. 그러면서 제조는 유통마진을 인정하려 하지 않고, 유통은 어떻게든 저렴하게 제품을 매입하려 노력한다.

높은 기술력과 경쟁자를 압도하는 생산능력이 없다면 유통의 힘이 클 것이다. 실제로 유통망을 구축해 놓은 유통기업이 제조기업을 컨트롤하는 경우가 많아지고 있다. 예를 들면, 쿠팡과 이마트는 제조기업을 컨트롤하고 있다. 자체상표를 붙여 판매하는 PB(Private Brand, 자체 브랜드) 제품이 대표적이다. PB제품은 통상 유통사가 직접 기획하고 개발해 기존 제조사와 협업하는 식으로 만들어진다. 말이 협업이지 제조는 유통의 아웃소싱 역할을 할 뿐이다. 유통회사로서는 직접 만들어 팔기 때문에 수익성이 좋은 데다 다른 유통업체와 차별화를 꾀할 수 있지만, 제조회사는 자체 브랜드를 키울 수 없다. 결국, 시간이 흐를수록 유통회사에 종속될 가능성이 크다. 쿠팡, 이마트, 배달의민족처럼 유통망을 확보한 기업들은 규모의 경제로 제조업체를 압박한다. 제조업체가 가격인하에 소극적이면 가격을 낮추기 위해 중국에서 OEM으로 생산하기도 한다. 그러니 기술력이 높지 않거나 브랜드를 확보하지 못한 기업은 '울며 겨자 먹기'로 유통업체의 요구사항을 들어줄 수밖에 없다.

그럼 제조업체는 유통업체에 종속될 수밖에 없을까? 네이버, 쿠팡, 신세계 같은 플랫폼에 영원히 의존해야 하는 걸까? 물론, 어떻게 대응하느냐에 따라 달라질 수 있다. 비슷한 품질의 제품과 서비스를 제조하는 기업이라면 유통업체에 종속될 가능성이 큰 반면, 제조업체가 직접 유통에 뛰어드는 방식으로 대응할 수도 있다. 이를 D2C(Direct to Consumer)라고 부른다. 자사 몰의 포지션을 명확히 한 후 소비자와 직접 거래를 하는 것이다.

기업이 D2C 판매방식을 도입하는 이유는 소비자 구매와 관련된 데이터를 확보해 브랜드 관리 및 고객경험을 최적화할 수 있기 때문이다. 또 직접 판매하게 되면 불필요한 유통마진이 줄어 저렴한 가격에 판매할 수 있는데, D2C 방식으로 판매하기 위해서는 더 많은 역량이 필요하다.

온라인 쇼핑몰은 새로운 전환기를 맞고 있다. 유통은 제조로 확장 중이고, 제조는 유통으로 확장 중이다. 수직적 통합으로 앞뒤의 산업을 흡수하게 되면 연관산업으로 확장하기 마련이다. 무신사가 운동화 커뮤니티로 시작해 패션 분야로 무섭게 확장하듯 앞으론 경쟁범위를 한정 짓기가 어려울 것이다.

이 모든 변화의 원인은 디지털 중심의 비즈니스 통합에 있는데, 이러한 비즈니스의 흐름을 기술한 책이 《비즈니스모델을 혁신하는 5가지 길》이다. 그리고 페이스북, 인스타그램, 구글, 네이버 등의 온라인 마케팅 채널 운영에 대한 부분은《디지털 마케팅 레볼루션》에서 다루었다.《성공하는 쇼핑몰 사업계획서》에서는 온라인 쇼핑몰 관점의 사업계획서에만 초점을 맞추었다. 모든 것을 담았다고 하기는 어려우나 온라인 쇼핑몰 사업을 준비 중인 기업과 개인에게 실제적인 도움이 될 수 있는 내용으로 구성했다. 모쪼록 사업 성공에 작으나마 도움이 되길 바란다.

은종성